ROBERT DE CASSEL

ET

JEHANNE DE BRETAGNE

SA FEMME

(XIVe SIÈCLE)

AVEC PLANCHES

PAR LE DOCTEUR P.-J.-E. DE SMYTTERE

OFFICIER DE L'INSTRUCTION PUBLIQUE,

MÉDECIN EN CHEF HONORAIRE, MEMBRE DE L'INSTITUT DES PROVINCES, DE LA COMMISSION

HISTORIQUE DU NORD ET D'AUTRES SOCIÉTÉS SAVANTES

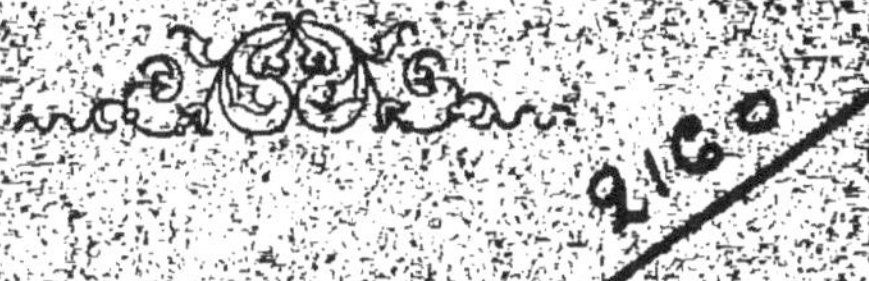

HAZEBROUCK

IMPRIMERIE A. DAVID, RUE DU RIVAGE, 10-12

1884

ROBERT DE FLANDRE

SIRE DE CASSEL

SEIGNEUR DE BERGUES, DE BOURBOURG ET DE LEURS
CHATELLENIES ;

SEIGNEUR DE DUNKERQUE, GRAVELINES, WATTEN, WARNETON,
NIEPPE (MOTTE-AU-BOIS), etc.,

ET DE LEURS DÉPENDANCES ;

Baron DE MONTMIRAIL ET D'ALLUYE, AU PERCHE, etc., etc.

ET

JEHANNE DE BRETAGNE

SA FEMME

« L'histoire a cela de précieux qu'elle transmet les renseigne-
» ments importants, comme un inviolable héritage, de génération
» en génération. »

———

« Nos provinces, nos villes, tout ce que chacun de nous
» comprend dans ses affections sous le nom de *Patrie,* devrait
» nous être représenté à chaque siècle de son existence. »

(AUGUSTIN THIERRY.)

ROBERT DE CASSEL.

ROBERT DE CASSEL

ET

JEHANNE DE BRETAGNE

SA FEMME

(XIVᶜ SIÈCLE)

AVEC PLANCHES

PAR LE Dʳ P.-J.-E. DE SMYTTERE,

OFFICIER DE L'INSTRUCTION PUBLIQUE,

MÉDECIN EN CHEF HONORAIRE, MEMBRE DE L'INSTITUT DES PROVINCES, DE LA COMMISSION

HISTORIQUE DU NORD ET D'AUTRES SOCIÉTÉS SAVANTES.

Pius est patriæ facta referre labor.
(Ovide, Trist, L. 11.)

HAZEBROUCK

IMPRIMERIE A. DAVID, RUE DU RIVAGE, 10-12

1884

GOUVERNANTS DE FRANCE

ET

DE FLANDRE

du temps de Robert de Cassel.

<table>
<tr><td rowspan="5">Rois de France.</td><td>Philippe IV, dit le Bel.</td><td>1285 - 1314</td></tr>
<tr><td>Louis X le Hutin.</td><td>1314 - 1316</td></tr>
<tr><td>Philippe V dit le Long.</td><td>1316 - 1322</td></tr>
<tr><td>Charles IV, le Bel.</td><td>1322 - 1328</td></tr>
<tr><td>Philippe VI de Valois.</td><td>1328 - 1350</td></tr>
</table>

<table>
<tr><td rowspan="3">Comtes de Flandre.</td><td>Guy de Dampierre.</td><td>1280 - 1305</td></tr>
<tr><td>Robert III, dit de Béthune.</td><td>1305 - 1322</td></tr>
<tr><td>Louis de Nevers (de Crécy.)</td><td>1323 - 1346</td></tr>
</table>

Vers indiquant l'état du pays de Flandre aux XIIIe
et XIVe siècles, du temps de Robert de Cassel.

Flandria gens opibus variis et rebus abundans,

Gens intestinis sibimet damnosa ruinis,

Parca cibis, facilis expensa, sobria potu,

Veste nitens, membris procera, venusta decore,

Splendida cæsarie, vultu rubra, candida carne,

Innumeris piscosa vadis, et flumine multo

Fossatisque vias ità præpedientibus, ut vix

Introitus pateat, venientibus hostibus, extra

Tuta satis, si bella sibi civilia desint.

Frumenta quam ditat ager, navalia merse

Lacte pecus, butyris armentum, piscibus œquor,

Arida gleba foco siccis incisa marescis,

Raris sylva locis facit umbram, vinea nusquam

Indigenis polus, thedidi miscetur avena,

Ut vice sit vini multo confecta labore.

Philippides de Guillaume Le Breton.
(A son livre 2.)

ELOGIUM CASLETI

1732

Alpes Flandrorum, cœlo conterminus Aon,

Et fons Castaliis qui salit uber aquis,

Musarum mystæ, phœbique, patrisque lyæi

Orgia, templorum culmina digna Deo,

Consedisse simul Casleti in monte videntur,

Vallibus insedit Chloris et alma Ceres.

Pindum alibi quæras et inania nomina tempe,

Quin tibi CASLETUM verius illa dabit.

Et Martis dabit ille viros, veneresque puellas

Vestalesque dabit, sacrificosque numas.

Si condenda forent veterum nova regna quiritum,

Hunc etiam montem cingere Roma queat.

MAX. VRIENTIUS POS.

ÉLOGE DE CASSEL

DE GRAMAYE (J.-B.) (1)

———

A l'article *Cassel*, cet auteur termine sa description par ce qui suit : *(Concludam autem in versu et omnino quod in memoriâ nostro offert* CASLETUM.)

———

> « Cattorum vires et Cæsaris arma latini
>> « Sint fundamento gloria prima meo
> « Normannûm feritas, Danum vicinia tandem
>> « Est causa munimenti causa secunda mei,
> « *Me duo Roberti, templis hic legibus alter*
>> « *Instruxit urbis author uterque novæ.*
> « Vires arma, furor Roberti quid nisi Robur
>> « Et situi et civi progenuere meo ?
> « Et dedit huic genius, natura indedit illi
>> « Fortior ut cunctis hic sit, et illa malis.

(1) Gramaye (Jean-Baptiste) dans ses *Antiquitates illustrissimi Ducatus Brabantiæ.* (Louvain 1708.)

PRÉFACE

Nous nous occuperons dans ces recherches historiques (1) de certaines particularités concernant *Robert de Cassel* (2), seigneur de cette vaste localité judiciaire et des châtellenies voisines comme puîné du comte de Flandre, Robert III dit de Béthune, qui les lui avait octroyées à titre d'apanage, en 1320. Ce Robert de Flandre en jouit à partir d'alors, jusqu'en 1331, époque de sa mort.

En même temps que nous étudierons la vie de Robert dit de Cassel, nous passerons en revue, mais superficiellement, ce qui, en ce temps, arriva de plus intéressant pour la contrée flamande occidentale, comme nous l'avons fait précédemment pour d'autres seigneurs et dames de Cassel.

L'époque à laquelle vécut Robert de Cassel (3) fut une des

(1) De nos précédentes recherches sur les *seigneurs et dames de Cassel,* le premier travail est consacré aux *de Beth* et *de Harnes,* des XIe et XIIe siècles. (Ce mémoire historique est inséré dans le bulletin de la Commission historique du Nord, T. IX, 1866).

(2) Nota : Une médaille d'honneur nous a été décernée au Concours de 1869, par la Société des Sciences et Arts de Lille, pour ce travail historique sur Robert de Cassel.

(3) Il est facile de ne pas confondre le *Robert de Cassel* du XIVe siècle dont il s'agit ici, avec un astrologue du siècle suivant qui portait le même nom. Ce dernier était, selon M. de Barante, un bien savant astronome. Cet historien de Bourgogne ajoute « que Guillaume de Casenove, dit Coûlon, vice-amiral français, redouté de la marine anglaise, avait ce personnage avec lui, lorsqu'il était sous les ordres de l'amiral de Bourbon.

« Ce Robert de Cassel, vers 1474, donnait les meilleurs avis contre
» les Anglais prêts à descendre en France, en vertu des conseils
» du duc Charles-le-Téméraire. » (T. X, p. 268, de Barante.)

plus émouvantes pour la Flandre, non-seulement par les guerres, les révoltes des Flamands contre leurs gouvernants despotiques et en faveur de leur indépendance et de la défense de leurs institutions; mais aussi à cause des hostilités qui éclatèrent entre ce pays et les rois de France d'alors.

A la même époque la Flandre fut partagée et une portion en fut détachée pour servir d'*apanage* à Robert. Cette circonstance donna encore lieu à des conflits plus ou moins graves et à des troubles sérieux de famille dont nous nous occuperons aussi.

Après Robert de Cassel, nous parlerons sommairement de sa femme Jeanne de Bretagne, comme tutrice de Jean et d'Yolande, leurs enfants, c'est-à-dire jusqu'à la majorité de cette dernière, car Yolande de Flandre, par la mort de son jeune frère, devint à son tour, dame de Cassel et des autres localités importantes du West-Quartier de Flandre, environnant le territoire judiciaire Casselois, étant seule héritière de tous les biens de Robert, son père.

Dans les études historiques qui suivront celles-ci, nous traiterons longuement d'*Yolande de Flandres*, la célèbre dame de Cassel qui administra cette contrée flamande la plus occidentale pendant plus de cinquante années, et à partir surtout de 1340, époque à laquelle elle devint comtesse de Bar par son mariage avec Henri IV, souverain du Barrois. (1)

Il sera ensuite question de la descendance de ceux-ci, c'est-à-dire des ducs de Bar, comme seigneurs de Cassel, principalement de *Robert, Edouard* et *Louis*, ses fils, puis le roi *René d'Anjou*,

(1) Cette préface fut écrite en 1868. — Nous avons publié depuis, en 1877, l'histoire de la comtesse Iolande. — Lille. — Volume de 350 pages avec nombreuses planches.

autre descendant du duc Robert du côté des femmes. Enfin, nous n'oublierons pas de mentionner, comme dame de Cassel, (elle le fut pendant peu de temps), Jeanne, comtesse de Marle, issue de Henri d'Oisy, fils aîné de Robert, duc de Bar, et mère de Marie de Vendôme, dame de Dunkerque, etc., après que l'apanage de Robert de Cassel eut subi des partages ou sous-divisions, au XVe siècle.

Nous avons déjà parlé du *partage de Flandre* accompli définitivement par le comte Robert de Béthune en 1320; on sait que ce fut en 1864 que nous traitâmes de ce sujet. (1)

Nous faisons observer qu'en ce moment nous n'avons pas l'intention de faire un historique complet sur Robert (Robertus, Roberti filius), nous bornant à parler ici d'une manière un peu sommaire de ce Robert de Flandres avant l'époque surtout où il fût investi des seigneuries et châtellenies susdites. Il sera facile de voir du reste que ce que nous avons l'honneur de présenter en ce moment n'est parfois qu'un recueil de notes mises en ordre. (2) On voudra bien l'accueillir aussi avec indulgence, nous l'espérons, vu notre âge avancé, et notre origine flamande qu'un style peu correct fait assez souvent entrevoir.

Ce qui nous a fait renoncer à suivre Robert de Cassel dans toutes les phases de son aventureuse vie, comme nous en avions

(1) Voir notre mémoire sur l'*apanage de Robert de Cassel.* (Annales du Comité flamand de France, T. VII).

(2) Nombre de documents ont été recueillis par nous, autrefois, aux archives civiles et départementales du Nord, ancienne chambre des comptes de Lille, à la série **B** (cours et juridictions). Aussi marquons-nous de cette lettre majuscule les citations qui émanent de là ou de son inventaire analytique officiel, qui vient d'être publié sous les auspices du gouvernement par les soins éclairés de MM. Leglay et Desplanque.

exprimé l'intention dans nos précédentes publications (1), c'est que l'un de nos savants collègues du Comité flamand de France (2) a promis, dès 1863, par lettres insérées dans les bulletins de cette Société historique (3) un ouvrage *in extenso* sur Robert de Flandres dit de Cassel, ouvrage qui, d'après l'aveu même de l'auteur, paraissait achevé dès cette même année. (4)

Nous attendons encore avec intérêt ce travail patriotique dont les retards successifs d'impression sont regrettables. Toutefois cette circonstance n'a pu nous arrêter complètement ; elle nous a donné à penser que ce serait faire double emploi — en ce moment surtout où nous nous occupons d'autres recherches historiques d'intérêt local, — que d'entrer dans de trop longs développements au sujet du sire Robert de Flandre, ce grand feudataire, la souche ou le point de départ des seigneurs et dames de Cassel qui le suivirent, comme ses héritiers directs, par sa fille unique, *Yolande ou Hyolenz,* jusque bien avant dans le XVe siècle, ainsi que nous l'avons démontré dans notre *travail de 1863,* sur *l'apanage de Robert de Cassel* et dans d'autres écrits.

A ce propos, et pour faire une suite utile à cette préface, nous jugeons bon de joindre ici les pages suivantes qui sont des extraits du *mémoire sur cet apanage* remarquable.

(1) *Discours historique sur Cassel,* etc., lu au Congrès archéologique de France, session de 1860, séance de Cassel, et publié dans son suivant volume. — Et notre notice *sur les armoiries, scels et bannières de Cassel,* 1862, publiée dans les annales du Comité flamand de France. Tome VI.

(2) M. J. Carlier, historien flamand, résidant à Paris, dans son travail sur *Henri d'Oisy* et ses descendants.

(3) Voir aux bulletins de ce Comité, Tome III, année 18 3, p. 250 et 261, et Tome IV, page 101, séance du 3 août 1866.

Voici la copie du commencement de son texte (1).

Nosce patriam.

Par une singulière coïncidence, deux fois, à trois siècles et demi de distance, le pays flamingant de France fut séparé du comté de Flandre : la première fois, en 1320, il fut donné en apanage à Robert, dit de Cassel, par son père, Robert de Béthune, comte de Flandre; la seconde fois, en 1678, le traité de Nimègue l'attribue à la France d'une manière définitive.

Le domaine dévolu à *Robert, fils de Robert* (2), se composait principalement, du territoire qui forme aujourd'hui les arrondissements de Dunkerque et d'Hazebrouck (3). *Robert de Cassel*, ainsi légalement favorisé, pouvait de son manoir féodal de Cassel et du belvédère unique en son genre (4), qui le dominait au nord de cette vieille place de guerre, embrasser d'un coup d'œil et sans aucun obstacle, tous ses territoires seigneuriaux et ses châtellenies de Flandre. Disons, en passant, que leur ensemble, s'étendant au sud-est et au septentrion presque jusqu'à l'horizon le plus éloigné, prit à cette époque la dénomination de *Flandre-*

(1) *Mémoire* imprimé, en 1864, dans les *annales du Comité flamand de France,* Tome VII.

(2) *Robertus Roberti filius,* comme il s'intitulait alors. Nous donnerons bientôt l'historique de ce seigneur.

(3) Et quelques autres seigneuries de la Flandre occidentale et centrale, etc., dont il sera fait mention plus loin.

(4) *'S Gravens tooren* (la tour du Comte).

Cassel (1) jusqu'au moment de ses partages et divisions secondaires du XVe siècle.

Examinons ici, en premier lieu, dans quelles mains se trouvait précédemment, et surtout au XIIIe siècle, l'administration de la plupart des territoires principaux de l'apanage susdit; comment ses prérogatives secondaires furent acquises par les comtes, peu avant le partage de Flandre; comment, enfin, les domaines qui formèrent cet apanage, limités par l'*Aa* à l'ouest, la *Lys* au sud et au sud-est, et la *mer*, finirent par revenir tous, en peu d'années, comme *foncier-féodal*, à ces souverains. Il est reconnu qu'ils y possédaient les droits de suzeraineté depuis l'époque où Charles-le-Chauve en fit don à son gendre Bauduin Bras-de-Fer, (2) tout en l'érigeant en comté l'an 863.

Nous devons noter que ces comtes, aux XIIe et XIIIe siècles, même au temps de Bauduin de Constantinople, étaient loin de posséder tous les droits des domaines et les revenus divers de cette contrée extrême de la Flandre; ils appartenaient en grande partie par héritage surtout, à des seigneurs et châtelains (3), qui

---

(1) *Miræüs : Opera diplomata*, T. II, p. 780, ch. 213, et les *frères de Ste Marthe;* article Jeanne de Bretagne.

(2) *Bauduin de l'Ysère*, plutôt *Baldewin de Yseren*, du pays de l'Ysère (*Ysericus pagus*), où il naquit.

Obs. — Du temps de St-Eloi, le pays nommé *Flandre* se bornait au territoire de Bruges, ainsi que le dit St Ouen, dans la *Vita Sti Elysii*, au viie siècle. Le *Municipium Flandrense*, pays plus étendu, était encore dans les bornes étroites vers 853, *Capitulaires de Charles-le-Chauve*.

(3) Les *châtelains*, d'abord révocables par les comtes, n'étaient dans l'origine que des commandants préposés au gouvernement et à la garde comme à la défense des villes, bourgs, châteaux-forts féodaux et dépendances de juridiction desdits lieux.

vivaient de redevances. Ceux-ci jouirent ensuite de la plupart des avantages en rentes et droits, même de ceux de haute justice, en plusieurs cas, mais relevant toutefois des cours féodales des comtes. Tels étaient les châtelains qui étaient à la tête des territoires de *Cassel* (1), *Bourbourg,* (2), *Grave-lines, Watten,* de *Warneton* (3) et leurs dépendances, de *Saint-Omer,* dont la partie orientale fut plus tard jointe à la châtellenie de Cassel, etc. — Voir armes de la ville de Cassel, pl. I, fig. 8.

D'autres domaines du West-Quartier, qui furent compris en même temps dans l'apanage de Robert de Cassel, émanaient directement, il est vrai, de la Flandre, comme propriétés seigneuriales personnelles de ses comtes; mais ils avaient été, à certaines époques, occupés par des personnages de haut rang qui en avaient obtenu la jouissance à titres conditionnels (4), ou comme douaires et propriétés viagères; tels étaient la seigneurie de *Dunkerque* (5), les châtellenies de *Bergues* (6) et *Bailleul* (7), le bois de *Nieppe* et ses dépendances, etc.

En nous occupant des possessions plus ou moins exclusives de

(1) Armes de la châtellenie de *Cassel,* pl. I, fig. 4.

(2) Armes de la châtellenie de *Bourbourg,* pl. I, fig. 7.

(3) Seigneurie de *Warneton,* pl. I, fig. 9, d'argent, à une fasce de gueules, comme Béthune.

(4) Les souverains de Flandre, tout en faisant don temporaire de ces domaines, avaient soin de stipuler leur retour à la Flandre, après décès, surtout en l'absence d'hoirs — C'est ce que fit Jeanne pour la ville de Dunkerque.

(5) Armes ou blason de Dunkerque au XIVᵉ siècle, pl. I, fig. 10, d'après un scel de cette époque.

(6) Armoiries de la châtellenie de *Bergues,* pl. I, fig. 5.

(7)   Id.   de la châtellenie de *Bailleul,* pl. I, fig. 6.

certaines parties de ce pays frontière, par des seigneurs ou châtelains, nous ne prétendons pas avancer qu'en tout temps elles furent à eux, ou à leur famille, en entier ou par parties; loin de là, car il est avéré, nous le répétons, que, dans l'origine quelques-uns des territoires dont nous nous occupons étaient, pour ainsi dire, intégralement aux comtes. Des donations faites antérieurement à des abbayes, à des établissements charitables, à d'autres institutions, et même à de simples particuliers, à titre de fiefs, prouvent aussi que ces princes-gouvernants avaient primitivement des domaines plus étendus; même à une époque très reculée, les comtes de Flandre ont fait des dons, à titre d'hérédité (1) et de récompense, à des hommes qu'ils considéraient le plus, et qui étaient au nombre de leurs vassaux. C'est ainsi que des terres seigneuriales de Cassel, par exemple, furent accordées par *Robert-le-Frison*, à *Cunégonde* (2) fille de *Gérolf* ou *Robert* de Beth, qui succomba à la bataille du val de Cassel, en 1071, en servant le Prétendant comme l'un des chefs de son armée.

Il a pu y avoir mêmes circonstances de possession pour des propriétés de châtellenies voisines, à des époques reculées par d'autres grands vassaux avantagés par leurs suzerains, à cause de services importants.

(1) *Rapsæt* dit que Hugues-Capet avait déjà rendu héréditaires les vicairies et leurs juridictions.

(2) Cette dame de Cassel, la première connue, femme d'un Michel de Harnes, possédait déjà dans cette contrée l'administration d'autres propriétés provenant de la très noble et riche famille de St-Omer, d'où elle était issue; et l'on sait que la châtellenie de ce dernier nom s'étendait jusqu'auprès de l'ancienne localité seigneuriale de Cassel.

Quoi qu'il en soit, et sans approfondir la question de ces possessions primitives, que l'ancienneté des temps rend très difficile à débrouiller, nous pouvons dire, comme chose fort remarquable, que les localités de la Flandre la plus occidentale, que nous venons de citer, furent acquises, ou rentrèrent au domaine des comtes de Flandre en moins de soixante-dix ans, c'est-à-dire à partir d'une douzaine d'années après l'avènement de la comtesse Jeanne, en 1205, jusqu'à quelque temps avant la mort du comte Gui, fils de Marguerite, qui les *laissa toutes*, à titre de succession, au comte Robert de Béthune, son descendant légitime.

C'est ainsi que l'administration de ce pays (1) put être donnée totalement et sans entraves, avec des avantages divers y attachées, à Robert de Cassel (2), et cela aussi, comme nous l'avons déjà dit ailleurs (3), sans léser ni diminuer en rien l'intégrité territoriale du reste principal du comté de Flandre.

Voyons un instant par quels moyens légaux s'accomplirent ces acquisitions successives, ainsi que les rentrées à la Flandre d'autres domaines du même pays qui firent partie, peu d'années après, de l'apanage de Robert.

---

(1) C'est-à-dire : *Cassel, Bergues, Dunkerque, Nieuport* et *Lombarzide, Bourbourg, Gravelines, Watten, St-Omer* (son territoire oriental), *Bailleul, Bois de Nieppe* et dépendances, *Warnêton* et autres seigneuries, sans compter celles situées dans la Flandre plus centrale, comme *Bornehem. Deinze* ou Donze, près Gand, dont nous n'avons pas à nous occuper ici.

(2) Armes de *Robert de Cassel,* pl. I, fig. 1 ; — son scel et contre-scel, pl. II, fig. 1 et 2.

(3) Voir notre *Notice historique sur les armoiries, scels et bannières de la ville de Cassel et de sa châtellenie,* 1862, ANNALES *du Comité flamand de France,* t. VI.

Pour cela nous suivrons l'ordre chronologique; nous ne ferons du reste qu'énumérer aujourd'hui ces faits; leurs détails seront publiés plus tard (1), et d'autres trouveront leur place aux pièces justificatives jointes à ce travail sommaire.

C'est du temps de Jeanne de Constantinople que commencèrent ces retours et achats, qui se bornèrent toutefois aux droits administratifs et fonciers des châtelains, c'est-à-dire à leurs fiefs et offices avec les revenus y inhérents. Car les propriétés spéciales continuèrent d'être les héritages des familles qui les possédaient déjà (2). Ce fait avait besoin d'être expliqué. En effet, ce n'est pas avec des valeurs de compensation, relativement trop peu suffisantes, comme celles échangées ou versées par les acquéreurs, que ceux-ci auraient pu s'approprier tant de domaines importants; peu d'exemples suffisent pour le prouver (3).

---

(1) Dans nos recherches historiques sur *les seigneurs et dames de Cassel* depuis le XIe siècle.

(2) Il va sans dire que nous ne devons pas comprendre ici les seigneuries de deuxième et troisième ordre, parmi les acquisitions surtout foncières, qui furent faites; elles dépendaient cependant des châtelains, qui avaient des prérogatives et un pouvoir judiciaire sur des vassaux des divers rangs de ces seigneuries, transmises par droit de succession.

Ajoutons que les seigneurs héréditaires du *pagus,* ou ressort d'une châtellenie, avaient, suivant *Rapsaet,* leurs privilèges personnels, qu'il ne faut pas confondre avec ceux plus élevés des *castellani* ou *avoués,* et *vicaires-châtelains.*

(3) Ainsi, *Jeanne de Flandre* acquit la *châtellenie de Bruges,* de Jean, seigneur de Nesle, en l'an 1224, pour le prix de 23,545 livres 6 sols 8 deniers parisis. La *châtellenie de Cassel* avait été échangée pour une valeur faible. Voir pièces justificatives, I, II, III, IV.

Marguerite acheta la *seigneurie de Bornehem* pour la somme de 3,525 livres parisis; le *comte Guy* acheta la *châtellenie de St-Omer* (la partie de la châtellenie de St Omer située en Flandre), moyennant une rente de 167 livres 12 deniers.

Mais revenons à ce qui concerne plus spécialement ces acquisitions et retours de la Flandre la plus occidentale, accomplis
en peu de temps.

La *comtesse Jeanne* acquit d'abord, par échange de son
connétable Michel de Harnes, le *château* et la *châtellenie
de Cassel*, par acte passé le 24 octobre 1218; elle donna, en
place, des propriétés à elles personnelles dans des villages
voisins, avec quelques autres avantages matériels. Les archives
départementales de Lille gardent tous les détails officiels de
cette affaire.

La même année, d'autres domaines arrivèrent à Jeanne de
Constantinople, comme héritage; ainsi *Dunkerque*, par exemple,
qui lui fut dévolu à la mort de la veuve de Philippe
d'Alsace (1). *Bergues* retourna à la Flandre par la même
occasion, car cette ville avait été donnée aussi comme douaire,
à Mathilde de Portugal.

Tous ces biens, après Jeanne, furent acquis à sa sœur
Marguerite, qui lui succéda au comté.

Cette princesse acheta ensuite le *château* et la *terre de
Bornehem*, de Hugues, châtelain de Gand, en 1250, avec
d'autres propriétés de cette contrée, qui plus tard entrèrent
dans l'apanage de Robert de Cassel. Vers 1272, elle acheta,
de concert avec son fils Gui, la *châtellenie de Bourbourg*,
comprenant aussi *Gravelines*, à Arnoul de Guines, petit-fils
du comte de ce nom, qui avait épousé *Béatrix*, châtelaine de
Bourbourg.

(1) Robert de Béthune érigea Dunkerque en seigneurie pour son
fils Robert.

A la mort de Marguerite de Flandre, en 1279, le comte Gui de Dampierre s'appropria d'autres domaines qu'il joignit à ceux dont il venait d'hériter. Ainsi, le territoire seigneurial de *Warneton* (I), provenant de Mahaut de Béthune, sa première femme; le *vaste bois de Nieppe* et ses dépendances, telles que la seigneurie du *pont d'Estaires,* retournèrent aussi définitivement à ce comte, à la mort de Béatrix de Brabant, veuve du frère ainé de Gui, qui les avait possédés à titre de douaire, avec d'autres avantages sur Cassel.

Enfin, le comte Gui acheta, en 1286, à Gauthier de St-Omer, une partie de la *châtellenie de ce nom,* et il joignit à celle de Cassel son territoire oriental qui était compris dans les limites de la Flandre et tenu en fief de ses comtes.

Disons, pour terminer cette énumération, que Jean de Dampierre, seigneur de Saint-Dizier, petit-fils de Marguerite, qui avait reçu en partage de cette comtesse la *ville de Bailleul* avec toutes ses appartenances; la vendit, en 1286, à son oncle Guy; celui-ci la donna à un de ses jeunes fils, Jean, seigneur de Richebourg, qui mourut sans enfants, et ainsi, Baillleul retourna, de même, au comté de Flandres.

Nous ne parlons pas ici de Nieuport et Lombarzide (2), qui appartinrent de même à l'apanage de Robert de Cassel, ainsi que toutes les côtes de la mer et ses jets ou épaves, depuis Gravelines jusqu'aux ports dépendant de la châtellenie de Furnes,

(1) Robert de Cassel y élut sa sépulture.

(2) Lombardyze ou Lombarzide, port comblé depuis le XIIe siècle. Son territoire dépendait de Nieuport; on y entretenait un phare appelé en flamand *Vierbout.*

puisque ces domaines seigneuriaux maritimes étaient déjà aux comtes de Flandre, même du temps de Philippe d'Alsace.

Tout cela réuni successivement, revint donc de droit à Robert de Béthune à la mort de son père, le malheureux comte Gui, décédé captif. En effet, Robert acquit de même par succession, toute cette Flandre la plus occidentale, excepté Watten, seule localité importante que nous n'avons pas encore mentionnée; mais il l'acheta bientôt (1), voulant compléter le territoire dont il avait projet de faire un apanage de premier ordre, pour son puîné.

Jean de Haverskerque vendit les terres de Watten à Robert de Béthune, mais sous certaines conditions.

Quoique Watten fût rendu, peu de temps après, à ce seigneur, (comme Bergues et Nieuport furent repris par Philippe le Hardi du temps d'Yolande), nous n'avions pas à omettre cette acquisition dans le présent récit, puisqu'il s'agissait pour nous d'y expliquer exactement de quelle manière tout le territoire de la *Flandria occidentalis extrema* pût revenir, administrativement surtout, à Robert de Cassel, lors du partage mémorable de 1320.

Robert de Béthune rendu à la liberté par le roi Philippe le Bel, en 1305, devint bientôt comte de Flandre.

Tous les différends ayant été terminés entre lui et Philippe le

---

(1) Robert de Béthune acheta aussi la ville de *Deinze* et dépendances. En 1316, il l'acquit de Waleran II, de Luxembourg, mari de Guyotte, héritière des anciens châtelains de Lille. Celle-ci ayant renoncé au douaire qu'elle y avait, par devant l'official de Tournay.

Long, en 1316 et 1317 (1), le comte étant à Furnes, et voulant exécuter la promesse qu'il avait déjà faite, *d'assurer ses états,* songea au partage de sa succession entre ses deux fils, avec d'autant plus d'empressement qu'il s'était douloureusement aperçu de la mésintelligence et des rivalités qui régnaient entre son aîné Louis de Nevers et de Rethel et son cadet Robert (2).

Il prévit les tristes conséquences de cet état de choses. Voulant une paix durable dans son comté, il s'occupa de ce partage dès 1318. Des dénombrements furent rédigés dans cette intention. La prisée détaillée des villes et châtellenies du *West-Quartier* de Flandres, et d'autres lieux voisins, fut faite à Dunkerque (3), le 7 septembre de cette année; le comte de Nevers et Robert son frère, déclarent, en présence de leur père, ratifier et approuver cette prisée, et reconnaissent qu'elle a été faite d'après les lois et usages du pays : ils y apposent leur sceau et prient le comte Robert, leur père, d'y apposer également le sien.

Cet acte détaille tout l'avoir qui échut au puîné, dit Robert de Cassel (4); par là, le comte espéra neutraliser, de son vivant, les contestations qui pourraient s'élever plus tard.

---

(1) Voir aux *Archives de Flandre,* à Lille, acte du 25 novembre 1317. — Orig. en parchemin scellé.

(2) *Roberti de Béthunia, Fandriæ comites et hyolenz nivernensis comitissæ filius secundus.* (*Dom. Bouquet*).

(3) A Dunkerque, « la nuit notre dame, septembre, mil trois centz et dissewyt. » Piéce citée par M. de St-Génois, original de 15 feuilles de parchemin, nº 1359, Archives de Flandre orientale.

(4) Robert de Flandres s'intitulait du nom de *Robert de Cassel,* bien avant cette époque, ainsi que l'atteste son scel, apposé à des actes antérieurs; il est même probable qu'il reçut ce titre dès sa jeunesse. Ce qui prouve aussi qu'il jouissait, avant 1327, des prérogatives de son apanage, c'est qu'en 1320 il reçut l'hommage de Willaume de Bryarde, Sr d'Oudezecle et ses frères Henri et Rasse, le samedi après la St-Remi. (A. Bonvarlet).

En 1320, un autre acte, plus solennel, fut passé à Courtrai, par lettres de Robert de Béthune, datées de cette ville, du 2 juin (1); il y est dit que, Robert III, comte de Flandres, desirant avant son trépas qui approchait, assurer la paix de son pays, et pourvoir à la concorde et amitié qui doivent exister entre ses chers enfants, leurs hoirs et successeurs, ôter toutes occasions et matières de querelles et débats, qui pourraient naître entre eux, donne et assigne à Robert, pour sa portion, et pour tout droit, que ledit Robert son puîné pouvait prétendre ès-successions paternelles et maternelles, tous les biens spécifiés dans l'acte passé à Dunkerque, deux années avant (2).

Le roi de France approuva cet arrangement de partage, à Paris, au mois de juillet suivant (3).

L'histoire dit assez comment ces arrangements furent tenus. Les prétentions ultérieures de Robert de Cassel au comté de Flandres, reçurent même un commencement d'exécution. On sait les péripéties dramatiques qui survinrent à la fin de la vie de Robert de Béthune. Après avoir été fort éprouvé à cause de ses enfants, il mourut le 17 septembre 1322, la même année que son fils aîné, Louis, comte de Nevers, père de Louis de Nevers, dit de Crécy.

Nous n'avons pas à nous occuper ici longuement des querelles qui survinrent postérieurement entre 'Robert de Cassel, baron d'Aluye et de Montmirail, etc., prétendant au comté de Flan-

---

(1) Inventaire de la chambre des comptes de Lille, t. VI des chartes.

(2) Les dispositions testamentaires avaient déjà été faites par le comte Robert en 1315. — Voir histoire des Comtes de Flandre de M. Ed. Le Glay, t. II, p. 347.

(3) Père Anselme, t. II.

dres, et Louis de Nevers, son neveu, qui devint comte de cette province après bien des débats; nous passerons aussi en partie sous silence ce qui concerne leurs prétendus raccommodements, après que le roi de France eût confirmé définitivement, en 1327, les domaines qui lui avaient été légalement dévolus. (1)

La possession de cette contrée flamande par Robert fit qu'elle se trouva moins assujétie à la domination directe des comtes de Flandres; elle eut des institutions particulières se liant étroitement aux libertés communales ; tel fut entr'autres le *Hoop* (*mons vel cumulus*) qui existait de temps immémorial. Dans son *Essai historique sur le Hoop,* (2) le Président du Comité, M. de Coussemaker a fait voir l'ancienneté et le triple caractère, judiciaire, administratif et législatif de cette institution. Il y avait un Hoop pour les châtellenies réunies de Furnes, Bergues et Bourbourg. Il y en avait un pour les châtellenies de Cassel et de Bailleul, dont le siége était à Hazebrouck. Ce dernier fonctionnait du temps de Robert de Cassel qui lui-même s'y faisait représenter par son bailli, ainsi que le prouve une charte de 1324 rapportée dans les *Vieses costumes de Cassel.* (3)

Cet apanage considérable resta dans toute son intégrité entre les mains des descendants de Robert de Cassel pendant près d'un siècle; successivement après lui, il fut : 1° à Jeanne de Bretagne sa veuve, comme tutrice de ses enfants; 2° à Yolande sa fille unique (Jean de Cassel, frère d'Yolande, étant mort fort

---

(1) Robert se reconnut homme lige du comte Louis de Nevers, et il fit acte d'allégeance envers lui; le serment fut prêté à Ypres, en présence de Jean de Namur et le comte de Chavillon

(2) Mémoires de la Société impériale des Sciences, etc., t. 1861.

(3) Archives du département du Nord — Chambre des Comptes.

jeune), celle-ci était mariée à Henri IV, comte de Bar; 3° au duc de Bar, Robert leur fils après 1395, 12 décembre, époque du décès d'Yolande ou Yolent de Flandres, Dame de Cassel.

Edouard, fils de Robert de Bar, que ce duc fit son successeur dès 1399, n'eut qu'une partie de l'apanage, car le duc Robert divisa ces domaines durant sa vie et celle de Marie de France, sa femme, de manière à laisser à Edouard, Cassel et le vaste bois de Nieppe, avec son duché et le Marquisat du Pont; l'autre part comprenant Dunkerque, Bourbourg, etc., fut laissée en 1408, avec d'autres avantages en compensation, à Robert, fils de son aîné, *Henry d'Oisy*, qui décéda en 1396, après la guerre entreprise contre le sultan Bajazet, en Hongrie.

Telle fut l'origine du démembrement de l'apanage de Robert de Cassel, dont les archives de Lille possèdent encore de nombreux documents (1).

Nous n'entrerons pas en ce moment dans ces détails intéressants; ce qui nous reste à dire, c'est que la partie de ce dernier partage, dans lequel était compris Dunkerque et les lieux voisins, resta aux Bourbons, issus de Marie de Vendôme, fille de Jeanne de Bar, comtesse de Marle (née de Robert d'Oisy et femme de Louis de Luxembourg); tandis que la châtellenie de Cassel devint la propriété des rois d'Espagne, à cause du mariage de Marie de Bourgogne avec Maximilien d'Autriche. Cette princesse de Flandre en avait hérité à raison des arrangements faits, en 1437, entre

(1) Voir aussi *Dom Calmet, André Duchesne*, l'ouvrage de M. *J.-J. Carlier*, intitulé *Henry d'Oisy*, et enfin nos propres recherches sur ce sujet insérées dans nos dernières publications sur Cassel, résultats sommaires d'études antérieures.

Philippe le Bon, son aïeul, et le duc de Bar, René d'Anjou. (1)

René d'Anjou tenait cette seigneurie de Jeanne de Bar. Le cardinal duc, Louis de Bar, grand oncle de Jeanne, qui s'était fait arbitrairement l'héritier de son frère, le duc Edouard, lui avait donné Cassel par son testament de 1431, afin de tranquilliser sa conscience. — Terminons ce récit historique sommaire, en disant que l'ensemble des anciens domaines seigneuriaux de l'*apanage* dont nous venons de nous occuper, après beaucoup de revirements partiels, et après avoir été possédés assez longtemps et en grande partie par les rois d'Espagne, revinrent à la France par les traités de paix qui furent acceptés à l'issue des guerres de Louis XIV, et dont celui de Nimègue fut l'acte définitif (2). Ainsi la Flandre la plus occidentale comprenant aujourd'hui les arrondissements de Dunkerque et d'Hazebrouck, la portion du partage de 1320, dévolue à Robert de Cassel, fut séparée intégralement de sa mère-patrie et des provinces catholiques des Pays-Bas, pour

---

(1) *Robertus*, cognomento *Casletanus*, Roberti Bethunii, Flandriæ comitis filius junior, pro sua portione hereditaria possedit Dunkercam, Gravelingam, Burbugum, Wattines, Casletum, Bornhem et Warneston, ubi et Moriens anno 1331, sepeliri voluit.— Ex Joanna, Arturi Britanniæ ducis filia, unicam reliquit filiam, Iolans, Henrico comiti Barrensi nuptam, oppida ista post modum per connubia ad familiam Luxeburgicam, ac domum Vindocicensem seu borboniam sunt dévoluta, excepto Casleto, quod Philippus bonus, ratione lytri pro Renato Lotharingiæ duce ad se retraxit.

Miræus, t. I, p. 309, continué par J. F Foppens.

(2) Par le traité de Nimègue conclu avec les Espagnols, le 17 septembre 1678, et dont le roi de France dicta les conditions, il fut convenu que Louis XIV garderait avec d'autres localités, *Aire, St-Omer, Ypres, Wervick, Warneton, Poperinghe, Bailleul, Cassel, Menin*, etc., avec leurs baillages, châtellenies, territoires, dépendances et annexes. — D'autres arrangements s'y accomplirent un peu plus tard.

appartenir désormais à la France; il est vrai qu'elle en avait été détachée, avec d'autres contrées y contiguës, sous Charles le Chauve, un peu plus de huit siècles avant.

———————

La partie du texte du *Mémoire* susdit, qui précède, a été lue à la séance extraordinaire, tenue par le *Comité flamand de France,* à Cassel, le 7 juillet 1863, lors de la réunion décennale de cette Société scientifique; mais il n'a pas été jugé à propos d'insérer, dans le tome VII de ses *Annales,* le préambule qui suit et qui a été prononcé par nous après la lecture du mémoire sur *l'apanage de Robert de Cassel,* imprimé par ce Comité en 1864.

Nous tenons à remplir par nous-même cette lacune :

« Messieurs,

» *L'histoire de la terre natale,* a dit un historien très distingué, *est celle où notre âme s'attache par un intérêt patriotique.* (1) A ces paroles nous pouvons ajouter que s'il est doux d'aimer la patrie, il est aussi bien doux de revoir ses amis, ses chers collaborateurs; chacun de nous éprouve aujourd'hui ce plaisir.

Dulcis amor patriœ, dulce videre suos !

C'est un heureux moment pour nous, bien aimés Collègues, que celui de la réunion de tous ceux qui travaillent dans ce beau pays, au même but, à glorifier le sol natal et à conserver à la postérité les traces du passé, que le temps implacable cherche sans cesse à effacer.

Les produits de vos recherches, Messieurs, ne sont ni des

(1) A. Thierry, *Lettres sur l'histoire de France,* p. 8.

légendes, ni du roman; des investigations plus dignes, mais en même temps plus arides, donnent le *positif* et le *durable*, fruits vrais de méditations laborieuses; le zèle assidu pouvait seul les faire éclore et mûrir avec éclat et parfums.

Que de choses recueillies et sauvées de l'oubli depuis l'instant où quelques hommes (1) privilégiés, puis des Corps savants, créés vers le milieu de ce siècle de lumières, dans ces historiques parages (2), se sont mis à l'œuvre pour exhumer les souvenirs de l'antiquité et d'âges moins reculés. Tous, animés d'une sainte ardeur, ont senti redoubler les battements chaleureux de leur cœur dévoué, au cri de ralliement : *Nosce patriam!* et les belles paroles : *Patrie et langue maternelle*, *Moedertael en Vaderland,* — paroles immortelles de vive reconnaissance et d'amour, — inscrites sur notre bannière, sont pour chacun le stimulant de veilles ainsi qu'une des sources principales de l'histoire locale, si féconde et déjà si avancée. Oui! nous le vénérons ce drapeau si précieux, nous nous groupons avec âme autour de lui !

Vous avez voulu, messieurs et chers Confrères, que la première séance solennelle décennale du Comité flamand de France se tint dans ce lieu, le plus ancien de cette contrée; comme centre de vos investigations, il ne pouvait être mieux choisi, et de ce nouvel honneur, Cassel gardera aussi (3) un long et gracieux souvenir !

(1) *Nescire autem, quid anteâ, quam natus sis, acciderit, id es semper esse puerum.* (CICERO orator ad brutum, cap. XIV).

(2) La Société des Antiquaires de la Morinie, créée en 1832. — La Société Dunkerquoise, créée en 1851. — Le Comité flamand de France, en 1853.

(3) Le *Congrès archéologique de France* a tenu une séance exceptionnelle à Cassel, le 21 août 1860, année de sa session à Dunkerque.

N'est-ce pas ici que fut le *Castellum* des Romains existant déjà il y a deux mille ans ? Cette forteresse de la *Gallia Belgica secunda*, vous le savez, était loin d'être sans renommée dans les siècles très reculés, comme station militaire de premier ordre *(civitas)*, et comme l'une des anciennes demeures des *Morins* et des *Ménapiens*. Puis, au moyen âge, elle était château féodal imposant, qui fut une garde vigilante des frontières de l'ouest de la Flandre (1). Ce castel, ainsi que la ville, les protégea et les défendit souvent : ses vieilles et belles armoiries l'attesteront longtemps encore (2).

Cassel dominait tout le territoire de la *Flandria occidentalis extrema;* il en était le point central et la clef; il fut aussi quelque temps le chef-lieu de la Flandre maritime. *Sa noble cour et sa juridiction,* fort étendues, ne sont de même pas oubliées dans ses annales : tout se retrouve par de persévérantes recherches.

Au XIV⁰ siècle, le territoire de Cassel, avec son château à double enceinte crénelée, était la partie capitale de *l'apanage de Robert de Cassel (Cognomento Casletanus),* fils puîné du comte Robert de Béthune. C'est de cet apanage surtout, résultat du partage du comté de Flandre en 1320, et dont l'historique n'a pas encore été fait, que nous désirons parler aujourd'hui. Pour cela, nous réclamerons aussi votre amicale indulgence.

Qu'il nous soit permis cependant, dans cette circonstance ,

----

(1) In montis supercilio *Casletum* eminebat ingenti populo et impervia mûnitione, quasi totius regionis specula et præsidium.
(Buzelin).

(2) *D'or, à l'espée en pal de sable, accostée de deux clefs de même. —* Voir notre *Notice sur les armoiries, scels et bannières de Cassel et de sa châtellenie,* 1862.

et comme enfant de ce pays, que nous aimons avec passion, de faire d'abord une courte digression en faveur de la magnifique et si instructive *vue de Cassel,* dont la renommée est proverbiale.

Si vous étiez venus ici, Messieurs, uniquement en contemplateurs de la belle et paisible nature et de ses riches productions de tous genres (1), vous vous contenteriez d'admirer Cassel à la manière des touristes, son site enchanteur étant éminemment exceptionnel — même la nuit, par son vaste et parfois si brillant aspect céleste (2). — La vue du mont Cassel est certes bien faite pour attirer, en tout temps, les voyageurs curieux. Ce panorama unique émeut profondément, l'extase de l'admiration nous y saisit; il fascine avec une poésie délicieuse dont le souvenir ne peut s'effacer (3), soit qu'on l'observe à toute heure, pendant le calme, soit que l'œil y plane sur les phénomènes d'orages loin-

(1) Voir nos recherches sur *l'histoire naturelle zoologique* de ce pays et particulièrement sur *sa botanique.* Les soixante-quinze dernières pages de notre *Topographie de Cassel de* 1828, sont consacrées exclusivement à *l'énumération méthodique des produits si nombreux de ce sol remarquable.*

(2) On y est émerveillé par son ciel immense et ses phases, et par les nombreuses constellations s'étendant jusqu'aux bornes de son horizon lointain.

(3)   « Vallibus insedit Chloris et alma Ceres.
     » Pindum alibi quæras et inania nomina Tempe
     » Quin tibi Casletum verius ille dabit. »
    . . . .

                MAX, VRIENTIUS, Elog, Casleti.

    . . . .
    « Que d'autres, de Tempé, d'un Pinde imaginaire,
    » Surchargent leurs tableaux; cet art est nécessaire
    » Aux douces fictions. — Mais toi, Cassel, jamais
    » Le pinceau ne dira ta beauté naturelle!
    . . . .

       (M. l'abbé Adolphe BLOEME, poète traducteur).

tains. — Enfin, Messieurs, et vous l'avez tous senti, la belle vue de cette vaste et fertile terre, qu'un cercle d'horizon ayant plus de cent vingt lieues d'étendue, limite exclusivement, pour ainsi dire, de toutes parts, élève la pensée vers l'infini et plonge le spectateur, agréablement surpris, dans une mélancolie douce et ineffable, mère de hautes pensées et de méditations salutaires. — Mais ceux qui, comme vous, aiment l'histoire, l'archéologie, et qui cherchent en même temps à acquérir la connaissance de la vie et des mœurs de nos pères, ceux-là ont une mission plus élevée que celle de chercher des distractions, aussi dignes qu'elles puissent être, et cependant ils ne sont pas moins sensibles aux beautés de la création, et de même, lors de ces contemplations sublimes, ils ne peuvent oublier la main de Dieu.

C'est ainsi, Messieurs, nous pouvons le dire, qu'il y a chez vous plus que l'observation physique des grandes choses; les évènements humains qui se sont accomplis aux divers âges, autour de Cassel, vous intéressent surtout, et vous avez soif d'en approfondir les curieux et émouvants détails... Eh bien ! de Cassel, du haut de sa terrasse séculaire, dénudée à présent, et pourtant encore appelée *Fort des Césars;* de la partie la plus élevée de ses ruines que des murs romains soutiennent toujours si solidement, on peut satisfaire, qui ne le sait, à ce besoin d'investigations scientifiques, à ce noble désir de l'âme qui nous porte à étudier et à méditer sérieusement. Car à la vue si étendue de cet antique plateau, trois fois rehaussé, se déroulent bien des histoires.

L'érudit y trouve idéalement le tableau vivant de tout un glorieux passé, et aussi de beaucoup de faits désastreux. Si on l'envisage à son lointain, avec des clochers sans nombre, des tours de beaucoup de villes (1) apparaissent à l'œil nu comme autant de pyramides brillantes, comme des colonnes commémoratives de grandes batailles et de sièges restés célèbres par l'histoire. — On peut y suivre les traces de hordes de Barbares, les mouvements des légions de Gaulois, de Romains et de Francs, les marches des Normands, comme aussi celles de corps d'armée nombreux de nations moins anciennes, tels que troupes d'Anglais, d'Espagnols, de Hollandais, de Français et de Flamands, soit vaincues, soit victorieuses. Enfin on peut y reconnaître aisément, et à côté des *strata* ou voies empierrées romaines, et des emplacements de camps, les antiques limites et les modifications politiques de ces territoires, qui ont bien des fois changé de maîtres.

Pour arriver au sujet principal de cette lecture circonstanciée, nous dirons qu'il y a une singulière coïncidence pour le *pays Flamingant de France,* dont nous parlons, et qui fait, depuis bien des années, le sujet constant et exclusif des études des membres de nos Sociétés; c'est qu'en un temps, il y a près de deux siècles, il fut pour ainsi dire séparé *seul,* du reste du comté de Flandre, pour appartenir définitivement à la France par le traité de Nimègue : puis, à une autre époque, mais bien plus éloignée de nous, il fut détaché seul aussi, sous certains rapports, de sa province mère, pour être donné en apanage au fils cadet du comte de Flandres, Robert : il y a de cela plus de cinq siècles.

. . . .

(1) On y compte près de trente villes de guerre, que la simple vue peut souvent découvrir tour à tour de Cassel, et plus de cent bourgs et villages, suivant les positions du soleil, qui fait varier les tableaux de la perspective. De là, se découvrent aisément une partie de la Belgique occidentale et de l'Artois, les confins de la Picardie et ceux de l'ancienne Flandre wallonne.

— Voir la carte géographique ci-jointe pour l'étendue du pays qu'on aperçoit du haut de la terrasse de l'ancien *castel de Cassel.*

La lecture de ce Mémoire sur le partage de Flandre a été terminée, à cette séance, par l'allocution suivante :

« Nous nous arrêtons aujourd'hui à ces quelques pages; nous avions le désir de vous les soumettre. En terminant, nous aimons à ajouter, Messieurs, que, puisque dans ce lieu d'élite se trouvent rassemblés non-seulement les membres du Comité qui habitent ce *coin riant de terre, si singulièrement isolé,* mais aussi des hommes de grand mérite et de savoir, de pays limitrophes, c'est avec une vive satisfaction que nous rendons, à ceux-ci surtout, un hommage de cœur. Ils sont venus nous montrer leurs sympathies, les mêmes sentiments les animent, qu'ils soient les bienvenus !

Quoique placés, à présent, sous d'autres lois, quoique appartenant à une autre noble nation, nous, les Flamands de France, ne sommes pas moins leurs frères : tout le prouve !

La Flandre belge n'a-t-elle pas été l'ancienne patrie, la terre vénérée de nos valeureux et généreux ancêtres?... D'ailleurs, sous l'égide tutélaire et si éclairée de ceux qui sont nos augustes Souverains, il n'y a ni frontières, ni barrières pour les hommes d'études élevées. Les territoires peuvent recevoir d'autres divisions et encore de nouvelles limites politiques, mais le pays, à nous tous, est partout où il y a du bien à faire, de précieux matériaux à recueillir pour l'histoire et l'illustration de la patrie aimée. Nous y sommes encouragés d'une manière flatteuse, vous le savez, honorables collègues, par les Gouvernements, qui daignent apprécier vos travaux assidus et toujours désintéressés; les tristes passions ne s'y sont mêlées en aucun temps, mais à tout jamais, *l'amour du beau et de l'utile,* les *souvenirs d'un remarquable passé* et la *douce confraternité,* qui fait aussi notre joie et notre bonheur !

Dr DE SMYTTERE.

—

PREMIÈRE PARTIE

ROBERT DE CASSEL

—◇—

CHAPITRE 1ᵉʳ

—

ROBERT DE CASSEL, jusqu'en 1328

—

> « *Robertus cognomento Casletanus, Roberti Bethunii,*
> « *flandriæ Comitis, filius junior.* »   (Miræus)

Robert de Flandres, chevalier (Miles) était, dès 1320, seigneur de Cassel et de son territoire de juridiction, ainsi que de beaucoup d'autres grandes châtellenies et seigneuries de la West-Flandre. Il était aussi baron de Montmirail, d'Alluye et de Bazoche au Perche (1). Ce Robert, sire de Cassel, fut le point de départ, puis l'aïeul des seigneurs de ces contrées flamandes qu'ils gouvernèrent dès

(1) Par donation testamentaire que lui en fit, en 1305, Marguerite de Bourgogne, comtesse de Tonnerre, jadis Reine de Sicile, sa tante maternelle. (Voir père Anselme T. II, et voir à nos pièces justificatives les Nᵒˢ XXVI et suivants.

avant la seconde moitié du XIVe siècle et pendant une partie du XVe — Ils étaient issus de la Maison de Bar à laquelle *Yolande*, sa fille, avait été unie.

Robert de Cassel était le fils cadet du comte de Flandre, Robert III, dit de Béthune (1), mort le 17 septembre 1422, à Ypres, et de Yolande ou Hyolenz de Bourgogne, comtesse de Nevers, jadis comtesse d'Auxerre et de Tonnerre, baronne de Donzy, etc. Leur mariage fut conclu en 1271.

Louis de Flandre, comte de Nevers, était le frère aîné de Robert de Cassel, et il fut le père du comte Louis II, dit de Crécy. Il mourut à Paris le 22 juillet 1422 (2).

Avant de commencer le récit historique concernant Robert de Cassel, nous croyons nécessaire de donner un aperçu sur Yolande de Nevers, femme du comte Robert III et de leur fils aîné Louis, afin de mieux faire comprendre ce qui va suivre. Quant au comte de Flandre, *Robert de Béthune,* son histoire est assez connue pour que nous puissions nous abstenir d'en parler encore ici.

Yolande de Nevers était l'aînée des trois sœurs issues du duc de Bourgogne (3) dont il sera question à la XXVIe pièce jus-

(1) *Roberti de Bethunia, Flandriæ comitis et Hyolenz Nivernensis comitissæ filius secundus.* (Dom Bouquet).

(2) « Chil Robers, ot (eut) Il fiers de sa femme (sa derrienne) » qui fu fille (Yolande) de duc de Bourgogne, et fu comtesse de » Nevers. En che temps, estoit li dame trespassée dont Loys, (li » ainsnés fieulx) releva le comté de Nevers; ot estoit li ainsnez, » et releva du Roy de franche, et pour che ne se merla de la » guerre, et li autres fieux ot non Robers, et fu puis nommez » *Robers de Cassel.— J. Desnouelles,* chron. » — (Dom Bouquet, p. 184 du T. XXI).

(3) Fils aîné du duc de Bourgogne et de Mathilde, comtesse de Nevers.

tificative. Elle épousa en premières nôces Jean, fils du roi Saint-Louis, qui naquit en 1250, pendant la captivité de son père, devant Damiette (Egypte). De là son nom de *Tristan*. Il mourut en Afrique devant Tunis en 1270. De ce mariage il n'y eut pas d'enfant.

Yoland (1) étant comtesse de Nevers, épousa en deuxièmes nôces, *Robert dit de Béthune*, fils ainé de Guy, comte de Flandres, qui du vivant de son père se nommait advoué d'Arras, sire de Béthune et de Tenremonde.

Par le traité de mariage desdits Robert de Flandre et Yolande de Nevers, conclu à Auxerre, au mois de mars, l'an 1271, *Marguerite*, comtesse de Flandre et de Hainaut (2), et Guy, son fils (3), marquis de Namur, père dudit Robert, « promettent assigner sept mille livres de rente de France, dont trois mil cinq cens livres seront pour le douaire de ladite Yolande. »

Cette comtesse Yolande mourut le second jour de juin 1280. Son corps reposa au chœur de l'église des Cordeliers de Nevers.

L'épitaphe placé sur son tombeau commençait ainsi :

« HIC JACET UT CERNIS LAPIDIS SUB PONDERE GRANDIS
» QUONDAM NIVERNIS COMITISSA POTENS YOLANDIS
» JUSTA FUIT, STABILIS, CONSULTAQUE, MITIS HONESTA
» COMPATIENS, HUMILIS, SAPIENS, DEVOTA, MODESTA, etc.

(1) C'est ainsi que *Guy-Coquille* écrit aussi ce nom : *Yoland*, dans son histoire du *Nivernais*. Mais Yolande ou Yolent de Flandres ne mettait qu'un point sur la première lettre de son nom Y, ainsi que le prouve sa signature.

(2) Sœur de Jeanne de Constantinople, la bonne comtesse de Flandre.

(3) Guy de Dampierre, fils de la comtesse de Flandre, Marguerite, fut le père du comte Robert dit de Béthune, marié à l'héritière de Nevers et Rethel. — On sait qu'il mourut à l'âge de 80 ans, à Compiègne, dans la prison du roi Philippe-le Bel. Après les conquêtes de Flandre, le roy Philippe triomphant l'amena à Paris ainsi que ses fils Robert et Guillaume qu'il retint aussi prisonniers.

LOUIS DE NEVERS.

Après la mort de la comtesse Yolande, femme de Robert de Béthune, leur fils aîné, Louis de Nevers, parvenu à l'âge de pouvoir jouir du comté de Nevers qui lui était échu par succession de sa mère, se transporta en Nivernais, et en présence de Robert, son père, reçut les hommages des vassaux du comté de Nivernais et de la baronnie de Donzy.

Louis, fils de Robert de Béthune, comte de Flandre, commença donc à gouverner le comté qui lui avait été dévolu, durant la vie de son père (1). Mais il mourut deux mois avant lui et ce fut son fils, aussi nommé *Louis de Nevers* (2), qui lui succéda à Nevers comme il succéda à peu près à la même époque au comté de Flandre par la mort de son aïeul.

Nous avons cru nécessaire de donner ces détails avant de commencer l'historique, sujet principal de ces études, afin que ceux qui ne les connaissent pas — et c'est pour eux que nous écrivons (3) — aient plus de facilité à lire certains passages de ce texte où l'on pourrait confondre Louis de Nevers père avec Louis de Nevers fils. Ce dernier, qui fut comte de Flandre,

(1) Voir Guy Coquille, de page 177 à 180.

(2) Ce n'est qu'après sa mort survenue en 1346, à la bataille de Crécy, que ce comte fut surnommé Louis de Crécy.

(3) Indocti discant. . (Ovide).

figura en premier à la bataille de Cassel de 1328, après la rébellion de ses sujets, et devint ensuite l'antagoniste et le persécuteur de son oncle Robert de Cassel, dont il abrégea les jours.

ROBERT DE FLANDRE, OU DE CASSEL

On ne sait au juste l'année de la naissance de Robert de Cassel. Est-il né en 1276 ou bien vers 1280, un peu avant la mort de sa mère ? Il est certain du reste qu'Yolande, sa mère, était enceinte au commencement de cette dernière année (1). Elle mourut le 2 juin suivant, laissant ce fils Robert et trois filles.

Quoi qu'il en soit, le sire (2) Robert pouvait avoir au moins une quarantaine d'années en 1320, époque où il fut apanagé de Cassel et des vastes territoires environnant ce chef-lieu central de la Flandre occidentale, et il devait être âgé d'environ 53 ans, quand il mourut en l'année 1331.

(1) On voit aux archives départementales de Lille, carton B, 168 pour l'année 1280, sans date, un mémoire au Trésorier du comté de Flandre, de ce qu'il faut à *la dame de Nevers pour l'enfant dont elle est enceinte...*

C'était peut-être d'une de ses filles, Jeanne. Yoland en Mahaut (Mathilde de Flandre). Il est probable que ce fut de cette dernière que Jeanne était enceinte alors. Mathilde devint femme de Mathieu de Lorraine en 1313. — (P. Anselme). Elle avait trente-trois ans.

(2) Les mots *seigneur* et *sire* ou *syr* étaient synonymes en ce temps. Depuis la qualification de *sire ou sieur* a été donnée à des personnes annoblies, habitant la seigneurie ou châtellenie du chef propriétaire, sous l'autorité duquel était le sire, ne possédant qu'une partie de ce territoire. — Il en est ainsi de François Smyttere, *sieur* de Lambersart près Lille. — Voir d'Hozier, *l'armorial de Flandre*, par Borel d'Hauterive.

Robert de Flandres avait épousé Jeanne de Bretagne, née en 1294, fille aînée d'Artus deuxième du nom, duc de Bretagne (1), et d'Yoland de Dreux, sa seconde femme.— Elle reçut pour son douaire les biens de Robert au Perche, ainsi que Bergues, Nieuport, Donze et le bois, très vaste alors, de Nieppe (2). Ce mariage se fit, selon le père Anselme (3), avec dispense (4), par contrat passé à St-Germain-des-Prez, *lèz Paris*, le jour de St-Mathieu 1323. Robert était beaucoup plus âgé que sa femme.

Nous parlerons de cette Jeanne, comme dame et comme tutrice de ses enfants, aux pages qui feront suite à celles consacrées à Robert.

De cette alliance matrimoniale naquirent Jean de Flandre ou de Cassel, mort en bas âge, et Yolande, comtesse de Bar, qui fut pendant près de soixante années la *célèbre Dame de Cassel.*

Avant de parler de Robert, de son administration et de sa politique, nous croyons utile de dire quelques mots de ses ancêtres.

Les aïeux de Robert de Cassel furent les illustres comtes de Flandre, qui se signalèrent par leur bravoure, leur génie, leurs sages et paternels gouvernements. Ils furent aussi remarquables, pour la plupart, par leur zèle à défendre la patrie et les droits de chacun.

(1) *Joanna Arturis, Britanniæ, ducis filia.* (Miræus).

(2) Voir plus loin aux pièces justificatives du travail historique sur Jeanne de Bretagne.

(3) P Anselme et Augustin de Chaussée, *Histoire généalogique et chronologique de la Maison Royale de France,* continuée par Dufourny.

(4) Par bulle du Pape — Le concile de Latran du 11 novembre 1215 avait restreint par son 50e canon la parenté au 4e degré pour former empêchement au mariage.

Nous voyons descendre Robert de Flandre des Baudouin, des Robert, des Charles, des Guy, etc., comtes dont la mémoire est restée vénérée et chérie dans ce pays, malgré le nombre des siècles écoulés depuis les époques où ils administrèrent les contrées flamandes et françaises de Flandre. Et ces comtes, les ancêtres de Robert, seigneur de Cassel, ne descendent-ils pas à leur tour d'hommes de mérite ? Le roi Charles le Chauve, petit-fils de Charlemagne, est la souche d'où sont sortis ces gouvernants à partir du IXe siècle, c'est-à-dire depuis Baudouin Ier, dit Bras de Fer, qui épousa la fille de ce Charles II, roi de France. Nous voyons ensuite Baudouin de Lille et Baudouin de Mons, frère de Robert le Frison, (dont les cendres reposèrent durant huit siècles à Cassel), puis le fils de ce dernier, Robert dit de Jérusalem, Charles le Bon, (S. Carolus bonus), les d'Alsace et Baudouin IX, empereur de Constantinople, père de la comtesse Jeanne.

Robert de Cassel descend de ce dernier prince par sa fille cadette, la comtesse Marguerite et Guy de Dampierre, père de Robert de Béthune.

Si nous examinons à présent les ancêtres du *côté de sa mère*, les recherches historiques nous donnent l'assurance qu'ils ne furent ni moins distingués ni moins illustres. On compte aussi dans cette famille des souverains et des hauts dignitaires, des ducs et des comtes de grands territoires qui ont dignement marqué dans leur carrière administrative surtout. On y trouve des femmes gouvernant avec sagesse et sollicitude leurs vastes domaines; des Reines et des filles d'Empereur, etc.

Ces ancêtres directs sont d'abord les Landry, comtes de Nevers, d'Auxerre et de Tonnerre, à partir de la fin du Xe siècle, et leurs descendants à partir d'Agnès, en 1181, sœur de Guillaume V, furent des femmes qui s'allièrent très noblement. Ainsi Agnès épousa en 1184 Pierre de Courtenai (1), qui était petit-fils du roi Louis le Gros. Il fut élu empereur de Constantinople vers 1216.

Leur fille Mathilde de Courtenai ou Mahaut, comtesse de Nevers, etc., fut mariée au baron de Donzy, Henri IV. La fille de ces derniers, *Agnès de Donzy,* épousa Guy de Châtillon. Puis vient la sœur de Gauthier, et son héritière, *Yoland,* qui épousa Archambaud de Bourbon. Ce fut à Eudes de Bourgogne que leur fille Mahaut II, comtesse de Nevers et d'Auxerre, fut unie en 1250. Eudes était fils du duc de Bourgogne, Hugues IV, descendant aussi des rois de France.

Yolande ou Hyolenz de Bourgogne fut, avec ses deux sœurs, le fruit de cette alliance matrimoniale.

Hyolenz, comtesse de Nevers, devint femme de Robert de Béthune, comte de Flandre, par son second mariage (2) contracté en 1271.

Les deux sœurs de cette Yolande, mère de Louis de Nevers et de Robert de Cassel, qui était l'aînée d'Eudes de Bourgogne, furent Alix, comtesse d'Auxerre, et Marguerite, comtesse de

(1) Pierre de Courtenai (ainsi nommé à cause de sa mère) était fils de Pierre de France qui était le septième fils de Louis le Gros. Il fut proclamé empereur de Constantinople après Henri de Hainaut qui était son beau frère, dès 1213, et le successeur de Baudouin IX, comte de Flandre. Mais Pierre mourut en Thrace en allant prendre possession de son trône impérial. Il avait été sacré à Rome.

(2) Nous avons dit précédemment que le mari de la comtesse Yolande de Nevers était Jean de France, dit *Tristan.* Il était le quatrième fils du roi Louis IX, et il mourut comme lui, en Palestine, où sa femme l'avait accompagné lors des guerres des Croisades.

Tonnerre, reine de Sicile, dont Robert hérita en partie en 1308. Le mari de cette dernière était Charles d'Anjou, roi de Navarre et de Sicile, frère de Saint-Louis.

Nous nous occuperons incessamment de la descendance de Robert de Cassel, de la *maison ducale de Bar*, non moins remarquable par ses illustrations.

Revenant spécialement à Robert de Flandre, nous dirons d'abord qu'il est bon de faire remarquer que ce fils puîné de Robert de Béthune fut appelé *Robert de Cassel (Cognomento Casletanus)* avant 1320 (1). Ce nom distinctif fut, nous le pensons, comme le nom patronymique de tant d'autres personnages de grandes maisons. Ils eurent tous les leurs, dérivant souvent de localités à eux assignées, et ces noms, il les conservèrent tant qu'ils ne furent pas appelés à des fonctions gouvernementales supérieures (2). Il serait superflu d'en citer ici : des exemples nombreux existant même dans la famille de la Maison de Flandre.

Quoi qu'il en soit de certains doutes qui peuvent rester sur la question du surnom de Robert de *Cassel*, avant le partage définitif des Flandres, de 1320, il est avéré que ce Robert s'intitulait officiellement et d'une manière pour ainsi dire exclusive (eu égard aux autres localités seigneuriales voisines qu'il possédait) du titre de seigneur de Cassel Dom. de Casleto (3),

(1) Voir aux clauses du traité de paix proposées par Philippe le Long, en juin 1316 Le fils cadet du comte de Flandre y est aussi nommé *Robert de Cassel*. (E. Leglay).

(2) « En ce temps, dit *Guy Coquille,* la coutume estoit et assez longtemps depuis a esté, que les *seigneurs* prenoient pour *surnom* le nom de leur principale seigneurie, et on void, par plusieurs chartres anciennes, que ce fils prenoit, autre surnom que celui de son père, pour cause d'autre seigneurie à luy escheue. »

(3) Voir le scel de Robert de Flandres à la planche 1, au titre.

où Robert de Cassel, *Casletanus,* par une prédilection marquée à partir du partage susdit, et lorsque Cassel et d'autres grandes seigneuries du west-pays des Flandres lui furent dévolus par un acte officiel très remarquable.

Les sceaux de Robert, dont nous reproduisons la copie où il se nomme ainsi, les titres d'alors et d'autres précieux documents historiques le prouvent à l'évidence. Du reste, nous reviendrons sur cette question.

Robert de Flandre avant son apanage.

Nous ne devons nous occuper que sommairement de Robert, fils puiné du comte Robert de Béthune, pour ce qui arriva avant 1320. Mais, ainsi que nous l'avons promis, nous parlerons *in extenso* de ce prince, surtout à partir du moment où il fut investi de la seigneurie ou châtellenie de Cassel et de beaucoup d'autres seigneuries voisines. Il est bon de se rappeler toutefois certains faits qui se rapportent à ce personnage marquant, et qui e sont accomplis antérieurement à cette époque.

Il y avait déjà près de vingt années que Robert de Cassel était mêlé, comme homme politique, aux grands débats de son père et de son aïeul, le comte Guy, avec le roi de France, et sous ce rapport, Robert était, selon les historiens, un des hommes les plus heureusement doués de son siècle.

Il est vrai que ce fils de Flandre, d'après le P. Anselme (1), jeune encore, faisait son séjour en France avec son frère, pendant les troubles de la fin du XIIIe siècle (Philippe le Bel ayant déclaré la guerre au comte Guy en 1296). Il ne prit

(1) P. Anselme, t. III, p. 735.

pas même part, en 1302, à l'affaire de Courtrai, et il était resté éloigné de son pays avec Louis de Nevers pendant les premières années
de la captivité de son aïeul et de son père, mais il chercha
bientôt à contribuer à leur délivrance. Ainsi s'étant joint à
ses oncles, fils du comte Guy de Dampierre, il prit la conduite
des troupes de Flandre à la tête desquelles il combattit à la
journée de Mons-en-Puelle du 10 août 1304, et sa défaite ne l'empêcha pas de secourir la ville de Lille menacée. Depuis il se
mit à la tête des Flamands et s'opposa aussi à ce que les Français
fissent aucun progrès en Flandre durant l'emprisonnement de
Robert de Béthune, son père, qui se prolongea jusqu'en 1305,
c'est-à-dire jusqu'à la mort du comte Guy.

Lors de l'expiration de la trêve conclue en 1306 entre la
Flandre et le Hainaut, un danger sérieux de guerre apparut
contre le comte de Hainaut, Guillaume, dit le Bon, qui avait
déjà mis son armée sur pied. Cependant, voyant son infériorité,
il consentit à des arrangements. Ce fut aussi par l'entremise de
Robert de Flandre (1) que cette affaire fut minutieusement réglée
à Tournai en 1307, au palais épiscopal.

C'est encore à ce fils cadet de Robert de Béthune que fut
confiée, à Paris, une mission non moins délicate, dont voici le
résultat.

Il revint en Flandre vers le milieu de mars 1307, porteur d'un
projet de paix que le roi proposait. Cette question était en litige
depuis la bataille de Mons-en-Puelle, à cause des prétentions
toujours croissantes de Philippe-le-Bel et des résistances des
Flamands à des exigences vraiment exorbitantes. Robert de

(1) Ce Robert s'intitulait aussi alors seigneur baron d'Alluye
et de Montmirail.

Flandre supplia les communes d'admettre enfin et de jurer ce traité modifié et mitigé (1), *sans quoi,* disait-il, *bientôt nous y serons forcés à notre grand dommage.*

Toutes les villes, à l'exception de Bruges, accédèrent sans délai aux instances du jeune prince.

La conduite sage et brave de Robert le fit affectionner davantage par son père. Aussi ce nouveau comte étant tranquillisé dans ses affaires extérieures, put-il entreprendre en 1307-1308, un voyage à Rome (2).

Plus tard le comte Robert de Béthune, à cause de l'amitié qui régnait entre lui et le roi Henri VII, mit sous la conduite de son fils cadet et de trois de ses frères, oncles de Robert de Cassel, un corps de troupes qu'il fournit à l'empereur Henri VIII, son cousin, roi de Germanie, pour son expédition d'Italie, qui, selon Meyer (3), commença vers 1310 (4). Cette campagne dura un peu plus de deux années (5).

Peu après, le jeune Robert assista, le 29 juin 1312, à Rome, au couronnement impérial du susdit roi Henri. (*Muratori* dit, à tort, que ce fut son père).

(1) Ed. Leglay, t. II, p. 326.

(2) Pour lequel voyage le comte fut indemnisé en partie par le franc-métier de Bruges, etc. — B. Carton 483.

(3) Meyer ad. an 1310, vol. 114, Nᵒ

(4) L'*Art de vérifier les Dates* est du même avis.

(5) C'est en ce temps que Robert fit connaissance et se lia en Italie avec le *Dante,* alors fonctionnaire attaché à l'Etat et quand cet illustre poète, persécuté, passa en Flandre, pour se rendre en Angleterre, ce fut Robert de Cassel qui le reçut. Tout porte à croire qu'il lui fit aussi les honneurs de l'hospitalité.

La même année le comte de Flandre fut contraint de céder au roi, pour le reste de sa rançon, arrêtée dans les clauses de 1305, les villes de Lille, Douai, Orchies, etc. Un traité *ad hoc* fut fait le 11 juillet 1312. Mais en 1313, non content de cela, Philippe-le-Bel exigea encore que certaines forteresses de Flandres, telles que celles de Cassel, de Courtrai, etc., fussent abattues, en vertu du traité de paix conclu huit années avant. Sur le refus du comte Robert, ses états furent confisqués au profit du roi. — C'est vers cette époque que son fils Robert de Cassel fut accepté par Philippe IV, comme otage du traité de paix (1). On le voit encore prisonnier comme otage en 1314, puisque le roi de France ordonna alors en septembre son transfert, du château de Pontoise à celui de Verneuil (2).

En 1315 (v. s), Robert de Flandres confirme au mois de février le transport fait à Philippe-le-Bel par le comte, son père, des villes de Lille, Douai et Béthune (3). Louis de Nevers, son frère, avait ratifié cette cession en octobre de l'année précédente (4).

Le roi Philippe mourut en cette année 1314 On sait qu'après ce décès une guerre eut lieu de nouveau entre les Flamands et les Français, sous Louis X, le Hutin, qui régna les deux années suivantes, c'est-à-dire jusqu'en 1316, époque de sa mort.

Les hostilités d'alors furent aussi, parfois, interrompues; mais en définitive l'ensemble de leurs phases dura près de vingt

---

(1) Archives de la Ch. des comp. de Lille. B. 517. (Carton).

(2)   id.   id.   B. 524   id.

(3)   id.   id.   B. 536   id.

(4) Comme le fit aussi Louis, son fils, le nouveau comte de Flandre, au commencement de 1323 (N. S.) en ratifiant les lettres de son père qui confirmaient ce transport, B. 581. Carton des archives dép. de Lille.

années. La guerre parut enfin proche de son terme. Une bonne paix fut conclue peu après la mort de ce roi Louis, grâce à certaines hautes influences et aux démarches de chefs de Flandre près du Régent de France, Philippe, comte de Poitiers, qui succéda à Louis le Hutin, son frère aîné, sous le nom de Philippe V dit le Long. Un peu avant son sacre, des négociations furent recommencées (1), et des clauses imposées précédemment par Philippe-le-Bel, père de celui-ci, reçurent certaines modifications par le traité de juin 1316 (2).

Si nous mentionnons ici ces faits, c'est pour parler encore de Robert de Cassel. Ce qui prouve que ce fils puiné du comte avait pris part aussi à ces guerres, c'est que son nom figure dans cet acte officiel de 1316. Une des clauses de cet acte dit que ce Robert, le plus jeune des fils du comte de Flandres, ferait des pèlerinages (3), dont un à Saint-Jacques-en-Galice; un à Notre-Dame de Roquemadour ou Rochemador; un à N.-D. de Vaubert; un

(1) Le Régent donna un sauf-conduit au comte pour revenir à Paris, traiter des articles de la paix. — B. Carton 538.

(2) Meyer, ad ann. MCCCXVI

(3) On trouve aux Archives dép. de Lille pour l'année 1321, carton B. 570, les certificats de cinq pélerinages (y compris celui fait à N.-D. d'Annoci) accomplis par Robert de Flandres en exécution du traité fait en 1316 avec le Régent de France et le comte son père, comme modification de l'ancien

Obs. — Ces condamnations ou punitions par pélerinages imposées n'étaient pas rares au XIVe et XVIe siècles. Nous en voyons bien des exemples. Je citerai entre autres celui exigé par Philippe-le-Bel, lors du traité de paix de janvier 1305 (1304, V S.) après la bataille de Mons-en-Puelle. Il y est dit : *Le roi pourra punir par voyages ou pélerinages deux mille personnes, les plus coupables de la ville et du terroir de Bruges, etc.*

à St-Gilles-en-Provence (Nîmes), etc. S'il ne pouvait achever ces voyages en un an, il en mettrait deux.

Selon M. E. Leglay (1), cette proposition parut ridicule aux Flamands, et d'autres articles de ce traité leur semblèrent iniques. Ils ne voulurent pas y souscrire. Le comte ne fut de même pas disposé à les accepter; aussi les hostilités ne tardèrent-elles pas à recommencer.

Nous renvoyons aux auteurs et à notre article sur Robert de Béthune, comme seigneur de Cassel, pour les évènements qui suivirent cet état de choses.

Disons seulement qu'après le traité de paix qui fut souscrit en 1316 par les commissaires du roi et par ceux des villes de Flandre (traité ratifié ensuite par Philippe V (2), ce souverain manda aux baillis d'Orléans et de Vitry *de remettre Robert de Flandres en possession des biens confisqués sur lui par rébellion* (3).

L'année d'ensuite, vers novembre, Robert se rend à Rome, après avoir obtenu du roi un passe-port à cet effet. Il est porteur d'une commission du comte, son père, pour consulter le Pape au sujet de l'exécution du traité de paix entre la France et la Flandre. Henri, frère du comte Robert, l'accompagne avec d'autres députés (4).

Les deux années suivantes n'offrent rien de saillant sous le rapport de la vie politique de Robert de Cassel; elles se passent surtout en arrangements d'affaires d'intérêt et successions entre

(1) Hist des Comtes de Fl., t. II, p. 341.
(2) Ch. des C. de Lille. B. 538. (Carton).
(3)   id.   id.   B. 538
(4) Ch. des C. de Lille. B. 545. (Carton).

son père, son frère et lui, et de partages de domaines. Ainsi dès la fin de 1317 (N. S.) le comte de Flandre règle le partage de ses biens entre ses deux fils, après s'en être occupé en 1315. Robert, fils de Robert, agrée les clauses de la succession des comtés et terres d'Alost, Grammont, Quatre-Métiers, etc., auxquels il renonce en 1318 (1), en s'accordant avec Louis de Nevers, son frère. En échange, il reçoit les terres de Cassel, Dunkerque, Bornhem, etc., etc.

On voit aux archives départementales du Nord d'autres pièces ou documents de ce temps, concernant des prisées, dénombrements, accords en faveur du Robert qui nous occupe. Nous y reviendrons lorsqu'il s'agira de son apanage arrêté définitivement en 1320.

Dans cet intervalle, il y eut encore des menaces et des préparatifs de guerre, des trèves, des interdits pontificaux concernant la Flandre, mais enfin survinrent des arrangements décisifs. Les différends avec la France cessèrent par un traité conclu à Paris le 5 mai 1320.

Peu après le comte Robert se rendit à Paris près du roi pour la célébration du mariage de son petit-fils Louis avec la fille de Philippe-le-Long. Il avait eu soin de nommer Robert son cadet *mainbour* et gouverneur du pays de Flandre pendant son absence (2). Nous voyons d'un autre côté que la même année, mais antérieurement à l'époque du mariage, Robert de Béthune lui avait promis de ne jamais rechercher ce fils pour raison de l'administration de son comté pendant sa captivité. Cette

(1) Ch. des C. de Lille. B. 558. — Mars 1319. V. S. (Carton).
(2) id.   id.   B. 518.   (id).

CARTE du Pays qui se voit du sommet du Mont Cassel et ROSE indicatrice des Villes qui bornent son horison.
MER DU NORD
DUNKERQUE
Niewport
Furnes
Ostende
Moires
Dixmude
Loo
Bruges
FLANDRE OCCIDENTALE
BELGIQUE
Canal de la Basse Colme
BERGUES
Hondschoote
Chatellie de Furnes
Chatellnie de Bergues
Rousbrugge
Chatellnie d'Ypres
Bourbourg
Ekelsbecke
Wormhoudt
Chatellnie de Bourbourg
Moustryne
Watten
Rubrouck
Winnezeele
Poperingues
A
YPRES
Steenvoorde
MORINIE
CASSEL
Mont des Récollets
Berthen
Warneton
St OMER
Bois de
Clairmarais
Bailleul
N
O
Chatellnie S.O.
de Bailleul
Nieppe
ARMENTIERES
HAZEBROUCK
R
D
TEROUANE
AIRE
Estaires
Merville
la Gorgue
Laventhie
Donny
S. VENANT
B
CALAIS
Chatellnie de Lille
Labassée
Lens
Lillers
Béthune
Arras
PROV. ce DE PICARDIE
COMTÉ ou PROVINCE D'ARTOIS
D EP. DU PAS DE
Calais
Audruick
Gravelines
Métres.
Lieues de 25 au Degré.

—— Chatellenie de Cassel.
···+ Arrond.t d'Hazebrouck.
—·—= Chemin de Fer.
=== Flandre Occidentale Annexée à la France. (1678)

narration un peu obscure pour nous est fondée sur des pièces officielles aussi conservées aux archives de Lille (1).

Quoi qu'il en soit de certaines circonstances que nous citons, il est avéré que les qualités élevées de Robert de Cassel le mettaient en grande estime partout. Ainsi le comte, son père, lui donne procuration, de préférence à Louis, son aîné, d'assister à sa place comme pair de France au sacre du roi Charles-le-Bel, qui eut lieu le 9 février 1321 (Père Anselme), puis Louis le Jeune, comte de Nevers, en 1322, au mois d'août, peu après la mort de son père, prie son aïeul le comte Robert de lui envoyer son oncle à titre de conseiller, (dans le Nivernais sans doute) (2).

Du reste, ce n'était pas dans sa famille seulement que Robert de Cassel était considéré, mais encore par le peuple flamand, puisque quatre années plus tard, lors des grandes affaires politiques, les communes de la Flandre-flamande l'appelaient à la tête de l'insurrection de 1325, comme *Revaerd* (3) de Flandre, c'est-à-dire régent et protecteur. Ce ne fut donc pas uniquement à titre de seigneur de Cassel et d'autres châtellenies de la Flandre occidentale que Robert fut mêlé à cette grande affaire, son caractère personnel le recommandait avant tout au choix de ses compatriotes et particulièrement de ceux de ses Domaines propres (4).

(1) Ch. des C. de Lille. B. 557.
(2) Carton B. 577, des archives de la Ch. des C. de Lille.
(3) *Rewaert* ou *Ruwaerd*, gardien spécial des droits du comte.
(4) Notre *Carte ronde* de Cassel et de ses environs, ci-jointe, est à consulter pour ce qui concerne l'*apanage de Robert*; ses limites y sont distinctement tracées, et l'indication de l'ensemble de son vaste territoire, comprenant la Flandre la plus occidentale, y est avec couleur particulière sauf ce qui est situé à l'est près Ostende. Voir à la page qui précède les *pièces justificatives*.

Nous verrons plus loin sa conduite à cette époque, et puis trois années plus tard, en 1328, lors de la bataille renommée gagnée par Philippe de Valois, au Val de Cassel.

Voilà les particularités les plus saillantes de la vie de Robert de Cassel jusque vers 1320, nous les donnons comme préliminaires ou accessoires, pour ainsi dire nécessaires de notre sujet principal.

Robert à partir du partage de Flandre.

Occupons-nous à présent de ce qui se passe pour Robert personnellement à partir du *partage de Flandre*, partage qui s'accomplit la même année que fut conclue la paix, car c'est là le point de départ de beaucoup d'évènements ultérieurs ayant trait aussi aux domaines seigneuriaux dévolus à Robert. Ces domaines furent ensuite transmis, on le sait, à ses descendants ou héritiers, issus d'Yolande, sa fille, appartenant directement à la *Maison de Bar*, et dont nous parlerons à leur tour.

Nous avons vu que malgré les modifications apportées par le roi Philippe-le-Long, en 1316, aux clauses du traité imposé aux Flamands par son père, Philippe-le-Bel, en 1307. Ceux-ci ne les acceptèrent d'abord pas plus que leur comte Robert III. La guerre continua donc encore près de quatre années (1); elle finit par un traité conclu à Paris le 5 mai 1320.

Ce fut après un arrangement préalable qui eut lieu en la ville d'Aire en Artois. Par cet accord fut conclu le mariage de Louis, comte de Flandre, fils de Louis de Nevers et de Rethel, et

---

(1) Voir au travail historique précédent consacré au comte Robert III pour certains détails d'hostilités à cette époque — (non encore édité.)

petit-fils du comte Robert de Béthune avec Marguerite de France (1), fille cadette du roi Philippe V.

Au 2 juin de l'année susdite fut signé le contrat de cette union, par lequel le comte assura la Flandre au jeune Louis de Nevers.

Le même jour de juin 1320, le comte Robert donna Cassel et d'autres terres importantes en apanage à Robert, son second fils, à condition que celui-ci s'engageât à renoncer à ses prétentions sur le comté de Flandre (2) en cas de mort de Louis, son aîné. Il est vrai que ce ne fut pas uniquement la circonstance de conclusion de paix et celle du mariage, qui la scellait, qui firent songer le comte à un partage irrévocable de ses états et à l'apanage de Robert de Cassel, qui en devint la conséquence et le but. Déjà Robert de Béthune y avait pensé, et même dès 1315, mais ses dispositions testamentaires d'alors furent une cause de discussion et de discorde. Le comte avait, il est vrai, assigné sa succession au gouvernement de la Flandre, à Louis, son aîné; mais il l'avait chargé en même temps de fournir à son frère Robert mille livrées de terre et désigné à cet effet celles d'Alost, de Grammont, des Quatre-Métiers et de Waes, comme part héréditaire de son puîné (3).

En novembre 1317, le comte de Flandre avait réglé de nouveau le partage de ses biens entre Louis et Robert, ses fils, afin de pacifier les partis (4).

(1) Marguerite de France, nièce des rois Louis le Hutin et Charles-le Bel, qui, avec son père, étaient les trois fils de Philippe le-Bel.
(2) L'*Art de vérifier les Dates,* à l'article Robert de Béthune.
(3) Voir E. Leglay, t. II, page 347, Robert renonça à toutes ces terres d'abord à lui assignées, lors du partage de 1320.
(4) Chambre des Comptes de Lille. B. 545. Carton.

A la même année, en décembre, Robert de Flandre agrée la clause contenue dans la cession faite par son père regardant les susdites terres, par laquelle il se réserve le droit de succession et de retour de ces domaines au cas que lui, Robert, vienne à mourir sans hoirs (1).

Cependant en 1318, le comte Robert changea encore la teneur de ses dispositions testamentaires. D'autres domaines furent donnés à son fils cadet en échange de ceux accordés précédemment (2).

A cet effet, le 7 septembre, la nuit de Notre-Dame, une prisée détaillée fut faite, par E. Bernaiges (3) et autres délégués, des domaines de Cassel, Dunkerque, etc., destinés définitivement à l'apanage de Robert dit de Cassel (4).

L'original de cet acte de prisée comprend quinze feuillets de parchemin scellés. — Cette estimation fut acceptée par les parties qui déclarèrent, en présence de leur père, approuver et ratifier le dénombrement reconnu fait d'après les lois et usages du pays.

Les documents concernant cette affaire sont déposés aux archives départementales du Nord (B. 548, Carton); la Chambre des

(1) Ch. des Comptes de Lille. B 545. Carton.

(2) Ceci a déjà été signalé par nous. — Voir notre Mémoire sur *l'apanage* de Robert de Cassel, imprimé en 1864 dans les Annales du Comité Flamand de France.

(3) Ce personnage fut à ce commis par Mgr Louis de Nevers avec un fondé de pouvoir de Mgr Robert de Flandre.

(4) Les terres, villes et châtellenies mentionnées dans cette prisée sont les suivantes : Dunkerque, Bornhem Baesrode, Haes Donck (Haz Donc), Bruigny Assuye (Alluye), Broû, la Basoiche. Aulon, Montmirais en Perche (Montmirail), Verre. Lens, Aire, les Epiers de Cassel et d'Hazebrouck, la châtellenie de Cassel, le bourre, les revenus de la terre de Jean de Haveskercke, la seigneurie de Watoù (Waten?). Nieppe, la terre de Warneton, la ville de Gravelines. — Archives de la Flandre orientale, Gand, pièce N° 1,359, citée par M. de St-Génois à la page 389.

Comptes de Lille possède en outre une prisée spéciale des domaines dépendant de Cassel. Ce manuscrit est daté de décembre 1318 (1). La liste du dossier des pièces de ce partage du comte Robert, de 1318, se trouve en tête de ce petit registre en parchemin, au même carton; elle indique tout l'avoir qui devait alors échoir à Robert, le puîné, après la mort du comte, et que celui-ci, par prévoyance, voulut fixer ainsi d'avance. (Voir aux premières pièces justificatives).

Nous trouvons dans le registre inventaire VI, p. 336 de la Chambre des Comptes de Lille, une autre pièce non moins importante, datant d'août 1318, et faite à Courtrai. C'est l'accord entre Louis, comte de Nevers, et son frère Robert, par lequel ce dernier renonce à certains avantages, et en échange reçoit les terres et seigneuries de Cassel, bois de Nieppe, Bornhem, Dunkerque, les biens du Perche et de Broigny. Cet accord est confirmé par le comte Robert (2).

L'original est en parchemin scellé du scel du comte de Flandre et de ceux de ses deux fils.

Cependant les choses n'en restèrent pas là, une autre modification fut apportée à ces arrangements à cause de la conduite et de nouveaux griefs de Louis de Nevers, l'aîné du comte, d'une part, et ensuite à cause des conditions et engagements pris par Robert de Béthune, lors du mariage de son petit-fils. Un acte plus solennel et définitif fut passé à Courtray par lettres

---

(1) Registre, B. 484, Ch. des Comptes de Lille.

(2) Dans une autre pièce concernant le même sujet, conservée aux archives de Gand, on lit le passage suivant : « Et nous Robiers, » Cuens de Flandre, à la requeste de nos enfants dessus nommeis, » avons as choses dessus dictes mis nos autoritez et assintement. »

datées de cette ville du 2 juin 1320 (1). Le comte Robert y exprime clairement ses volontés dernières concernant cette question capitale de partage et de succesion.

« Il témoigne son vif désir d'assurer par cet arrangement, la
» paix de son pays, la concorde dans sa famille et l'amitié qui
» doit être entre ses chers enfants, leurs hoirs ou successeurs,
» ôter toutes occasions de matières de querelles et débats qui
» pourraient naître entre eux, après son trépas, et il assigne à
» Robert, son fils puîné, pour sa portion et pour tout le droit
» que ledit Robert pourrait prétendre, de nombreux domaines
» importants et des sommes en argent (2), » comme il est spécifié dans la pièce justificative N° 1 qui suit, c'est-à-dire dans les *lettres du comte Robert contenant ses dernières volontés* touchant ce partage, lettres auxquelles nous renvoyons le lecteur.

---

(1) Voir la pièce justificative IV copiée de l'original existant à la Chambre des Comptes de Lille, t. VI.

(2) Vers cette même époque, un accord est fait entre Robert de Cassel et le comte Robert, son père, et son frère Louis de Nevers, par lequel deux mille livres parisis de rente annuelle sont assignées au susdit Robert de Cassel. Lesquelles sommes devaient être prises sur la rente de 10,000 livres tournois que la Flandre devait au comte. Cette somme de deux mille livres était assise sur la part que devaient payer dans les 10,000 livres susdites, la ville et la châtellenie de Cassel, diverses villes environnantes et tout le pays de West-Flandre.

— Un extrait de ce document en parchemin est cité à la page 285 du tome 1 de l'inventaire des archives d'Ypres de M. Diegerick.

Cet acte constitutif, daté de Courtray, *y fut* exposé aux tesmoings en *Flameng* et en *Walech* (Wallon) (1).

L'aînée des filles de Robert de Béthune, Jeanne, fut présente en 1320 (étant veuve du sire de Coucy), au partage que le comte, son père, fit à ses deux fils, auquel elle consentit en tou!es choses et qu'elle ratifia comme la plus prochaine héritière de Flandre, après Robert de Cassel, en renonçant au comté en faveur de son neveu Louis (2).

Le comte Robert ratifia cet acte à Paris le mois suivant, et cet arrangement de partage et de succession fut approuvé par le roi Philippe-le-Long en juillet de cette même année.

Le comte Louis de Nevers promit quelques mois plus tard, à son père, d'exécuter avec SOUMISSION le partage fait avec Robert, son frère (3).

Le roi de France Charles IV (4), successeur de Philippe V, confirma à son tour ces lettres et les ratifia définitivement en 1327, c'est-à-dire après de nouveaux arrangements de concorde qui survinrent à la suite d'autres contestations entre Robert de Cassel cette fois et son neveu même, avant que celui-ci fut officiellement investi du comté de Flandre, car Robert contesta ses droits à ce gouvernement.

Et si Robert de Cassel se reconnut plus tard homme-lige (5)

---

(1) *Galand,* preuve de son mémoire sur le droit particulier du roi, 1648. (Dunkerque).

(2) *P. Anselme.* — Cette Jeanne épouse d'Enguerrand IV, devint lors de son veuvage abbesse de Beauvoir. Ajoutons qu'un descendant de Robert de Flandre, Henri d'Oisy, premier fils du duc Robert de Bar, épousa à son tour la fille d'un sire de Coucy, Enguerrand VII.

(3) Archives départementales du Nord, pièce du carton B, 572.

(4) Dit le Bel, *Carolus pulcher,* ou de la Marche. (D'Oùdegherst)

(5) *Homme-lige.* Dépendant du comte ou d'un seigneur. — *Grand vassal,* c'est-à-dire obligé à un plus étroit serment que le simple vassal.

du nouveau comte de Flandre Louis, il y eut cependant encore bien des débats avant ce temps. Nous nous en occuperons bientôt.

Disons d'abord un mot de dissentiments très sérieux qui s'élevèrent peu d'années avant, dans cette malheureuse famille.

Accusation de Robert contre son frère.

Louis, comte de Nevers, fut accusé par son frère Robert et d'autres personnages marquants, d'avoir voulu attenter à la vie du vieux comte, leur père, peu de temps après que l'acte testamentaire susdit fut accepté, et par conséquent après la conclusion du mariage du fils du comte Louis avec Marguerite de France. Des auteurs disent que Robert de Cassel se repentit bientôt d'avoir renoncé au comté de Flandres et que, « pour remédier à cette circonstance contraire à ses intérêts, il résolut de faire périr son frère par les mauvaises impressions qu'il en donna au comte leur père » (1).

Ce fut peu de temps après le traité de paix conclu entre le comte de Flandre et le roi de France, c'est-à-dire vers juin 1320. On sait que Robert de Béthune étant à Courtrai s'était occupé en dernier ressort du partage de la Flandre entre ses deux fils (2). Des dispositions testamentaires avaient déjà été prises, il est vrai, en 1315, mais le comte en avait changé forcément la teneur, à cause de la conduite fort blâmable de son aîné et de fâcheux dissentiments qui éclatèrent dans sa famille.

(1) L'*Art de vérifier les dates;* articles *Robert et Louis de Nevers.*
(2) Voir pièce justificative Nᵒ XI. *Volontés de Robert de Béthune touchant son partage.*

En ce temps Robert, le cadet du comte Robert, accusa avec d'autres, son frère, le comte de Nevers, d'avoir voulu trahir et empoisonner son père (1). Sur cette accusation, Louis fut arrêté en Brabant et traîné prisonnier au château de Rupelmonde, avec ses gens; et le gouverneur ou châtelain reçut un ordre — qui était faux — de lui faire secrètement trancher la tête; mais celui-ci ne voulut pas être son bourreau. Cependant (ainsi que nous l'avons déjà dit à l'article Robert de Béthune), comme on ne put trouver aucune preuve évidente de ce crime, (le confesseur (2) de Louis ayant même été mis à la question et à la torture afin de découvrir la vérité) on le mit en liberté à condition toutefois que ce malheureux n'entrerait jamais au pays de Flandre. Louis de Nevers, d'un caractère indomptable, ne sortit de prison qu'après qu'on eut tiré de lui une promesse écrite du mois de janvier 1321 (3), portant, entre autres choses, qu'il ne ferait aucune poursuite contre le seigneur de Cassel, son frère, et ses autres accusateurs, et qu'il se retirerait en France; mais enfin, il fut solennellement pardonné par son père et réconcilié avec lui le 11 avril 1322, à Pâques, dans le château de Courtrai (4).

Le P. Anselme dit : « La conduite de Louis de Nevers » fut blâmable, mais il sut si bien ménager l'esprit de son » père qu'il en obtint d'assurer ses états à ses enfants. »

(1) Demezeray, t. V. Voir aux pièces justificatives Nᵒˢ VI et VII pour ce fait. — Cette affaire fut diversement narrée par les auteurs anciens.

(2) Frère Gautier, confesseur de Louis de Nevers, de l'ordre des Ermites de St-Guillaume.

(3) Voir Père Anselme, t. 2, p. 737.

(4) Acte notarial, archives de Lille.

Ce passage peut faire admettre que cette déplorable et sinistre accusation eut lieu au commencement de 1320, après Pâques.

Louis de Nevers père, quoique en quelque sorte reconnu innocent par Robert de Béthune, se retira pour ainsi dire forcément en France (1) après Pâques de l'année 1321, navré de douleur et plein de ressentiment contre ceux qui l'avaient accusé de ces tentatives criminelles. Mais ce malheureux prince n'y fut pas plus heureux, à cause non-seulement de ses méfaits réitératifs, qui furent provoqués par de mauvaises inclinations, mais aussi et surtout à cause de ses anciennes oppositions violentes au roi de France.

Ce comte de Nevers mourut, peut-être de remords, à Paris, l'année d'ensuite, c'est-à-dire le 14 juillet 1322, peu de mois avant le comte de Flandre, son père (2).

Nous savons que le Robert III, dit de Béthune, finit ses jours à Ypres, le 17 septembre 1322 (jour de St-Laurent) (3). Par cet évènement la clause du traité relative à la succession du comté de Flandre et qui appelait le fils de Louis de Nevers à succéder à son grand-père, si son père mourait avant celui-ci, devait donc recevoir son effet. Cette clause du testament du comte Robert qui appelait le fils de Louis à recueillir son héritage, fut ainsi complètement consacrée par sa mort.

(1) Louis, comte de Nevers, frère de Robert, n'obtint sa liberté, selon certains historiens, qu'à condition qu'il ne reparaîtrait plus au pays de Flandre; sa conduite toujours turbulente en fut une des causes spéciales.

(2) Aux archives de Lille se trouve au même mois la renonciation de Jeanne, comtesse de Nevers, à la succession et aux dettes de feu Louis, comte de Nevers, son mari. — B. 577.

(3) D'Oûdegherst dit : Le jour de St-Michel, 29 septembre. — Ch. de Flandre, 1571. — Meyer est du même avis, etc.

D'ailleurs, ainsi qu'il a déjà été dit, cette condition de succession du fils du comte de Nevers à son aïeul par représentation, avait été aussi une clause imposée par le régent de France, en juin 1316, ou plutôt lors du contrat de mariage entre Louis de Nevers et Marguerite de France. Cependant des différends s'élevèrent entre Robert de Cassel et son neveu après la mort de Robert de Béthune qui fut précédée de près de neuf mois par celle du roi Philippe, décédé en janvier, même année.

<h3 style="text-align:center">Les prétentions de Robert de Cassel au comté
de Flandre.</h3>

Robert de Flandres, malgré les arrangements et les conditions antérieures acceptées en 1320, prétendit au comté, après le décès de son père; ce qui donna lieu à de nouveaux conflits. Cette phase remarquable dans l'histoire de ce temps doit être relatée avec quelques détails, d'autant plus que Robert de Cassel en fut un des principaux acteurs.

Robert ne laissa pas à son neveu Louis, devenu comte de Nevers et de Rethel (1), et âgé alors d'environ dix-huit ans, la pleine liberté de recueillir la succession et la paisible jouissance du comté de Flandre dont il lui revenait une portion. Il se disposa à lui disputer le tout malgré les contrats antérieurs (per juramenta sua).

Dès la fin de 1322, Robert vint à Paris, réclamer au nouveau

(1) Louis, fils du com'e de Nevers, Louis II du nom, surnommé plus tard *de Crécy*, parcequ'il fut tué à la bataille contre les Anglais, qui s'y livra en 1346, eut pour mère Jeanne, fille unique et héritière de Hugues, comte de Rethel, dont il hérita, comme d'une partie des biens de sa grand'mère paternelle, Yolande, comtesse de Nevers.

roi, Charles, pour ses droits au comté (1). Il était accompagné de Mme de Coucy et de son autre sœur Mathilde ou Mahaut, tante de Louis, femme de Mathieu de Lorraine, sire de Florines. Celle-ci lui contesta aussi, de son côté, cet héritage, alléguant en commun avec Robert de Cassel que la représentation n'avait point eu lieu en Flandre.

Mathilde de Flandre fit valoir ses prétentions sur les comtés de Flandre et de Waes, devant le parlement (2); elle et son mari les revendiquèrent en prétendant exclure Robert, leur frère, aussi bien que Louis de Nevers, parcequ'il avait ratifié la substitution faite en faveur de ce dernier, et, par là, renoncé à son droit (3). Robert se défendit en disant que cette ratification ne pouvait tirer à conséquence, n'étant que l'effet d'une déférence aveugle et forcée aux volontés de son père (4).

Cependant le roi se décida en faveur de Louis de Nevers après que le parlement eut prononcé.

(1) Robertus cognomento Casletanus, Roberti Bethuniæ Flandriæ comitis filius, pretendit sibi debere comitatum Flandriæ anno 1322, Miræus, p. 308.

(2) Voir pièce du carton B. 591, concernant cette affaire de 1323, décembre. — Ch. des Comptes des archives du Nord, 1323 mars (V. S.) Pièce des cartons des archives de Lille.

Charles IV, roi de France, mande au bailli d'Amiens de faire exécuter l'arrêt obtenu par Robert de Cassel contre sa sœur Mahaut ou Mathilde de Flandre et son mari Mathieu de Lorraine qui avait revendiqué ces contrées comtales devant le parlement de Paris. — B. 583

(3) Mahaut prétendit succéder au comte Robert de Béthune, son père, comme sa plus proche héritière depuis les renonciations du seigneur de Cassel, son frère, et de la dame de Coucy, sa sœur; mais elle en fut déboutée par le même arrêt des pairs de France, rendu contre son frère au profit de leur neveu Louis de Nevers, contre lequel elle plaidait en 1323, au sujet de la terre de Waes. (Père Anselme, t. II, art. Robert de Béthune, p. 737.

(4) Passage tiré de l'Art de vérifier les dates.

Disons qu'avant l'arrêt royal et des démarches de part et d'autre, Robert de Flandre s'était mis le premier en campagne, il s'emparait déjà de plusieurs forteresses (1), lorsque le nouveau roi de France (2) séquestra les biens de Flandre et évoqua l'affaire à sa cour de Paris avec défense aux contendants de se porter pour comtes de Flandre jusqu'à ce qu'elle eût statué; mais les communes de Flandre toujours jalouses de montrer leur indépendance, et à l'instigation du marquis de Namur, se déclarèrent pour Louis et menacèrent, dans une députation qu'elles firent au souverain, de se former en république si on leur donnait un autre comte. Le jeune prince, enivré de cette faveur du peuple, ne douta point qu'il ne l'emportât sur ses rivaux, et, sans attendre le consentement du roi, il reçut les hommages de ses nouveaux sujets, c'est-à-dire de la noblesse et du peuple.

Charles-le-Bel trouva qu'il se hâtait beaucoup trop d'aller prendre possession des Flandres. Irrité de cette audace, ce roi de France manda Louis de Nevers à Paris, et pour tempérer son ardeur ambitieuse, il le fit arrêter et le tint enfermé dans la tour du Louvre, de la St-Martin jusqu'à la Noël de la même année (3). La liberté ne lui fut accordée qu'après soumission.

Voici l'analyse de pièces des archives de Lille concernant ces circonstances historiques du commencement de 1323 (N. S.) (1322-janvier (V. S.) Charles, roi de France, accorde à Louis (fils de Louis), comte de Nevers, son élargissement de prison, avec liberté de vivre dans la ville de Paris et les faubourgs (4).

---

(1) L'*Art de vérifier les dates*, à l'article Robert de Flandre.
(2) Charles IV, dit le Bel, autre fils de Philippe IV, dit aussi le Bel.
(3) Père Anselme, etc.
(4) Carton B. 580, Ch. des C. de Lille.

Peu après le roi mande aux habitants de Flandre de rendre au comte Louis tous les devoirs, hommages et serments qu'ils lui doivent comme seigneur (1).

Il reconnaît par un autre acte que le même comte lui a fait hommage pour le comté de Flandre, et il accorde audit Louis la permission de retourner dans ses domaines, janvier 1323 (N. S.) (2).

Ce comté lui fut adjugé par arrêt du parlement ou de la cour de Paris, rendu le 29 du même mois (3). — Charles IV consent en outre à ce que le comte conserve tous les droits qu'il peut avoir en Flandre suivant le sentiment du Pape (4). — Louis de Nevers renonça alors à la Flandre Française ou Gallicane, comme l'avait fait dans un autre temps Robert de Béthune.

En mars 1323 (nouveau style) le parlement de Paris, par arrêt, donne acte à Robert de Flandre des protestations par lui faites, que la réception de Louis, son neveu, en la foi et hommage du roi pour le comté de Flandre, ne pourra préjudicier audit Robert, en cas que ledit Louis vienne à mourir sans enfants (5).

Nous croyons utile d'ajouter à tout ceci les quelques notes suivantes qui ont rapport à des démarches faites par Robert de Cassel près du roi, presque immédiatement après la mort du comte, son père.

(1) Carton B. 580, Ch. des C. de Lille.

(2)   id.   id.   id.

(3)   — B. 581,   id.   id.   Et Touchard la Fosse, *Loire historique.*

(4) Carton B. 581, Ch. des C. de Lille.

(5)   — B. 582,   id.   id.

Demezeray (1) avance que Robert se disait plus proche d'un degré parce qu'il était fils de Robert de Béthune là où Louis n'en était que le petit-fils. Il se présenta dans cet intervalle au roi de France demandant l'investiture du comté de Flandre, et cela, selon Guilbert (2), parce que la coutume de Flandre excluait les enfants de la succession de leur aïeul du vivant des frères et sœurs de leur père.

S'il faut en croire Mirœus (3), Charles-le-Bel avait écouté d'abord Robert de Flandre, le cadet du comte décédé (4). Mais, quelque temps aprés, le jugement de ce roi de France et le parlement par son arrêt (5) décidèrent en faveur de Louis de

(1) *Demezeray* : Abrégé chronologique.

(2) *Guilbert,* dictionnaire des villes de France : article Ducs de Bar.

(3) *Opera diplomata,* de Aubert-le-Mire, doyen de la cathédrale d'Anvers (Bruxelles 1624), et son continuateur, J.-F. Foppens en 1723-1748, le vol. in-f°.

(4) *Carolus IV. Cognomento pulcher, Rex galliœ, disponit de comitatu Flandriæ in favorem Roberti Casletani, anno 1322.*
Opera diplomata, Mirœus, v. I, p. 780 (a).
Voilà les lettres du roi concernant celte affaire telles que A Lemire les cite au t. I, p. 308.
1322. « Carolus, Dei gratiâ, Francorum et Navarræ rex, universis
» presentes litteras inspecturis salutem notam faciemus, quod cùm
» *Robertus* de Flandria, miles, filius defuncti Roberti quondam
» comitis Flandriæ, tanquam proximior et unicus superstes ejus filius,
» ut dicebat, diceret se esse saisitum, per consuetudinem patriæ
» notariam, quà dicitur, *quod mortuus saisit vivum,* de comitatu,
» et patria Flandriæ, etc Ex una parte, etc. »
« Datum anno millesimo trecentesimo vicesimo secundo. »
(a) C'est-à-dire vol. II avec la pagination continuée du vol. Ier

(5) Arrest du parlement, par lequel le comté de Flandre est adjugé à Louis, comte de Nevers. fils de Louis, comte de Nevers, et petit-fils de Robert, comte de Flandre, contre Robert de Flandre, fils cadet dudit comte Robert, et Mathieu de Lorraine. pour et au nom de Mahaut, sa femme, dame de Florines, aussi fille dudit comte Robert, 1322 (a). — (Galland, conseiller du roi Louis XIV, mémoire précité de 1648).
(a) Janvier 1323 (vieux style) M. Ed. Leglay, p. 355 du tome II, de son Histoire des comtes de Flandres.

Nevers : la première décision de Charles IV, aurait donc été infirmée s'il y eut eu commencement d'investiture : ce qui du reste est assez douteux.

Les passages en note à la page précédente (1) sembleraient faire croire que Robert de Cassel, en vertu de ses démarches près du roi Charles-le-Bel, fut d'abord pour ainsi dire investi par ce monarque du *Comté de Flandres* avant que le parlement s'occupât de cette affaire ? — Du reste les pièces authentiques *ad hoc* manquent.

On voit que la charte du roi Charles IV, citée par A. Mirœus, si elle n'est pas apocryphe, offre la date de 1322, mais le mois et le jour n'y sont pas mentionnés, ce qui donne du doute sur l'époque précise de cette décision royale.... Toutefois, si elle a eu lieu, elle doit avoir été postérieure à septembre, qui fut le mois où mourut le comte, père de Robert de Cassel.

(1) Si nous avons fourni les documents précédents de Mirœus dans notre *Mémoire spécial sur l'apanage de Robert de Cassel* (Annales du Comité Flamand de France, t VII, 1864, p. 49), et au supplément des pièces justificatives, tirage à part, destiné seulement pour nos amis, nous ne les avons pas produits alors comme preuves sérieuses et irrévocables, et surtout en les admettant positivement comme vérités. Ces documents étaient cités par nous comme simples pièces curieuses, remarquables dans l'espèce (a). Aussi M. J Carlier, notre collègue, dans ses quelques critiques de certains passages des œuvres d'Aubert Lemire, insérées dans le bulletin du Comité Flamand de France, N° 13 du tome III (et qu'il dit être en tout point inexacts) aurait-il dû dire, à propos de nos citations : *Qu'elles ont étrangement abusé l'historien moderne de l'apanage de Robert de Cassel.* Rien ne l'autorisait à tenir pareil langage d'autant plus que ses allégations étaient elles-mêmes en tout point inexactes. Nous venons de le voir — il en est de même d'autres de ses assertions à propos du duc de Bar, Robert, dont nous parlons dans notre travail achevé sur la *maison ducale* de Bar, pour Cassel.

(a) J'ajoute même, sous ces citations latines, que cette décision du roi Charles-le-Bel fut ensuite infirmée par le parlement.

Des auteurs contestent l'authenticité de ces pièces produites par le savant historiographe Lemire, qui a enrichi nos contrées de tant de documents originaux et primitifs. Cependant il n'est pas impossible que le roi de France ait été circonvenu dans un moment où il n'avait pas encore connaissance des décisions antérieures de son frère, Philippe-le-Long, le roi, son prédécesseur, et des contrats conclus en 1316 et 1320. — Ne peut-il pas y avoir eu un prélude d'exécution en faveur de Robert de Cassel pendant les premiers temps de l'incarcération de Louis de Nevers ? Ceci reste à décider ou à prouver, car nous avons vu combien avaient été actives les démarches de Robert de Cassel et de ses sœurs près du roi.

Conflits entre Robert et son neveu Louis.

C'est en vertu de l'arrêt de la Cour des Pairs, du 29 janvier 1322 (V. S.), adjugeant la Flandre au jeune comte de Nevers, que Louis fut admis à faire hommage entre les mains du roi pour le comté pairie susdit et ses deux autres comtés : c'est le lendemain de cet arrêt que ce fait s'accomplit (1).

Après la décision irrévocable du roi Charles concernant le comté accordé à Louis (2), son oncle Robert eut encore d'autres contes-

(1) Père Anselme, t. II, page 824, etc. (X)

(2) Voir aux pièces des cartons B. 580 et 581, pour la mise en possession de Louis.

(X) Ces auteur renvoit, pour d'autres détails concernant ce sujet intéressant, aux ouvrages suivants :
« *Mirei notit eccles. belg.* vol. 676 — Cod. diplomat. *Leibnitz,*
» page 106 — Preuves des mémoires pour l'histoire de Navarre et
» de Flandre, d'*Aûg. Galland,* p 122 135, etc. — Le P. d'*Oûde-*
» *gherst,* chron. chap. 157, fol. 244 — Généalogie des comtes de
» Flandre de *Dom. Martene* — Thesaur, anecd., t. III, p 413-414. »

tations et oppositions, puis il survint de nouveaux accommodements avec le jeune comte de Flandre. Ce furent des débats concernant certains biens du partage, à lui dévolus par l'acte de 1320 et aux jouissances desquels Louis de Nevers mit des obstacles. Le roi de France fut obligé parfois d'intervenir dans ces pénibles discussions de famille. Ainsi, nous voyons en juin 1323, un mandement de Charles IV, roi de France, à Jean Roye, chanoine de Senlis, et à Firmin Coquerel, ses conseillers, de faire restituer à Robert de Flandre les revenus de son *assennement* (1) saisis par Louis, comte de Flandre. (B. 588, carton).

Le résumé de ces détails secondaires dont nous ne voulons pas surcharger le présent texte se trouve relaté aux pièces justificatives concernant Robert de Cassel et aux sommaires de nombreux actes d'alors (2).

Le Roi Charles ordonna aussi en juin 1223, à Louis comte de Flandre, d'assigner à son oncle Robert de Cassel, un lieu où il puisse aller en sûreté lui rendre hommage de ses terres, et de lui donner sauf-conduit à cet effet. (3).

(1) Assennement : Ce qui est attribué, *d'assignare*.

(2) Il en est de même de plusieurs grands procès que Robert de Cassel eut, soit avec Mahaut de Flandre, femme de Mathieu de Lorraine, sa tante paternelle, soit avec Mathilde ou Mahaut, comtesse d'Artois, soit enfin avec les exécuteurs testamentaires de Marguerite, sa tante maternelle, et par conséquent avec Marie, reine de France, exécutrice, etc., etc. Toutes ces affaires ne peuvent être mentionnées ici, nous nous contentons de les noter à côté des pièces justificatives qui suivent.

(3) B. 587, Archives du Nord-Carton.

Obs. — Un itératif de ce mandement est à la date du mois suivant. Carton B. 588.

Le Roi mande en même temps au Bailli d'Amiens, le soin de l'exécution de l'arrêt qui ordonne l'assiette du complément du partage dudit Robert. (1).

Entente entre le jeune comte et Robert.
Celui-ci lui rend hommage pour ses terres, etc.

En juillet de la même année 1323 se fit la prestation d'hommage par Robert au comte pour les biens provenant de son père (2). — En 1324, Louis comte de Flandre, consent que Robert jouisse des revenus des terres à lui échus en partage. (3).

La comtesse Madame d'Artois fut l'intermédiaire du raccommodement entre ces deux princes de Flandre. Elle les avait invités à se rendre à un jour nommé à St-Omer pour une affaire regardant le comte de Namur qui avait été fait prisonnier à Bruges et dont la femme faisait des démarches pour obtenir sa délivrance. « A donc y veint le comte de » Flandre et Messire Robert a grand 'planté de hauts hommes » et puissans, et les bonnes villes de Flandre aussi. Là fut » paix faicte et confirmée du comte et de Robert son oncle » par le pourchas de la comtesse d'Artois. (4) »

Dans la suite le Seigneur de Cassel Robert, se reconnut homme-lige du comte de Flandre et prêta serment à Ypres, ainsi qu'il a été dit, en présence de Jean de Namur, de Guy de Châtillon et d'autres grands personnages.

(1) B. 588. Archives du Nord-Carton.
(2) B. 588.   id.   id.   id.
(3) B. 591.   id.   id.   id.
(4) Denis Sauvage, Chron. de Fl.

Mariage de Robert de Cassel, 1323-24.

Après avoir subit l'arrêt du Roi de France, arrêt qui fut une déception cruelle à ses espérances; après s'être enfin entendu avec le comte Louis, au sujet de son apanage, Robert ayant atteint la quarantaine songea à contracter mariage.

Ce fut dans la seconde moitié de l'année 1323 qu'eurent lieu les préparatifs, accords et traité de l'union de Robert de Cassel avec Jeanne de Bretagne, fille du duc Artus II, et de la duchesse Yolande de Dreux. Ce qui le prouve, c'est que Jean de Haverskerque fut l'un des commissaires qui conclurent ce traité, signé à Saint-Germain des Prés, le 1er octobre 1323. — Le mariage eut lieu évidemment *l'année d'ensuite*, et cela est d'autant plus probable que, au mois de mars 1384 (N. S) un mémoire fut rédigé relativement aux conditions de ce mariage. Ce mémoire se trouve déposé aux Archives du Nord dans le carton B, Nº 593. Puis Jean duc de Bretagne règle à cette époque certains accords touchant les convenances de ce mariage. Les auteurs cependant donnent pour cette affaire la date de septembre 1323, mais il est à croire que ce ne furent alors que les fiançailles ou promesses, et que cette cérémonie matrimoniale ne fut célébrée ou accomplie que vers le mois de décembre, c'est-à-dire après l'arrivée, vers la fin de 1324, de la bulle pontificale de dispense qui était la pièce essentielle pour la consécration de cette union. (1).

Voici l'analyse de quelques documents qui concernent cette nouvelle affaire importante pour le sire Robert. Ils se trouvent à Lille, aux archives départementales, avec de nombreuses pièces émanant de Jeanne, sa femme, qui devint Dame de Cassel. (Ces documents administratifs se rapportent au temps où elle fut tutrice de ses enfants et particulièrement d'Yolande sa fille.)

Les pièces des archives concernant le mariage de Robert sont d'abord le traité du mariage susdit daté de 1323, ainsi qu'une copie de cet acte (2) : ils sont en parfaite conservation. On y voit aussi la ratification donnée par Yolande Duchesse de Bretagne et comtesse de Montfort, mère de Jeanne. Cette pièce est datée de décembre 1323. (3).

Vient ensuite la bulle du Pape Jean XXII qui accorde des dispenses pour ce mariage, les contractants étant parents au quatrième degré (4). Cette bulle porte la date de novembre 1324.

En janvier 1324, Jeanne de Flandre, Dame de St-Gobain, Mathieu de Lorraine et Mahaut de Flandre sa femme, consentent à ce que Robert de Cassel assigne le douaire de sa fiancée sur ses terres sises au Perche, c'est-à-dire Alluye, Montmirail et leurs dépendances (5) ils consentent en outre

(1) Il y a tant de contradictions chez les auteurs quand il s'agit de certaines dates qu'il est plus logique de s'en rapporter aux pièces justificatives, authentiques et originales, quand elles existent encore.

(2) Carton B. 590.
(3)   id.   B. 591.
(4)   id.   B. 597.
(5)   id.   B. 591.

à ce que le douaire de Jeanne soit donné aussi sur les villes de Berghes, de Nieuport et Donze (1). Ces localités furent contestées dans la suite aux époux. (Voir pièces justif.)

Jean duc de Bretagne et Béatrix sa sœur, règlent, au mois de mars de la même année, certains accords touchant le mariage de Jeanne leur sœur. (2).

En juillet 1324, le comte de Flandre Louis confirma le douaire de Jeanne de Bretagne. (3).

Ajoutons enfin, qu'en janvier 1326 (V. S) Robert de Flandre, sire de Cassel et Jean de Bretagne, comte de Montfort, désignent Simon de Mesnil, chevalier, pour, avec Jeanne de Flandre, dame de St-Gobain, choisir un dépositaire de la somme promise audit Robert, à cause de son mariage avec Jeanne de Bretagne. (4).

En février 1326, (V. S.) Robert de Cassel donne à sa femme, Jeanne, le bois de Nieppe pour complément de son douaire. (5).

En avril 1326, le roi de France approuve le consentement donné à l'assignation du douaire susdit par Jeanne de Flandre, sœur de ˙Robert. (6).

En 1327 (N. S.) au mois de mars, Charles IV approuve aussi le douaire assigné par Robert, seigneur de Cassel, à sa femme. (7).

(1) Carton B. 592.
(2)   id.   B. 593.
(3)   id.   B. 596.
(4)   id.   B. 609.
(5) Carton B. 610.
(6)   id.   B. 605.
(7)   id.   B. 611.

En mars 1327, (V. S.) 1328, Robert de Flandre, seigneur de Cassel et du Perche-Goûet, proteste parce que la dot de sa femme Jeanne de Bretagne, a été payée en monnaie de moindre valeur que celle qui avait cours lors du traité de mariage. (1).

Prérogatives de Robert de Cassel.

Avant de suivre de nouveau la marche chronologique pour les affaires politiques de Robert de Cassel, arrêtons-nous un instant sur une autre question qui lui est personnelle. Il a été dit que Robert ne jouit des prérogatives des domaines à lui dévolus par l'acte paternel de partage qu'après la ratification royale de 1327 en sa faveur, et lorsqu'il se fut soumis encore plus solennellement au roi, le 11 juillet de cette même année à Ypres. Ainsi P. de Lespinoy dit que cet acte de Robert de Béthune, pour ce qui concerne son puîné, ne reçut d'effet qu'à partir de cette dernière année.

Il est vrai que le comte de Flandre, Louis, après son avènement, enjoignit aux villes de *Cassel, Bourbourg, Bergues, Gravelines, Warneton* et autres lieux seigneuriaux, dévolus à perpétuité par contrat à Robert son oncle, de ne lui rendre hommage, féauté, obéissance ni redevance, tant que lui, Robert de Cassel, n'aurait pas fait sa soumission pleine et entière au souverain, mais cet acte fut accompli le 2 avril 1323, selon les archives de Flandre, et tout prouve que ce seigneur de Cassel et des châtellenies voisines administrait le

(1) Carton B. 617. A Duchesne dit p. 97, que Jeanne de Bretagne eut en mariage *dix mille livres.*

5

West-Quartier, comme grand feudataire, déjà à une époque antérieure et malgré des contestations avec le comte de Flandre, Louis. Les mandements du roi d'alors le prouvent à l'évidence. Ceci allant être suffisamment démontré dans la suite, nous n'en donnerons ici que quelques preuves.

Citons d'abord l'hommage que firent à Cassel à leur seigneur Messire Robert, en 1320, le samedi après Saint-Remi, Willaume de Bruyarde (1) avec ses frères Henri et Rasse. Ces fils de Oudard, seigneur d'Oudezeele (1 bis), étaient accompagnés de nombre d'autres vassaux distingués : cette démarche féodale était par conséquent officielle et collective.

Nous dirons aussi que dans un acte de 1323, Robert de Flandre est nommé *sire de Cassel* (2). Cette dénomination est, on le sait, l'équivalent de seigneur.

Autre preuve : En 1324, des lois ou statuts et règlements furent octroyés à la ville et châtellenie de Cassel par Robert de Flandre (3). C'est le nommé Jean Tote ou Jote, bailli de Cassel, son représentant, ou le commissionné de Robert, qui fut, en son nom (4), l'exécuteur de ce règlement concernant la Flandre la plus occidentale, à la suite de l'enquête (*Bezonc*) ouverte à

---

(1) E. Lespinoy, Histoire de Flandre, t. II, p. 356, d'après des originaux en parchemin, scellés.

(1 bis) Voir la généalogie manuscrite de la famille de Bryarde du west-quartier de Flandres aux archives départementales du Nord et le travail généalogique sur ce sujet de notre érudit ami, M. A. Bonvarlet — 1859.

(2) Tome 7, de l'inventaire de la Ch. des Comp. de Lille, p. 19, N° 2028.

(3) Tome 7 du même inventaire, N° 54.

(4) B. 599. Carton des Archives de Lille.

ce sujet par ledit bailli, le 4 juillet de cette année (1). Un document curieux relatif à cette question est placé aux pièces justificatives, N° VIII, qui vont suivre.

Nous voyons, en dernier lieu, de nombreux actes administratifs émanés de Robert de Cassel, concernant le même pays occidental de Flandre, son apanage principal, non-seulement quand il y était présent, mais dans ses moments d'éloignement de ces domaines. Ainsi, par exemple, nous trouvons des lettres données par le sire de Cassel en 1326, datées d'Alluye en Perche (faites à nostre chastel d'Aluye le joedi après Thiephane, l'an de grâce MCCCXXVI). Ces lettres sont données en faveur de Pierre Van der Delf, bailli de Cassel, son représentant ou délégué au *hoop* (2), tenu à Hazebrouck et dont les statuts (3) du réglement furent délibérés dans cette assemblée, le 14 mars 1326. Il est bon de dire que cette institution, à partir du partage susdit, rendit la contrée occidentale extrême, ou maritime des Flandres, moins assujettie à la

(1) Style flamaud de cette époque, d'après une pièce de l'inventaire de M. le baron de Saint-Génois, numérotée 1409 :

« In t'yaer ons heren als men schrif syn incarnatie duyst dric hondert
» dric ende twintich, 't saterdaghes naer sinte Gregorys daghe in
» maerte (13 mars 1324) » (N. S)

(2) Hoop, *mons vel cumulus.* Voir aux pages 27 et 28 de l'ouvrage sur ce sujet de M. E. de Coussemaker, qui le premier a fait connaître dans son essai historique remarquable de 1861 toute l'importance de cette sage institution. — Voir aussi une charte de 1324 de Robert de Cassel, rapportée dans les *vieses costumes de Cassel*, Chambre des Comptes de Lille.

(3) *Les statuts du hoop siégeant à Hazebrouck* pour les châtel - lenies de Cassel et de Bailleul (d'autres châtellenies avaient aussi leur hoop) commencent ainsi, au nom de Robert de Flandres :

« Dit zyn de statuten geordeert (délibérés) in den *hoop* van Haze-
» brouck, den XI^{ten} dach van maerte in t'jaer van gracien MCCCXXVI,
» bi piederse van der Delf, bailly van Cassele bi der viertut van onze
» letteren, etc.

domination directe des comtes, et elle se lia étroitement avec d'autres institutions particulières aux libertés communales. Du reste elle existait déjà longtemps avant 1322. Au *hoop* seul appartenait la prérogative de modifier les lois régissant les matières civiles, judiciaires et administratives, et ces assemblées générales n'ont jamais abusé de ce pouvoir énorme.

M. *Francis Wey*, membre du comité impérial des travaux historiques, à propos de la *Notice sur le hoop*, de M. de Coussemaker, une des institutions les moins connues du Nord et spéciale à la Flandre maritime, s'exprime ainsi dans la *Revue des Sociétés savantes* (1) :

« Recherchant avec sagacité l'origine du *hoop*, l'auteur, dit-il,
» trouve cette institution implantée dans les mœurs germaniques,
» dès les temps antiques. Tacite raconte en effet, qu'au moment
» de la pleine lune, les Germains s'assemblaient pour délibérer sur
» les affaires publiques et exercer le ministère de la haute justice.
» Tacite, en parlant de ces peuples, ajoute : *Nec dierum numerum*
» *ut nos, sed noctium computant.*» Eh bien, circonstance unique
et très bizarre, dans les statuts du *hoop*, on comptait encore
par nuits et non par jours. Nous lisons dans le règlement de
celui d'Hazebrouck, en 1326 (précédé d'une lettre patente de
Robert de Flandre, sire de Cassel, donnant plein pouvoir à
son bailli de tenir le *mont* d'Hazebrouck qu'on dit le *hoop....*)
« On doit faire les convocations partout où demeurent les échevins
» siégeant au *hoop*, de dimanche en dimanche, *trois fois quinze*
» *nuits* avant le *hoop*. »

(1) *Revue des Sociétés savantes des départements*, tome III, mars 1866, publiée sous les auspices du Ministre de l'Instruction publique.

Le *hoop* prit, à partir de l'époque de Robert de Cassel, une plus grande importance par son triple caractère. Le seigneur Robert avait donc relevé et perfectionné dans ses domaines, et dès avant l'année 1327, l'institution de l'ancien *hoop*.

A ces citations nous pourrions joindre encore de nombreux docu‑ments remontant à l'époque de l'administration féodale supérieure de Robert de Cassel, et qui reposent aux archives du Nord, mais nous croyons suffisantes les preuves que nous avons données.

Quant aux actes et lettres du seigneur de Cassel, postérieures à l'année 1327, par lesquels Charles-le-Bel confirma l'apanage attribué à Robert (1); ils sont de même dignes d'être étudiés (2). Mais ils ne peuvent trouver place dans cette partie de notre aperçu historique sur les seigneurs de Cassel.

Après cette digression nécessaire, revenons à l'année qui suivit celle où le jeune Louis de Nevers acquit le comté de Flandre par la décision royale déjà mentionnée, c'est-à-dire 1323, année des raccommodements supposés complets entre le comte Louis et Robert.

(1) M. Leglay dit : qu'on s'efforçait dès lors de satisfaire en tous points Robert de Cassel de peur qu'il ne suscitât des troubles en Flandre; ou ne fit alliance avec ce roi d'Angleterre, ce que Charles-le-Bel craignait beaucoup.

(2) Ceux qui voudraient consulter ces dernières pièces d'adminis-tration de Robert de Flandres et celles d'une autre nature, quoique relatives au même sujet, ils les trouveront en partie aux archives départementales du Nord. Nous pouvons en citer, concernant ce personnage, qui sont déposées dans la Chambre des Comptes de Lille et mentionnées au tome VII de l'inventaire des chartes. En voici les principales :

Robert de Cassel.

Ann. 1328 — N°s 133, 136, 137, 139, 141, 142, 145, 150, 158, 160. 161, 163, 164, 166.
» 1329   177, 178, 184, 206, 216.
» 1330   234, 246, 247, 248, 250, 255, 259, 263, 264, 270, 271.
» 1331   280, 281, 284, 288.

Défiances du comte Louis à l'égard de son oncle.

Il est à remarquer que Louis de Nevers, malgré la soumission officielle de son oncle et la paix faite, ne montra pas une foi entière au frère de son père. En effet au lieu de lui confier les rênes de son gouvernement de Flandres pendant les absences qu'il fit soit dans le Rethelois dont il était aussi comte, soit dans le Nivernais, son pays natal, qu'il préférait, il jugea bon d'abandonner l'administration de ces contrées les plus septen-trionales, la Flandre, au seigneur d'Apremont, gentilhomme étranger qu'on n'y aimait pas. Une autre fois il en chargea Philippe d'Axèle, autre étranger, au grand mécontentement de Robert de Cassel et de celui du peuple de Flandres, toujours agité et ainsi mal gouverné (1) pendant que le comte était au loin.

Aussi quand éclatèrent des troubles dus en partie à des gestions antipathiques aux mœurs et usages du pays Flamand, Robert de Flandre se retira-t-il avec sa femme, la belle Jeanne, au château de la Motte ou Mothe, situé au milieu de la forêt de Nieppe. Ce fut quelques mois après son mariage (2). Là, il vivait indifférent en apparence aux affaires politiques, mais on le soupçonnait de favoriser le parti nombreux des mécontents contre la noblesse (3) que le peuple croyait contraire à ses

(1) On ne gouvernait pas le pays aux usages anchiens Ch. de Fl., f° CL.

(2) En ce temps, Nicolas de Bissenzèles fut nommé receveur de tous les biens de Robert en Flandre. B. 601 — 1325 juillet.

(3) 'len disoit qu'il (Robert) estoit assez content de la meûte (mouvement) et du trouble qu'y ainsi s'ellevoit, quelque semblant qu'il en feist. — Chron. de Fl., f° CLXIX.

prérogatives. Cette noblesse avait des exigences cupides intolérables, et elle paraissait méditer des projets contre les libertés publiques (1). C'étaient du moins là les craintes des Flamands.

Troubles et guerre en Flandre.

Une guerre désastreuse s'engagea bientôt contre cette noblesse de Flandres. De déplorables excès furent commis, les châteaux furent dévastés et pillés, ainsi que d'autres lieux de plaisance des riches, dont le luxe contrastait avec la misère d'alors décrite par des historiens dignes de foi et qui sont à consulter. Mais ces faits étant étrangers en quelque sorte au sujet spécial de cet article, nous n'avons pas à nous en occuper ici.

C'est à cette époque que le comte Louis revint en Flandre et tint conseil à Courtrai. Les personnages marquants présents à cette assemblée (2) et parmi lesquels se trouvait Robert de Cassel, l'engagèrent à user de sévérité envers les factieux qui avaient à leur tête Janssone, Lambert Boonen et l'intrépide Nicolas ou Colin Zanequin, que nous reverrons trois années après à la bataille du Val de Cassel. Ils dirigeaient des bandes nombreuses qui attaquaient des villes et s'en emparaient malgré les résistances; nous citerons, entre autres, Ghistelles, Ardembourg, Nieuport et même Dunkerque que Robert, accouru, voulut défendre comme le chef-lieu d'une de ses seigneuries (3). Mais malgré son courage

----

(1) E. Leglay, t. II, p. 362 de son hist des Comtes de Flandre.

(2) On voit au carton B 612 une pièce concernant des dépositions des témoins, touchant ces troubles de Flandre, et des requêtes en dédommagement.

(3) Robert de Flandre se trouvait dans la position la plus singulière, dit M. E Leglay, d'une part il avait à défendre ses seigneuries contre les agressions populaires; de l'autre, il devait prendre garde que la noblesse ne le crut affilié à ses associations plébéiennes pour lesquelles il semblait avoir montré d'abord quelque penchant.

et la magnanimité qui caractérisaient ce prince, il dut céder à ces tribuns aguerris et à leur formidable troupe. Sorti de la ville, il s'était présenté presque sans armes devant les conjurés, pour lesquels il paraissait sympathique et qui étaient loin de le haïr, mais un noble saisit la bride de son cheval et on le força à revenir sur ses pas, suivi de ses cavaliers. Robert, la nuit venue, fit monter sa femme en croupe derrière lui et regagna son château ter Wael (1) ou Motte-aux-Bois.

Les déprédations, les massacres, les incendies continuaient, tous les domaines de la noblesse étaient en proie à la fureur révolutionnaire, selon les chroniques. Ceci se passait vers mars 1325, et Zanckin devenu encore plus fort par la présence de ceux qui l'avaient rejoint de Bruges, de Cassel, de Bailleul, de Thourout, de Courtrai, etc., s'arrogea enfin la souveraine puissance, à défaut d'un souverain légitime expérimenté et sachant gouverner sur place, sans mollesse, un peuple fier et turbulent comme celui de Flandre.

Robert de Flandres, Arbitre et Rewaert.

Robert de Cassel fut choisi en ce temps calamiteux pour l'un des arbitres, avec ceux surtout d'Ypres, puis des Gantois; ils s'assemblèrent à l'abbaye des Dunes pour conférer sur les moyens de rétablir la tranquillité publique. Leurs délibérations durèrent depuis le dimanche de la Passion (24 mars 1323), jusqu'à la fête de St-Barnabé, en juin suivant. Mais à ce jour, Zanckin et Jansonne, chevetaines, arrivèrent aux portes du monastère

(1) M. E. Leglay, d'après la Chron. de Flandre, fo CLXIX.

susdit dans une attitude des plus menaçantes. Une multitude furieuse les suivit. Ils arrêtèrent ainsi les décisions de ces arbitres : la guerre civile était imminente plus que jamais !

Le comte, après avoir fait punir sévèrement les coupables qui avaient été saisis par ses troupes, vint à Courtrai dont il fit incendier le faubourg du côté de Bruges. Mais un vent violent d'ouest fit que le feu gagna toute la ville. Alors Louis de Nevers, la mort dans l'âme, voulut fuir et se rendre à Lille. Le peuple l'arrêta au moment où, à cheval et entouré de cavaliers, il allait quitter la ville. Ses gentilshommes furent tous massacrés et le comte fut livré le 20 juin aux Brugeois, ses grands ennemis. Ceux-ci le conduisirent en la prison des Halles (Belefroy) où Louis demeura pendant près de six mois par le conseil de Messire Robert de Cassel (1). Celui-ci s'était rendu peu de temps après à Bruges, de son château de la Motte, près Cassel, et avait fait alliance avec les révoltés (2).

M. E. Leglay dit (3) qu'il se tenait paisible dans sa retraite de *ter Wael* (4), restant étranger aux affaires, n'osant même se montrer au comte, son neveu, dont il craignait le ressentiment. Plus loin, il ajoute que les Brugeois refusèrent au roi de France indigné, de rendre la liberté au comte, selon la

---

(1) Denis Sauvage, Chronique de Flandre, page 125.

(2) Même ouvr. in f°, d'un auteur anonyme, publié par D. Sauvage.

(3) E. Leglay, pages 370 et 371, du tome II, histoire des Comtes de Flandre : mais ceci est douteux.

(4) Au château de la Motte au bois de Nieppe qui était alors très fortifié. On trouve aux archives du Nord une liste des gens armés qui se trouvaient en 1327 à ce château, ancienne demeure de Béatrix de Brabant, veuve du fils ainé de la comtesse Marguerite : il avait fait partie de son douaire comme de celui de Mathilde de Portugal.

demande des députés de Charles IV, et de cesser ces troubles et hostilités; ils allèrent chercher dans son château de la Motte Robert de Cassel, l'invitant à se faire chef de leur insurrection et lui déléguant le titre de *Rewaert* (Régent de Flandre). (1) Robert qui entrevoyait dans cette dignité un acheminement vers la puissance souveraine accepta avec empressement (2).

Une armée fut mise sur pied; on marcha vers Gand et Oudenaerde. Robert était à la tête des Flamands maritimes et occidentaux. Un combat meurtrier eut lieu en juillet près de Deynze au pont Requelin.

Robert était venu du siège d'Oudenaerde renforcer la troupe Brugeoise qui devait cerner et attaquer la ville de Gand.

Robert suspecté de félonie, mais disculpé.

Le roi Charles intervint de nouveau, mais après des préludes de conciliation, les factieux se redressèrent plus hostiles que jamais. Robert avait contre lui Jean de Namur qui commandait

(1) Et estans les dits de Flandres de rechef rebelles contre le comte Louys de Cressy, comte de Flandres, détenu prisonnier par ceux de Bruges commirent les dits de Flandre pour *Rewart* et gouverneur dudit pays, Messire Robert de Flandres, seigneur de Cassel, Baron d'A'ui et de Montmirael en Perche, oncle du dit comte Louis, comb'en le dit comte avoit commis audit gouvernement, Gobert, sire d'Aspermont comme se trouve ès-chartres du dit pays, etc — Voir aux additions et pièces justificatives.
(Extrait de De Lespinoy, p. 75).

(2) Le Père Anselme d l, t. II, p 736, « Robert de Flandre, sans
» prendre d'abord aucune part aux rebellions des Flamands, se laissa
» peu à peu surprendre, enfin il se mit à leur tête sous prétexte,
» disait-il, que son neveu avait attenté à sa vie. »

les troupes de Gand, et par opposition au titre de Régent que s'arrogeait Robert de Cassel, on décerna à Jean susdit celui de gouverneur général de Flandre, au nom du comte Louis.

Robert, pendant les hostilités nouvelles, continua d'être l'ami et le chef du parti Brugeois, il reprit le siège d'Oudenaerde en août, et d'autres chefs des factieux se répandirent aux environs de Courtrai, ravageant et désolant les contrées voisines, tandis que les Gantois en faisaient autant ailleurs.

Mais bientôt, c'est-à-dire le 19 de septembre de cette année 1325 (Nangis), un nouveau mandement de Charles-le-Bel parvint en Flandre. Il essayait encore cette fois de calmer ces affreux désordres. *Le roi écrivit des lettres à Messire Robert de Flandres et aux communes de Flandre* (1) qui devaient être transmises par son Baillif d'Amiens.

Voici des extraits de ces lettres royales citées par le même anonyme de D. Sauvage, et dont le contenu se trouve aussi dans des auteurs moins anciens (2) :

« *Charles,* par la grâce de Dieu, roi de France et de Navarre,
» au Baillif d'Amiens, salut. Comme il soit venu à nostre
» conquoissance par commune renommée que malfaicteurs de la
» ville de Bruges, avec autres, ont pris par force d'armes leur
» propre seigneur (c'est assavoir nostre aimé et féal neveu, Louis,
» comte de Flandres et de Nevers) en sa ville de Courtray, et
» en la fin l'ont mené à Bruges, et livré aux gouverneurs de
» ladite ville : lesquels l'ont tenu longuement, et encores le
» détiennent en prison fermée, en faisant chartrier (3) de leur

____

(1) Denis Sauvage, édition de la chronique précitée.

(2) M. E. Leglay qui a produit ce mandement l'indique comme existant en manuscrit dans une ch de Fl au roi, N° 3380, f° *CLXXIX*, aux archives impériales.

(3) Prisonnier, de Carcer, mot latin d'où on a fait chartre, prison

» propre seigneur : auxquelles choses faires, Robert de Flandres,
» oncle du dict comte, leur donna hardiment, aide conseil, faveur
» et autorité, et par mandement et sous l'ombre de luy ont fait
» les choses dessus dictes : lesquelles sont en grand grief, vitu-
» père (blâme), et dommage de nostre neveu, et à l'offensé de
» nostre Majesté Royale : comme il soit nostre homme per (pair)
» de France, et autrement conjoint à nous par grande affinité.
» *Nous,* qui ces choses dessus dictes ne devons dissimuler, vous
» mandons et commandons, que vous, en personne à ce convenable,
» commandez à ceux de Bruges, et audit Robert, que sur tant
» qu'ils peuvent me faire à nous, ils le vous rendent, et délivrent,
» sans nul delay, pour amener à nous. . . . .

» Et néantmoins adjournez et faictes adjourner le dict Robert
» et ceux de Bruges pardevant nous, à Paris, aux octaves de
» la Sainct Andrien; pour respondre à nostre procureur, sur les
» choses dessus dictes, si comme raison sera. A laquelle journée
» nous les orrons volontiers, en toutes leurs raisons et défenses,
» qu'ils voudront proposer, etc.

» Donné au Boys de Vincennes le dix neufième jour de sep-
» tembre, l'an de grâce mil trois cens et vingt cinq. »

Malgré ces lettres impératives, le comte ne fut rendu libre
qu'à Noël suivant et aucun des compromis ou accusés n'alla à
Paris aux conférences indiquées pour sa défense (1). Elle n'eut
lieu pour Robert de Cassel, et à son entier avantage, qu'au parlement d'Arques dont il va être bientôt question. Robert, dans la
suite, fut pleinement disculpé.

____

(1) Mais pour ce demoura mie que le Roy ne teinst sa journée
contre ceux de Flandre : lesquels ny daignèrent aler n'envoyer, et
pour ce envoya le roi force d'armes. (D. Sauvage).

D'après ce fait de non-culpabilité reconnu à Robert de Flandres, et en nous reportant un peu en arrière, c'est-à-dire à l'époque où l'insurrection flamande montrait de l'intensité, on peut se demander si Robert de Cassel fut franchement du parti des factieux et par conséquent contre Louis, comte de Flandre, ou bien si (comme on l'a vu en des temps plus ou moins modernes pour la conduite de certains personnages politiques), il n'usa pas ainsi de ruse pour maintenir par son ascendant les révoltés de la Flandre occidentale et protéger ainsi clandestinement son neveu (mais non sans une certaine arrière-pensée, peut-être).

En effet, nous voyons aux documents des archives de Lille — qui n'ont pas encore été citées, que nous sachions, par les auteurs, — des pièces intéressantes au sujet de cette question. Nous les citons ici, mais sans vouloir rien en conclure rigoureusement.

1º Le comte de Flandre délègue en 1325 Robert, son oncle, pour gouverner la Flandre pendant le temps qu'il plaira audit comte (1).

2º Robert de Flandre y consent moyennant promesse par les villes de Bruges et d'Ypres de l'indemniser de toutes les dépenses que lui occasionnera ce gouvernement (2), (ceci a dû avoir lieu peu avant l'arbitrage tenu en l'abbaye des Dunes.) — Ces pièces sont d'avril à juin.

Pour 3ᵉ pièce, nous reproduisons le sommaire de celle où l'on voit qu'à la fin de cette année 1325, décembre, le comte Louis approuve les actes de Robert pendant son administration du comté (3). Ce fut peu de temps après être sorti de prison.

(1) B. 600. Archives départementales à Lille, Carton.
(2)   id.   id.   id.   id.
Pièces analysées avec la suivante, par feu le vénérable M. Leglay, archiviste du Nord, notre très regretté ami.
(3) B. 601, Carton. Ch. des C. de Lille.

Enfin nous voyons que postérieurement à ce dernier acte concernant Robert de Cassel, celui-ci se trouve encore justifié près des lieutenants du roi qui accueillirent ses excuses au temps du parlement d'Arques dans les premiers mois de 1326 et promirent de faire cesser toute procédure au sujet des émeutes. Ce fut vers le mois de mars (1).

Quelques semaines après, Charles-le-Bel agrée aussi ses explications. A cet effet, Robert avait produit en mars 1325 (V. S.) un mémoire de ce qu'il avait fait pendant les troubles de Flandre en faveur du comte Louis, son neveu, depuis Noël 1324 jusqu'à décembre 1325 (2).

(Voir au carton B. 612, des archives de Lille, la réponse de Robert de Flandre aux griefs à lui imputés alors par le roi de France).

En avril suivant 1326 (N. S.), le roi Charles IV déclare avoir reçu les excuses de Robert au sujet des troubles de Flandre (3). Il mande presque au même moment aux gens du parlement de remettre toutes les causes de Robert de Flandre dans le même état qu'en 1324 (4).

Le roi fit pareil mandement au bailli d'Amiens, en juin 1326 (5), et au même mois, même année, le lieutenant du bailli d'Amiens donne commission au sergent royal de la prévôté de Beauquesne pour remettre les causes de Robert dans le même état qu'elles se trouvaient lors de la prise du comte de Flandre à Courtrai (6).

(1) Robert alla même dîner chez l'un des lieutenants du roi, à St-Omer, le sire Mile, Seigneur de Noyers. Ce fut à la fin des conférences d'Arques, c'est-à-dire le jour de Pâques 1326 (D Sauvage, p. 131).
(2) Carton B N° 603, Archives dép. de Lille.
(3)   id.   604,   id.   id.
(4)   id.   605,   id.   id.
(5)   id.   605,   id.   id.
(6)   id.   606,   id.   id.

Le comte Louis mande de son côté, en avril 1326, à ses justiciers de lever les empêchements mis sur certains biens du même Robert, son oncle (1).

En 1327 (N. S.) janvier, Gilles de Clemskerke, religieux aux frères mineurs à Bruges, exécuteur testamentaire de feu Robert comte de Flandre, nomme des procureurs pour l'exécution dudit testament (2).

Quelques semaines après, Charles IV, mande au bailli d'Amiens (3) d'ajourner au parlement Louis comte de Flandre sur la requête de son oncle, Robert, qui réclame le payement de certaines créances (4).

Faut-il ajouter qu'on voit à la chambre des comptes de Lille un acte d'appel par Wautier de Kevalscamp de 1325, après juillet, pour et au nom de Robert de Flandre, des censures publiées contre lui par les évêques de Térouanne et de Courtrai, pour n'avoir pas exécuté le traité entre Charles le Bel et Louis comte de Flandre (5).

---

(1) B. 604, Carton, Archives dép. de Lille. Ces empêchements mettaient Robert de Flandre dans la gêne. Il fut même poursuivi en décembre 1326 pour payement de certaines sommes telles que celle due au père d'Odon Pescot. — *De stabulis militis.* B. 608.

(2) B. 609.   id.   id.

(3) B 610.

(4) Robert se trouvait alors, de nouveau, court d'argent, étant privé d'une partie de ses revenus.

On voit Jeanne de Flandre, dame de St-Gaubin, déclarer en avril 1326, avoir en gage deux chapeaux d'or pour une somme prêtée à Robert, son frère. — Carton B. 604.

Obs   Robert de Cassel devait aussi en ces temps des sommes assez considérables à diverses autres personnes qu'il paya plus tard. B. 607, etc. — Carton. — Comme en 1329. — Voir cartons B. 607, 608 et 631.

(5) B. 601. Cartons.

Main-levée sur les biens de Robert de Cassel.

Enfin Charles IV ordonne en janvier 1326 (V. S.) au bailli d'Amiens de contraindre Louis comte de Flandre à accomplir le partage de Robert de Flandre, et ce roi accorde à la même époque, main-levée sur les biens dudit Robert en France, saisis pendant les troubles en Flandre (1).

D'après ces faits qui paraissent parfois contradictoires, nous abandonnons aux savants historiens le soin de débrouiller, par leur érudition, les questions relatives à la conduite véritable et le but de Robert lors de l'insurrection flamande de 1325.

Quoi qu'il en soit de ces affaires assez obscures pour nous (et qui peut-être offrent un double aspect selon la manière de les envisager), revenons à ce qui se passa de particulier après la sortie du malheureux comte de la prison de Bruges.

Nous avons vu, d'après les lettres de Charles le Bel, dont nous venons de reproduire des extraits, que Louis comte de Flandre finit par être rendu libre, mais ce fut deux mois plus tard, c'est-à-dire deux jours avant les *Fêtes de Noël.*

Nouveaux troubles, interdit. — Négociations d'Arques.

Il y eut encore même après l'exécution du mandement royal susdit, des oppositions et troubles suscités par certains révoltés. Des sièges furent poursuivis même pendant l'hiver fort rigoureux de 1326. On continuait de part et d'autre à

(1) B. 609.   Carton.

entretenir cette triste guerre civile qui fit tant de mal à la Flandre occidentale. On incendiait, on décapitait, on mettait sur *haultes roues*, enfin on commettait mille cruautés qui, avec la famine d'alors, faisaient croire, selon Meyer, par tant de malheurs, à un courroux céleste !

Nous ne devons pas nous arrêter à ces particularités, que l'on peut étudier avec détails dans les histoires générales, ainsi que tout ce qui a trait spécialement au chef du comté de Flandre, Louis de Nevers dit de Crécy ou Cressy ; nous devons nous borner à relater ici, même superficiellement, ce qui peut avoir rapport à la vie de Robert de Cassel.

Disons seulement que la désobéissance et même le mépris des révoltés, — les Brugeois surtout, — vis-à-vis du roi au sujet de la cessation de la guerre, des troubles locaux et de l'incarcération du jeune comte de Flandre, firent qu'un interdit fut lancé sur toute cette contrée, à l'exception de Gand et d'Oudenarde. Oudegherst rapporte, page 252 de son histoire, les causes sur lesquelles le roi se basa pour ladite fulmination.

Cette censure ecclésiastique fut publiée par un cardinal assisté de l'évêque de Tournai et de celui de Térouanne ; elle consterna les hommes bien pensants et paisibles. Tout office divin était suspendu, les cloches ne pouvaient plus sonner ni les sacrements être administrés (1).

Ce n'est qu'en octobre 1328, après la bataille décisive au Val de Cassel que cet interdit ou suspension des secours ecclésiastiques, fulminé sur la Flandre, fut levé par bulle du Pape Jean XXII qui donna pouvoir à l'archevêque de Reims et

---

(1) Carton N° 621 des Archives départementales de Lille.

autres prélats d'absoudre les villes de ce pays de l'excommunication encourue pour non exécution des traités avec les rois de France (1).

Malgré toutes ces mesures, on se battit encore. La lutte fut surtout vive entre les Gantois et les Brugeois. Mais, après des échecs les Gantois eurent le dessus, et les ennemis du gouvernement se débandèrent enfin en jetant leurs armes et leurs plus lourds vêtements. Ce fut en ce temps que, épuisés de tous côtés par cette guerre déplorable entre compatriotes, les villes de Flandre sans exception demandèrent avec instances la paix. Bruges même se soumit au comte, et les habitants implorèrent son pardon en promettant d'être à jamais des sujets soumis.

Cependant Charles-le-Bel ayant peu de confiance dans les promesses déjà vainement renouvelées, arma considérablement Saint-Omer, Térouanne, Tournai, Lille, Douai et autres places dont les forces cernèrent en quelque sorte la Flandre d'occident, et il rétablit ainsi par une nouvelle terreur le calme

(1) D'après l'inventaire des Archives du Nord fait par M. A. Leglay, nous voyons que dans le Carton B. 570, à la date de 1321 (juin-septembre) il y a une bulle de ce pape Jean qui *permet à Robert de Flandre de faire célébrer la messe pour lui, sa femme et sa famille dans les églises interdites.* Il doit y avoir là probablement une erreur de date... Car Robert de Cassel n'était pas encore marié à l'époque ci-dessus spécifiée, et, d'un autre côté, son père, Robert de Béthune, était alors veuf depuis quarante ans au moins.

On sait qu'il y a eu deux interdits de lancés sous ces deux princes. Mais celui-ci n'aurait-il pas rapport à l'année 1325-26? puisque la paix était faite vers juin 1320, et le premier interdit levé un peu avant cette époque. — Ceci est à vérifier sur place, mais notre éloignement forcé du pays nous refuse pour le moment l'avantage de consulter les Archives du Nord

si désirable pour le commerce, la religion et la prospérité partout anéantis. En même temps le roi permit sur la prière de M. de Couchi, faite à M. Aûfer, commandant à Saint-Omer, aux deux partis de s'expliquer et de se rendre en assemblée pour traiter de la paix. Arques ou Arkes, ville près Saint-Omer fut choisi pour y tenir parlement. Là se réunirent les notabilités des villes et châteaux de Flandre. Les maréchaux de France et les lieutenants du roi avaient conseillé à Louis de Nevers de donner ordre aux villes de Cassel, Furnes, Bergues, Poperinghe et Bourbourg d'y envoyer des députés. (1).

On voyait à cette réunion le comte de Flandres, les comtes de Namur et Robert de Cassel, etc. Puis, du côté du roi, il y avait des conseillers grands dignitaires et lieutenants royaux et entre autres André de Florence, P. de Cougnières, Mille de Noyers et autres. Ce parlement s'ouvrit le dimanche après les Brandons et continua jusqu'au lendemain de Pâques, premier jour de l'année 1326. La paix y fut conclue (paix de courte durée; elle fut criée entre le Roi et les Flamands. Cette paix fut solennellement jurée par tous ceux qui étaient présents à ce parlement, et elle fut confirmée par le Pape; néanmoins tous les Flamands ne l'acceptèrent pas bien sincèrement, comme nous le verrons plus loin.

Nous ne mentionnerons pas ici les punitions stipulées après ce traité, la veille de Noël 1326, ni les punitions infligées à ceux de Bruges et autres qui avaient participé aux rébellions et violations de la paix antérieurement arrêtée.

(1) Carton B. Nº 602 des Archives de Lille.

Disons toutefois qu'ils consistèrent en fondations pieuses, réparations de dommages causés. Il y eut aussi des pèlerinages à faire, des amendes à payer, par les Brugeois surtout, des exils, des destitutions et autres peines pour les coupables.

Mort de Charles-le-Bel.

Charles-le-Bel mourut sur ces entrefaites (1) ayant été douloureusement témoin de la non-réussite des négociations d'Arques, et étant sur le point de porter un remède plus efficace par les armes aux résistances des turbulents. Ceux-ci portaient atteinte par leur conduite au dernier traité de paix : ils se révoltaient pour la quatrième fois contre leur comte Louis. Les Brugeois s'étaient de nouveau soulevés.

Robert de Cassel pour ce qui concerne la guerre en Flandre et la bataille de 1328.

Philippe de Valois devint roi après Philippe-le-Bel, mort sans laisser de postérité mâle, et il ne tarda pas à se faire sacrer à Reims et à s'occuper de ses préparatifs de guerre contre les Flamands : en effet, une bataille eut lieu peu après. Notre intention était, d'abord, de faire immédiatement suivre le présent chapitre Ier sur *Robert,* de la *relation de cette bataille du Val de Cassel de 1328,* afin de suivre l'ordre chronologique au texte; mais nous avons pensé depuis qu'il pouvait être déplacé d'intercaler dans un texte spécial, ce qui n'y a rapport que d'une manière secondaire malgré le rôle important joué dans cette bataille par Robert de Cassel.— Aussi, publierons-nous bientôt, en une brochure

(1) La veille de la Chandeleur ou Purification, en février 1328.

distincte, ce qui a rapport à cette bataille gagnée par Philippe VI.

Nous nous contenterons de citer ici les principaux faits qui concernent Robert de Cassel, lors de l'attaque et des défaites des Flamands, à la journée du 23 août.

Nous commencerons par dire qu'un peu avant cette bataille, Robert de Cassel fut mandé à Paris par Philippe de Valois. Le nouveau roi avait été circonvenu par le comte de Flandre, Louis de Nevers, qui lui avait fait connaître l'attachement de Robert pour ses Flamands, dont il encourageait clandestinement les desseins, et l'obstacle qu'il rencontrerait dans cette entreprise s'il avait Robert contre lui.

Aussi Philippe de Valois exigea-t-il le serment de Robert qui lui jura sa foi et, ne voulant pas mettre en doute la sincérité de son acte de féauté de 1327, il lui fit prendre un commandement dans cette guerre ainsi que l'exigeait son devoir de vassal. — « Robert de Cassel reçut commission de se porter pour y tenir frontière du côté de Saint-Omer, et de faire le devoir en usant de la condition, que le Roy lui présentoit, comme un bon et loyal chevalier doit faire » (F^ois Belleforest).

Robert occupa ce poste avec deux cents arbalétriers et c'est ainsi qu'il garda les frontières flamandes.

Le 21 août (le dimanche après l'Assompcion Notre-Dame), au moment d'aller combattre en cette guerre fratricide (où Robert avait pour ennemis ses propres nationaux, ceux dont il avait jusque-là partagé les vœux et les dangers) un sinistre pressentiment lui vint qu'il y pouvait trouver la mort, et il se hâta de consigner dans un écrit testamentaire, de nombreux legs qu'il voulait faire à toutes les communautés religieuses de ses seigneuries, leur demandant des prières pour le repos de son âme (1).

Robert de Cassel confia alors la garde de son château de Nieppe (la Motte-au-Bois) à Gauthier de Metkerke; un document des Archives du Nord, daté d'octobre 1327 (B. 615), donne l'état des gens armés proposés à la défense de cette forteresse.

Le rôle de ce fils maisné (cadet) du comte Robert de Béthune fut dès lors forcément changé et ses quinze bannières contribuèrent à la victoire que remporta Philippe VI au Val de Cassel. C'est ainsi qu'il conserva les bonnes grâces du monarque, et sauvegarda son avenir et la possession de ses domaines de West-Flandre.

Le Roi de France qui craignait de perdre beaucoup de monde en engageant la bataille sur le mont Cassel, se contenta de faire brûler et piller les environs. A cet effet, on décida, pour tâcher de retirer les Flamands de leur position inattaquable, que les maréchaux et Robert de Cassel se porteraient le mardi 23 août sur le territoire de Bergues et mettraient le feu de tous côtés aux chaumières et aux moissons, afin d'intimider les Flamands par le spectacle de cet immense incendie; mais les Flamands y restèrent impassibles, ainsi qu'il est dit dans la *Chronique de Flandre* et dans l'histoire de ses comtes de *E. Leglay* (2).

(1) Nous reproduisons plus loin un extrait de ce testament de 1328, qui fut modifié par un codicile du 26 mai 1331. — Grand parchemin bien conservé. — Archives de Flandre à Lille in-4°, tome I, page 104, carton 619.

(2) Et aussi dans les *Biographies flamandes*, à l'article Zannequin, de MM. Carton, Vandeputte, etc.

BATAILLE DU VÂL DE CASSEL, DU 23 AOÛT, 1328.

Pendant ce temps, Collin Zannequin qui avait conçu le projet d'aller surprendre le roy dans sa tente, descendait le mont sans bruit pour venir attaquer les Français dans leur camp et s'emparer de Philippe de Valois. Un combat terrible et opiniâtre des deux côtés s'en suivit; il dura jusqu'au soir du 23 août. *Zannequin*, le capitaine des Flamands (1), qui était à la tête de ceux de *Cassel, Furnes, Dixmude, Poperinghe* et *Nieuport*, succomba à des blessures nombreuses qu'il reçut dans le fort de la mêlée en se défendant avec fureur.   (V. notre hist. de cette bataille).

Ce qui contribua à la défaite complète des Flamands qui s'étaient ainsi aventurés, ce fut le retour de Robert et des Maréchaux; ils revenaient de leur excursion du côté de Dunkerque où leur milice avait ravagé *et donné le degats*, en brûlant tout sans miséricorde.

Robert de Cassel arriva à temps pour porter secours au roy, à la tête de sa compagnie flamingante et une bonne troupe de nobles du pays, et c'est en partie cette circonstance fortuite qui sauva le monarque. Robert fondit sur l'ennemi avec Guillaume de Hainaut. Les Flamands étaient ainsi pris à dos et la défaite des rebelles fut complète. Ce fut le mardi 23 août, veille de la fête de Saint-Barthélémi.

Les flamands n'étaient déjà plus qu'à trois traits *d'arbalestre* de la tente du roi. De son côté, Philippe avait saisi promptement son armure; il sauta à cheval, et criant : *En avant Mont-Joie Saint-Denis*, il s'était lancé audacieusement dans la mêlée.

Le duc de Bretagne, beau-frère de Robert, et le comte de Bar, (dont le fils épousa plus tard Iolande (2) la fille de Robert

---

(1) Colin ou Colinet *Zannequin* (De Lampernesse).

(2) Voir notre histoire *d'Iolande de Flandre*, comtesse de Bar, qui fut publiée à Lille en 1877, et qui doit naturellement suivre le présent travail historique, concernant son père.

de Cassel), furent de ceux qui se ressentirent de cette san-
glante journée : ils restèrent longtemps blessés et malades à
Saint-Omer.

Les Français après leur victoire voulaient aller piller Furnes,
Bergues, Gravelines et les pays d'alentour. Nicolas, abbé des
Dunes, vint se jeter aux pieds du roi et implora sa miséricorde. Robert de Cassel le seconda; son loyal dévouement
en cette lamentable bataille lui avait acquis tous les droits
à la confiance du roi comme à celle de son neveu Louis.

Après avoir confisqué les biens de tous ceux qui avaient
succombé au val de Cassel, on s'occupa de régler les amendes,
punitions et contributions dont seraient frappées les villes et
bourgades des révoltés (1).

Ce qui ferait croire que Robert avait d'abord été assez
ostensiblement du côté des révoltés, c'est que ses domaines
furent séquestrés. Mais comme il s'était mis ensuite du
parti du roi et combattait de son côté, lors de la bataille,
le tout lui fut rendu le 20 septembre 1328. (Veille de St-
Martin apôtre). Main-levée fut donné à Lille par Jean de
Vienne, élu évêque d'Avranches et Gaucher de Châtillon,
comte de Portieu, connétable de France, tous deux lieutenants
du roi, à *Robert sire de Cassel*, de la terre et seigneurie
de Cassel, que le roi avait saisies et mises en sa main à
à cause de la révolte de ce seigneur (*sic*) (2).

En octobre suivant, le roi de France donna à Robert de
Flandre le tiers des biens confisqués sur ceux qui avaient

(1) Pour les détails voir aux *additions*, à *la bataille de
Cassel*.

(2) B 620. — Et inv. de la Ch. des C. de Lille, T. VII.

combattu contre lui à la bataille de Cassel (1), pour en jouir dans les lieux à lui appartenant et où ce seigneur avait haute justice (2).

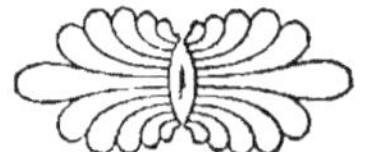

(1) B. 622. — Et même inventaire, T. VII.

(2) Voir au chapitre II de Robert de Cassel, pour certains détails regardant le tiers des biens confisqués et donnés au sire Robert par le roi — et aussi le texte concernant Jeanne de Bretague sa veuve, qui suit celui de Robert.

— Voir aussi J. Carlier aux pages 141, 142 et suivantes.

CHAPITRE II.

ROBERT DE CASSEL

Depuis la Bataille de 1328 jusqu'à sa mort.

Robert s'occupe de ses domaines de West-Flandre.

Ayant enfin terminé les différends qu'avaient soulevés les fauteurs des révoltes punis après la bataille de Cassel, Robert de Flandres réconcilié entièrement en apparence, avec le comte Louis, puisqu'il avait tout à fait séparé sa cause d'avec celle des révoltés flamands, (même avant cette époque, ainsi que, le prouve la part prise par lui à la bataille de Cassel dans l'armée du roi), Robert, disons-nous, s'occupa paisiblement de ses affaires particulières, de ses seigneuries et de bienfaits de diverses natures. Sa châtellenie de Cassel fut au premier rang de ses sollicitudes.

Ce sire donna pouvoir en 1330 à Jean Siesselle, son receveur, et à Jean Palster, son chambellan, de pourvoir en son nom aux offices d'Écouttèterie, écoles, gardes et provendes de Maisons-Dieu et maladeries ès-villes et châtellenies de Cassel, Bergues, Bourbourg, Nieppe, Nieuport et Gravelines (1).

Robert de Cassel donna, en 1329, des ordres pour le mesurage de distance pour faire venir la rivière au château de la Motte au bois de Nieppe (2). Il le fit entourer aussi de fossés profonds. C'est lui qui y fit bâtir la tour dite de justice, à peu près telle qu'elle est représentée sur les belles planches de Sanderûs. De son sommet on voyait distinctement le mont Cassel et la *chère ville* de Robert, se dessinant au-dessus des arbres séculaires de la vaste forêt. Robert aimait à embellir cette résidence où il se plaisait beaucoup (3).

Enfin il fit fortifier vers ce temps Dunkerque et garnir son enceinte de tours dont l'une d'elles est encore existante sur le port : le *Leugenaer*, après restaurations successives exécutées surtout par les seigneurs et dames de Dunkerque, ses descendants, tels que son petit-fils Robert duc de Bar, Marie de Vendosme, etc. (4).

Le prince de Flandre Robert organisa des corps d'archers et d'arbalètriers bourgeois (5) dont l'utilité fut reconnue comme

---

(1) B. 642. — (2) B. 640.

(3) *Robertus Castelanus, Ludovici Niversensis patruus plurimum se in sylva Niepensis continuit, loco ibi fortissimo cui* wal *nomen* (*Meyrus lib. XII Annalium ad ann 1324*).

(4) Ceux-ci y possédèrent le château fortifié, existant déjà en partie du temps de Robert de Flandre, leur aïeul; des traces de cet édifice s'y voyaient encore, il y a peu de temps, avec vestiges d'enceinte.

(5) Robert de Cassel avait créé des corporations dites sociétés des *Arbalétriers*, des *Tireurs de l'arc* et des *Arquebusiers* connus sous les noms de confrères de Saint-Georges, de Saint-Sébastien et de Sainte Barbe. — Cette dernière société fut changée en celle de Saint-André du temps des ducs de Bourgogne, elle portait dès lors sur sa bannière la *croix de gueules de Saint-André de Bourgogne* telle qu'on la voit encore à Cassel, pour celle des amateurs du tir à la carabine.

moyen de défense et de protection, en même temps de confra·
ternité et de stimulant dans les exercices d'adresse, etc.
C'est par toutes ces sollicitudes que ce seigneur grand feudataire de la West·Flandre se faisait aimer. Aussi fêtait-on
de bon cœur ce noble sire de Cassel, lors de ses entrées
officielles dans ses villes flamandes. Des honneurs lui étaient
rendus comme on le fit plus tard à ses successeurs, *Tam-
bourins bâtans, flageolez et cornez sonnants en mode de
guerre.*

En 1329, vers mars (N. S) Robert s'occupa des limites de
ses domaines; son territoire fut circonscrit géométriquement.
Puis il fit accord à la même date, avec les échevins de
Saint-Omer au sujet des biens et marchandises de cette ville,
naufragés sur les terres dudit seigneur (1), ainsi qu'aux
anciennes côtes maritimes de la Flandre.

Robert de Cassel s'était déjà intéressé à ces questions, de
concert avec le bailli de Gravelines, qui avait cherché à
connaître les bornes de cette seigneurie du susdit Robert du
côté de la mer : ce fut aussi en la même année 1329 (2).

Cependant les échevins de la ville de Saint-Omer déclarent
en 1330, février (V. S) que le comte de Flandre avait confirmé
le privilège qui les exemptait du droit *de lagan* (3).

Robert tâcha de faire droit à tout. Il indemnisa des pertes
essuyées par la guerre, soit des particuliers, soit des communes.
C'est ainsi qu'il écoute en 1329, au mois de février, la
requête faite par Jean Lain, curé de Dunkerque, à ses com·

(1) B. 625. — (2) B. 640 et 655.
(3) B. 655 et 583. — Lagans, lagons, jets de mer, épaves.

missaires pour être dédommagé des pertes par lui supportées pendant les troubles de Flandre (1).

Il en fut de même des parents de personnes tuées à son service lors de la bataille de 1328; ils reçurent des indemnités sur leur requête, ou bien ils furent remis en possession de de leur avoir; tels en 1330 les héritiers de C. Serdelbands et de J. de Flamertingue par exemple, tués au service dudit Seigneur (2). Ces satisfactions consciencieuses furent même continuées par sa femme et données aux réclamants après la mort de Robert, comme nous le verrons aux pièces justificatives concernant Jeanne de Bretagne, pour des sommes auxquelles Robert de Cassel s'était engagé envers des serviteurs durant la dernière guerre et à la bataille *dessouz Cassel... En quoy notre chier seigneur estoit tenu au temps de son trépas.*

Cependant, à cette époque, Robert avait encore des dettes (3), ses revenus avaient été entravés de différentes manières. Il devait à plusieurs, et même au roi de France qui lui avait prêté une certaine somme pendant les dernières hostilités. Le roi, en 1329, fin de l'an, accorda à Robert de Cassel un délai pour le paiement de ce qui lui était dû (4). Et en janvier 1331 (N. S), Philippe VI jugea à propos de déduire sa créance; à cet effet il fit alors un mandement à ses trésoriers (5).

(1) B. 626. Carton.
(2) B. C48. id. On voit dans ce même carton les pièces da l'enquête tenue à ce sujet et le mandement de Robert de Cassel à Jean Palstre, son chambellan, d'ajourner la requête de ces héritiers. (Octobre 133J).
(3) En juin 1329, il promit de restituer à la compagnie angoissoles. ... de plaisance le prêt à lui fait. — B. 621.
(4) B 637 et 2 Vidémus de cet acte.
(5) B. 655. — **Obs.** — Ce ne fut qu'à cette époque, à la fin de 1330, que Robert eut la facilité de s'équiper plus confortablement ainsi que le prouvent les lettres de N cole, chapelain et receveur de Robert, seigneur de Cassel audit Robert, touchant des achats de draps et autres articles pour sa maison. — B. 649.

Son administration et ses justices.

Robert de Flandres s'occupa aussi, à ses dernières années, à rétablir des justices, à limiter leurs ressorts et à faire valoir ses droits sur certaines d'elles, qui lui étaient contestées soit par le comte de Flandre, soit par d'autres, tels que la comtesse d'Artois, le sire de Fieules (Fiennes) châtelain de Bourbourg, etc. De là de nouvelles procédures reprises ou commencées en ce même temps. Nous les faisons connaitre sommairement, comme autres points assez intéressants de cette histoire secondaire locale, aux pièces justificatives.

Vers ce temps des dissensions s'élèvent encore entre le comte Louis et Robert, au sujet des villes de Cassel, Bergues, Gravelines, que Louis de Nevers prétendait aussi racheter, et des redevances que, de son côté, Robert réclamait pour sa renonciation au comté de Flandre : des querelles assez vives et un long procès s'en suivirent (1). Cela ne s'arrêta même pas à la mort de ce dernier (2).

Le procès continua avec sa veuve Jeanne de Bretagne, et l'on dut recourir à l'intervention du roi, lequel parvint, non sans peine, à arranger cette affaire (3). Il en fut de même pour

(1) Il y a des mémoires qui constatent les preuves des attentats commis par Louis, comte de Flandre, contre Robert de Cassel : ils datent de mars 1331. — B 680, et même dès 1329, comme on peut le voir par un passage de Villaret (Histoire de France), inséré à la fin des pièces justificatives ci jointes.

(2) E. Leglay, t. II, p. 394.
— Le P. Anselme eut donc tort de dire qu'après la bataille de Cassel, Robert jouit paisiblement du repos le reste de ses jours.

(3) E Leglay, t. II, p. 394. — Les différends concernant *Bergues, Nieuport et Donze* continuèrent entre la fille de Robert de Cassel, Yoland, même après la mort de Louis de Nevers, et ensuite de son fils, le comte Louis de Male. Ce ne fut que sous Philippe le-Hardi qu'ils se terminèrent, par un arrangement définitif d'argent, près de cinquante années après.

d'autres prétentions du comte de Flandre, après la mort de Robert de Cassel, que nous aurons soin de mentionner au chapitre suivant concernant Jeanne, dame de Cassel, douairière et tutrice de ses enfants.

Philippe de Valois régla les droits respectifs de Robert comme seigneur de Cassel. (Robertus de Flandria Miles et D. Casselli). Ces lettres en latin, reproduites à la fin des pièces justificatives N° X, sont datées du 5 mai 1330.

En avril 1331, Philippe VI ordonne une enquête sur les sommes payées par le même comte à Robert, seigneur de Cassel, à cause de son partage et de sa renonciation audit comté. — B. 660. (Carton).

Vers la même époque, il fut donné commission à Jean Loys, sergent royal au bailliage d'Amiens, pour ajourner en la Chambre des Comptes de Paris, Louis, comte de Flandre, au sujet du partage et de la renonciation de Robert de Cassel audit comté. — B. 661. (Carton).

Mort de Robert de Cassel.

Robert de Cassel jouissait alors d'un peu de tranquillité relative, après bien des secousses qui avaient en partie usé sa vie (1); il était encore assez jeune, mais les chagrins, surtout à ses dernières années, provoqués par les persécutions incessantes de

---

(1) Au milieu de ses tristesses, Robert eut la consolation de retrouver toujours fidèle sa sœur ainée Jeanne, la dame veuve de Coucy ou de St-Gobain, entrée en religion depuis 1321 et depuis abbesse. C'était la première fille de Robert de Béthune, elle lui avoit constamment porté une grande affection : elle fit don à son frère le sire de Cassel de ses droits à l'héritage de leur sœur Mathilde; pour cela voir aux Archives du Nord, carton B. 638.

son neveu (1), Louis de Nevers, l'achevèrent : il mourut à Warneton (2) en 1331, âgé d'environ 53 ans.

Les uns disent que sa mort arriva le dimanche de la Trinité, 26 mai : l'Art de vérifier les Dates fixe à ce jour la mort de Robert. Le P. Anselme le dit aussi, t. II, p. 736 (Histoire généalogique, etc).

Cette date de mai indiquée pour le décès de Robert de Cassel ne peut-elle pas différer de deux mois ?...

Le fait est qu'il y a dans le carton B. 660 des pièces qui concernent la veuve de Robert de Flandre, datées d'*avril 1331* (3) : 1º une relation de ce qui s'est passé en la salle d'Ypres, où Jeanne de Bretagne, dame de Cassel, offrit de faire hommage, par elle dû, au comte de Flandre comme tutrice de ses enfants (4); 2º une déclaration du chevalier de Créqui, refusant de se soumettre à la taille levée dans la châtellenie de Cassel par Jeanne de Bretagne; 3º une pièce qui atteste que Sohier de Courtrai se rend, à cette époque, caution de la tutelle des enfants de la dame de Cassel. On sait que cette dame succéda à son mari comme tutrice, immédiatement après son décès. — Cependant, ce 1331 peut être *vieux style ?* — L'intitulé du carton ne le dit pas.

(1) Persécutions qui continuèrent pour sa veuve Jeanne de Bretagne.

(2) Des auteurs ont désigné ailleurs le lieu de son décès; à Orléans, (ainsi M Kervyn de Lettenhove), mais c'est à tort.

(3) Voir pareille relation au carton B. 679, années 1331-1332.

(4) On doit supposer que ces pièces sont d'avril suivant ce mois (à la fin de cette année 1331, finissant à Pâques, selon le vieux style). Cependant tous les documents inventoriés aux archives de Lille qui suivent pour les mois postérieurs portent la même année 1331 au lieu de s'arrêter à l'an *renef* où devait commencer 1332. Par exemple, on trouve au carton B 662 une pièce datée de juin 1331, intitulée inventaire des meubles trouvés en l'hôtel de Robert de Flandres, seigneur de Cassel, après son décès; elle suit immédiatement celles mentionnées ci-contre.

La sépulture de Robert à Warneton.

Disons maintenant un mot du lieu de la sépulture de ce seigneur. Les uns disent qu'il fut inhumé à *Warneton*, où il mourut. Cette localité seigneuriale de Robert de Cassel, à nom *Wastene* en flamand. D'autres historiens veulent que Robert eut sa sépulture à *Wastine* ou Woestine (1), Wastigne, abbaye dans le voisinage de *Waeten*, ancienne ville de la châtellenie de Cassel, aux frontières de l'Artois. Il y a des écrivains qui indiquent même ce Waeten-Ville comme lieu de sa sépulture (2). C'est la synonymie de ces diverses localités qui est cause de l'incertitude et de certaines affirmations au sujet de cette question. Mais c'est bien à *Warneton, Wasten,* que son corps eut une tombe.

Avant tout, citons encore les opinions sur cette question de divers auteurs, du reste, fort recommandables.

Le père Anselme dit que Robert de Cassel fut enterré au milieu du chœur de l'église de Saint-Gilles de l'abbaye de Wastine (3)

(1) *Woestine,* Waste, signifie lieu solitaire et inculte (*houstines* veut dire bruyères) — La solitude ou un lieu sauvage était souvent préféré par les édificateurs de monastères et les religieux : on lui donnait en flamand le nom de *Woesternesse.*

(2) Nous même dans notre topographie de Cassel de 1828, p. 8, nous avons dit que Robert de Cassel fut enterré à *Waten,* ne sachant pas alors que *Wasten* était le nom flamand de Warneton. Mais ce fut le comte de Flandre, *Thierry d'Alsace,* qui eut sa sépulture dans la chapelle de l'abbaye de Watten. — Il mourut à Gravelines en 1168.

(3) L'abbaye de Woestine et son église étaient dédiées à Sainte-Marie du désert. *Sancta Maria in deserto.* Ce n'était donc pas là l'église de Saint-Gilles.

au diocèse de St-Omer, occupé par les filles de Citeaux, sous une tombe de marbre que sa veuve fit construire. On peut objecter à cela qu'il semble étrange qu'on ait fait transporter le corps de Robert à dix lieues de l'endroit où il mourut, et dans un lieu qui avait ses seigneurs particuliers, lieu désert situé aux confins d'un pays qui n'était pas le sien. Il n'y eut, du reste, pas là d'église de Saint-Gilles (1), tandis que selon *Miræus*, ce seigneur de Cassel, Dunkerque, Warneton, etc., avait témoigné le désir de reposer à Warneston (Waesten). *Ubi et moriens anno 1331* (2), *sepelire voluit* (3).

De Lespinoy, à la page 54, dit que *Robert de Flandre mourut en l'an 1330, et fut sépulturé à Warneton où que la dame sa femme lui avait fait ériger une fort magnifique sépulture.*

(1) Autant choisir Cassel pour sépulture; au moins là ce Robert de Cassel aurait reposé à côté du comte *Robert le Frison,* un de ses aïeux, et dans sa localité de prédilection.

(2) *Robert de Cassel* s'était plu, nous le répétons, à habiter parfois dans sa seigneurie de *Warneton,* comme plus tard *Iolande,* sa fille, qui y avait de même un château.

(3) Miræus (A. Lemire), tome I, page 309. — Ouvrage continué par J F. Foppens. — Voir aussi les Mémoires d'Auguste Galland, liv. 2, chap 13, 14 et 15, regardant ce sujet.

Obs. — Il n'y a plus aucun vestige de cette tombe dans l'église de Warneton

Ajoutons qu'en juin 1331, Louis, comte de Flandre, commet Henri de Metkerke pour saisir et mettre en sa main tous les biens qui appartenaient à Robert, seigneur de Cassel, au jour de son décès (a). A cet eff t, un inventaire fut aussi fait des meubles trouvés à ce moment à l'hôtel de Robert (b). Mais le bailli de Cassel fut commis par sa veuve pour mettre Jeanne et ses enfants sous la protection du roi de France, après quoi Henri de Metkerke ne peut exécuter la commission du comte (c).

(a et b) Pièces du carton B. 662.

(c) Même carton des Archives du Nord.

— Voir la note, aux preuves regardant les comtes de Flandre du Tome II, page 736 du P. Anselme (dans son histoire généalogique et chronologique de la Maison royale de France) pour d'autres versions qui concernent la sépulture de Robert de Flandres, telles que celles de *Meyer, Galland*, et qui sont aussi à consulter, *in-extenso* dans leurs ouvrages.

Pièce concernant la tombe de Robert de Cassel, que fit exécuter Jeanne de Bretagne.

1332. Nous Jehanne de Bretaigne, dame de Cassel, faisons savoir à touz que nous avons eu et reçeu de Jehan Paltre, nostre receveur en Flandres, par la main mons* Denys Helyot, Adam de Haubervillier et Estienne Boyleau cent cinquante troys livres douze soulz, lesquiex deniers furent portez vers Paris, tant pour la tombe de feu monseigneur dont Diex ait lame comme pous les despens faiz pour icelle, encore avons nous reçeu de nostre dit receveur, par la main des eschevins de nostre ville de Neufport, cent livres; encore avons nous reçeu de nostre dit receveur le Juedi XIIII jours en may, à Warneston, deus cent livres, touz groz tournoys pour douze deniers; des quelles sommes de deniers dessus dictes, nous nous tenons à bien paiée et les promettons à nostre dit receveur a rabatre en son premier compte et a len delivrer vers touz. Par le tesmoign de ces lettres scellées de nos seaux. Donné à Warneston le jeudi XIV jours en may, lan de grace M CCC XXXII.

Orig. en parch. dont le scel est perdu.
(Au supplément de la Ch. des Comptes).

Gaillard décrit la tombe ou sarcophage de Robert d'après Vredius de la manière suivante : « A Wastene (Warneton) au » mitant (milieu) du chœur est une tombe de marbre blanc poly, » dessus ung homme couché, armé de Haubergerie, le tout » d'albastre, il porte sur lui un grand escu de Flandre à la » bordure endentée (lire *engreslée*) (1). »

Ce monument fut exécuté à Paris, ainsi que le prouve l'original en parchemin concernant cette tombe, dont copie est à la page précédente.

Voici l'inscription ou épitaphe de Robert de Cassel qui existait sur ce monument tumulaire à Warneton, au milieu du chœur de l'église à l'abbaye :

« Cy gist Monsieur (*sic*) Robert de Flandres, sire de Cassel, » fils du comte Robert jadis comte de Flandres, qui trespassa » en l'an de grace 1331, le jour de la Trinité, et lui fit faire » ceste sépulture Madame Jehanne aisnée fille du duc Arthus de » Bretagne sa femme. Priez pour l'âme (2). »

A *Warneton*, dit *Sanderus*, dans l'église paroissiale, dédiée au prince des apôtres, on montrait le mausolée de Robert de Flandre en marbre poli, artistement travaillé. Ce monument aurait été élevé par Jeanne, sa veuve, fille d'Arthur de Bretagne, douairière de Warneton. Il fut profané par les Gueux, qui ne respectèrent pas les choses que les Scythes mêmes regardent comme vénérables.

(1) Les deux mots *endenté* et *engrêlé* étaient souvent confondus à cette époque, dans la description des écussons ou de leurs bordures; cependant il y a une différence entre ces adjectifs. Dans les armes brisées de Robert de Cassel et de sa fille Yolande, la bordure de l'écu est franchement engrêlée.

Le père Ménétrier (*véritable Art du blason*) dit aussi engrêlée ... de gueules avec échancrures arrondies ou semi-lunaires.

(2) Bruxelles M. S. (Manuscrit) 21,757 des archives royales.

J. Carlier ajoute que Robert de Cassel dormit son dernier sommeil à Warneton jusqu'au jour où les hérétiques, les iconoclastes du XVIe siècle s'en vinrent dévaster nos contrées flamingantes et porter l'impiété jusqu'à jeter au vent les cendres des tombeaux qui partout sont sacrés (1).

Notes sur la descendance de Robert.

Robert de Flandre en mourant laissa deux enfants de son mariage avec Jeanne de Bretagne, comme nous l'avons déjà dit : un fils du nom de Jean qui mourut jeune peu après le décès de Robert de Cassel, et Yolande de Flandre. Cette Yolande, longtemps dame de Cassel, fut la femme de Henri IV, comte de Bar. Elle avait apporté dans cette maison renommée tous ses biens et domaines, avec la seigneurie de Cassel. — De ce mariage descendirent des rois, des reines, des prélats et des ducs puissants, tels que Robert de Bar, le roi René (2), duc de Lorraine et d'Anjou, des reines nommées Yolande et Marguerite dont il sera parlé, puis le cardinal Louis, duc de Bar, etc., etc.

La race de Robert de Cassel fut recherchée pour alliances par des souverains de premier ordre, tels que le roi d'Angleterre, des princes de Lorraine et des rois de France. — Par le côté des hommes issus d'Yolande, dame de Cassel, et autres lieux, des mariages non moins distingués s'effectuèrent et des personnages

(1) Voir *Vandervynckt, Histoire des troubles des Pays-Bas,* Bruxelles, 1322.

(2) Le roi René qui s'intitulait roi de Sicile et de Jérusalem était fils d'Yolande d'Arragon, reine, elle-même petite-fille par le duc Robert de Bar, d'Yolande de Flandre, comtesse de Bar, mère de celui-ci.

de grand mérite et d'une vaillance éprouvée illustrèrent aussi cette famille tout en honorant le nom de Cassel dont plusieurs en furent les seigneurs.

Le fils d'Yolande, dame de Cassel, le comte Robert de Bar, après avoir obtenu le titre de duc, s'unit à Marie de France, fille du roi Jean-le-Bon et sœur du roi Charles V, dit le Sage ou le Savant. Enfin trois des petits-fils d'Yolande de Flandre se distinguèrent dans les combats. L'un, Henri dit d'Oisy, mourut en revenant de la guerre contre le sultan Bajazet, en Hongrie, et deux autres succombèrent aux côtés du roi de France, Charles VI, leur cousin, en 1415, à la malheureuse bataille d'Azincourt, en Picardie.

Un autre prince de Bar qui eut Robert de Cassel pour aïeul, et qui était petit-fils d'Yolande, fut le cardinal Louis, duc de Bar, légat du Saint-Siège. Il fut seigneur de Cassel après le décès d'Edouard III, duc de Bar, son frère. Il avait aussi hérité des vertus de sa belle et noble famille.

Enfin le roi René d'Anjou, dont il vient d'être question, le dernier seigneur de Cassel, de la maison de Bar se distingua dans la guerre et les arts. Il fut le père de la reine d'Angleterre, la malheureuse Marguerite, en même temps qu'il fut l'aïeul du duc de Lorraine et de Bar René, le vainqueur de Charles-le-téméraire.

N'oublions pas de dire que le roi René était le père de Jean, duc de Calabre, un des grands capitaines de son siècle. Ajoutons pour terminer cette généalogie sommaire, qu'un Henri duc de Bar, fils aîné de René II, de Lorraine, épousa la sœur de Henri IV, roi de France. Ce sont là les principaux personnages issus de Robert et d'Yolande de Flandre.

Mais ce qui pourra surtout surprendre ceux qui ne s'occupent que superficiellement d'histoire, c'est que Henri IV, lui-même, roi de France et tous les Bourbons depuis lui et son aïeule descendent, en ligne directe pour ainsi dire, par les femmes, de Robert de Cassel et de sa fille Yolande. On pourra s'expliquer par cette circonstance les mutations successives qui survinrent dans le partage primitif de la Flandre de 1320. Nous verrons plus loin que Marie de Luxembourg, petite-fille de Jeanne de Bar, comtesse de Saint-Pol, dame d'Oisy, (elle-même petite-fille d'Yolande de Flandre) épousa François de Bourbon, comte de Vendôme, qui fut un des aïeux d'Antoine de Bourbon, châtelain de Lille, puis ensuite mari de Jeanne d'Albret, fille du roi de Navarre, et père d'Henri IV.

La seigneurie de Dunkerque et d'autres furent ainsi de leurs domaines héréditaires. — *Oppida ista post modum per connubia ad familiam Luxeburgicam ac domum vindocicensem seu borboniam sunt devoluta.* (Mirœus, T. I. p. 309.)

Titres et sceaux de Robert de Cassel.

Nous avons dit que la châtellenie de Cassel, du temps de Robert, touchant aux terres spéciales du comté de Flandre, et à son extrémité vers l'Artois et la mer, était pour ainsi dire la plus vaste du pays flamand, à tel point qu'à elle seule, dans un temps, elle offrait une étendue aussi grande (1) que celle presque de toutes les autres châtellenies de la Flandre la plus occidentale, de l'apanage de Robert de Cassel.

---

(1) L'étendue de la châtellenie de Cassel au XIVe siècle a été calculée comme il suit :
Cette étendue géométrique était de 82.580 hectares, ou 51 lieues carrées de 1.600 hectares chaque.

C'est là une des causes avec celles déjà énumérées, qui firent que ce seigneur, chevalier, fils de Flandre, baron d'Alluye et de Montmirail, prit par prédilection exclusive le surnom de *Cassel*; sa femme et sa fille Yolande, ainsi que leur descendance, en firent autant, comme on peut le voir en tête de leurs actes les plus importants, quoique étant chefs aussi des châtellenies et seigneuries voisines. Tous ceux de la Maison de Bar qui héritèrent de ce qui faisait l'apanage de Robert, leur aïeul, avant le partage secondaire qui eut lieu au commencement du XVe siècle, suivirent religieusement les mêmes errements dans l'énoncé de leurs titres.

Les sceaux de quelques-uns d'entre eux n'eurent de même que cette suscription spéciale pour ce qui regarde les seigneuries de Flandre occidentale. Ainsi nous voyons au scel de Robert de Cassel : S. ROBT. DE. FLAND. DNI. DE. CASLETO. (1), deux scels d'Yolande, sa fille, lorsqu'elle fut comtesse de Bar et, plus tard, de Longueville, par son second mariage , nous voyons DAME DE CASSEL à côté de ses autres titres particuliers (2). Sa mère, Jeanne de Bretagne, fut dans le même cas si nous consultons son contre-scel resté intact (3).

Si cette qualité est ensuite omise sur les sceaux de certains ducs de Bar, seigneurs de Cassel et lieux voisins, au moins ceux-ci ne la négligent-ils pas parmi leurs premiers

(1) Voir aux figures de la planche N° 1, le spécimen du sceau de Robert de Flandres d'après Vredius, pl. 1º2, et à celles de nos mémoires déjà publiés sur ces sujets.

(2) Voir planches III et IV, de la Maison de Bar, pour ses divers scels.

(3) Planche 1, fig. 2, contre scel de Jeanne de Bretagne. et à la planche la concernant, dans notre travail sur Yolande

titres énumérés dans des actes des plus importants et puis en tête de leurs testaments (Dominus Castellensis), ainsi que nous l'avons déjà prouvé, et comme nous le ferons encore remarquer dans la suite, aux pages qui suivront le travail historique sur leur aïeule : c'est-à-dire à l'historique des *Ducs de Bar*.

S'il faut en croire des écrivains très recommandables, la localité seigneuriale Casseloise et sa vaste châtellenie primaient les autres comme chef-lieu du west-pays de Flandre extrême appartenant à Robert et à sa branche. Non-seulement sa noble cour en témoignait, mais d'autres preuves irrécusables le prouvent.

Des auteurs anciens qui ont traité de la Flandre appellent ce pays flamand occidental du nom de *Flandre-Cassel* (1). A partir du XIVe siècle jusqu'au moment des partages secondaires du XVe siècle (2), on nommait ainsi cette contrée, apanage de Robert, pour la distinguer de la Flandre proprement dite, dépendant entièrement des comtes successeurs de Robert de Béthune.

Quant au titre de Baron de Montmirail et d'Alluye (*en Perche*) que possédait Robert, seigneur de Cassel, il lui a été dévolu par succession. Ces contrées et d'autres moins importantes du petit Perche étaient des domaines par héritage de Marguerite de

---

(1) Les frères Scévole et Louis de Sainte-Marthe, page 466 du tome II et table de l'histoire *généalogique de la Maison de France*, 1628. — Pierre Palliot (page 667 et table), *de la vraie et parfaite science des armoiries*, 1667. Il y est dit : *Flandre-Cassel portait de Flandre à la bordure engrêlée et componnée d'argent et de gueules.*

Obs. — Le père Anselme accepte aussi cette épithète, quand il dit : Flandre-Tenremonde : — Alsace-Flandre, etc.

(2) Les divisions secondaires des domaines dépendant de l'apanage dévolu à Robert de Flandre en 1320, seront examinées au chapitre destiné aux princes, seigneurs de Cassel ou de Dunkerque, de la maison ducale de Bar.

Bourgogne (reine de Sicile par Charles d'Anjou), qui était la sœur d'Yolande, comtesse de Nevers, mère de Robert. Cette princesse mourut dans son comté de Tonnerre en 1308, laissant par testament ces biens et baronnies à son neveu, fils cadet du comte Robert III, ainsi qu'il est démontré aux pièces justificatives ci-jointes Nᵒˢ 36 et 37, pour ce qui regarde les armes de la Baronnie de Montmirail dont Robert de Cassel était en droit de jouir et dont il faisait usage. Elles sont comme suit : *Porte : burellé d'argent et de sable au lion de gueules, brochant sur le tout* (P. Pailliot). — Nous avons eu soin de les représenter aussi à la planche 1, fig. 4, concernant Robert de Cassel.

Robert de Flandre, chevalier (Miles).

Quant à la qualité de noblesse que portait Robert de Cassel, sous la dénomination de *Miles* (*chevalier*) elle était un titre de haute distinction. Elle avait un caractère auguste selon des écrivains anciens.

Le corps d'élite privilégié des nobles chevaliers était autrefois d'une très-grande valeur, c'était une institution d'honneur sérieuse. La chevalerie, dans le temps de sa splendeur, au moyen - âge, était un établissement politique et militaire dont l'histoire est liée à celle de la noblesse et de la milice française. Il y eut dans ce système, il est vrai, (comme dans d'autres de cette époque reculée), un contraste singulier de religion et de galanterie, de magnificence et de simplicité, de bravoure et de soumission, un mélange d'adresse et de force, de patience et de courage, mais son but était des plus louables.

Il fallait pour arriver à la chevalerie une éducation mâle et robuste, les exercices des tournois, des joutes et d'escrime, de la valeur dans les combats, une conduite exemplaire, les devoirs qu'on était obligé d'y remplir devaient l'être rigoureusement sous peine de punitions et même de dégradations. On y manquait bien rarement. Les *paiges*, varlets ou damoiseaux, puis les écuyers d'honneur de diverses classes des chevaliers étaient pris dans la jeune noblesse. Ils avaient aussi de belles tâches à remplir près de leurs maîtres qui étaient leurs bienfaiteurs et dont ils s'honoraient avec un dévouement de cœur (1).

L'amour de Dieu et des dames, avec courtoisie, et le respect pour la vertu que les chevaliers devaient encourager et protéger étaient, avec leurs obligations de guerriers protecteurs, les principaux mobiles de leur vie. L'émulation les guidait partout.

C'est dans les mémoires de Sainte-Palaye, de Froissart, de Savaron, de Favin, de Fleuri, puis de E. Deschamps, J. Bouchet,

---

(1) C'est eux qui habillaient leur maître en guerre, portaient ses armes offensives et défensives ou mettaient ses *brassards* (armures des bras), ses *gantelets* (revêtus de fer), le *heaûme* (casque), et l'*écu* (bouclier armoirié) (a), puis la *cuirasse* (armure pour le dos et la poitrine), l'*haubergeon* ou petit *haubert* (côte de mailles), et le *plastron* (corselet rembourré).

Les écuyers portaient aussi la *lance* à long bois et à fer pointu, le *pennon* ou *étendard* et l'*espée*, en conduisant les chevaux de bataille et les palefrois de parade.

(a) Quant à la forme de l'écu de Robert et de son bouclier armoirié, nous ne pouvons dire positivement quelle était sa forme, cela n'a pu du reste, être connue. Nous la représentons à la planche première de ce livre, car ce n'était pas la forme des écus d'alors; elle a tant varié, selon les temps et le caprice des héraldistes : il en est de même d'autres écus contemporains et de plus tard.

— Les amateurs d'antiquités et de vérité façonnent le champ des armoiries en forme d'escu ou targe (bouclier échancré) ; mais aucuns amateurs de nouveauté, sans discrétion, ont fait les formes ovales ou rondes, ou d'autre façon, qui est a blasmer (G. Coquille).

Ducange, du P. Honoré de Sainte-Marie, du P. Ménetrier, de Laroque, etc., qu'on trouvera tous les détails désirables se rapportant à ces questions.

Qu'il nous suffise de faire ressortir le mérite du titre de *Miles*, que Robert de Flandre portait et ajoutait aussi à ses autres qualités sur la légende de son sceau. C'était le roi le plus souvent qui *armait chevalier*, ceignait de l'épée ceux qui s'étaient fait remarquer par leur mérite ou leur courage. Cela se pratiquait avec grande cérémonie. Ces investitures (Palia militum) étaient une espèce d'hommage. Les chevaliers y portaient des manteaux d'armes, longs et trainants, de couleur écarlate, comme la plus noble décoration qu'ils purent avoir lorsqu'ils n'étaient pas parés de leurs armes. Ces vêtements d'honneur étaient fourrés de vair (1) d'hermine ou d'autres riches pelleteries. Après l'accolade d'ordination, on leur chaussait l'éperon d'*extre*, selon la coutume d'alors.

Le chevalier, suivant Eustache Deschamps, était élu entre mille comme le meilleur, pour maintenir le haut honneur de la chevalerie, ordre très-considéré. Chaque membre était souvent désigné par le nom de héros (*heroes*) par les auteurs.

Ils étaient *sans peur et sans reproche*.

Dans un manuscrit de l'ancienne abbaye de Saint-Germain-des-Prés il est dit :

> « Chevaliers sont de moult grant pris,
> » Ils ont de tous gens le pris,
> » Et le los et la seignorie. »)

(1) *Vair, vère*, fourrure faite de plusieurs pièces d'argent et d'or en forme de cloche de melon alternant, de *Vair*, bigarré.

Armoiries de Robert, sire de Cassel.

Disons maintenant quelques mots des *armes* de la branche cadette de Flandre au XIVe siècle.

L'écu armorié de Robert de Cassél tel qu'on le voit sur son scel et contre-scel (1), sur son bouclier et sur ses vêtements de guerre, est comme il vient d'être dit (2) : *Un lion de sable armé et lampassé de gueules sur champ d'or*, qui est Flandre, mais ces insignes y sont accompagnés *d'une bordure engrêlée* (Alias, édentée ou endentée (3),) et *componnée d'argent et de gueules*, pour distinguer cet écusson du premier et représenter ainsi, par brisure, les armes de cette *branche* cadette.

Nous avons prouvé ailleurs et à la Commission historique du Nord dès 1861 — (voir à son Bulletin d'alors) — que ces armoiries particulières de Robert de Flandre, seigneur de Cassel, ne pouvaient appartenir à Cassel, ou à ses seigneurs antérieurement au XIVe siècle, et ne devaient nullement être attribués aux de *Harnes*, seigneurs et châtelains de Cassel, comme connétables de Flandre, avant le XIIe siècle. Toute-

---

(1) Fig. 2, pl. 1, contre-scel de l'acte de 1320, d'après Galland. Les armes de Robert de Cassel offrent cinq cigognes dans leur pourtour.

(2) Voir la planche 1, concernant Robert en tête du texte, au titre et aux planches du livre sur *Yolande*.

(3) De Lespinoy dit *édenté* (endenté garni de dents). Mais c'est là sans doute un *lapsus calami*, car c'est l'inverse qui a lieu puisque la bordure est avec engrêlures (lignes courbes terminées par des pointes). La même erreur existe dans la figure des armes de Robert de Cassel que cet auteur a soin de représenter dans son ouvrage héraldique et généalogique sur la Flandre.

fois à partir des princes *d'Alsace*, les connétables de Harnes
et de Boulers étant tour à tour et de droit, dès 1133,
Signifer comitis Flandriæ, les emblèmes héraldiques de la
connétablie et par conséquent des châtelains de Cassel, possé·
dant cette dignité, pouvaient être *d'or au lion de sable* (écu
de Flandre pris par les comtes Philippe et Thierry d'Alsace
les premiers, vers 1277 (1) avec *bordure engrêlée*, mais sans
le *componné argent et gueules* signe spécial du blason
du sire Robert susdit. — Nous renvoyons à la planche I,
figure 5 pour la bannière de Robert de Cassel, et à la figure 6,
même planche pour la *bannière dite de Cassel*, des connétables
de Harnes, selon M. Demarquette.

La bannière de Cassel du temps des Michel de Harnes,
suivant cet auteur, doit être ainsi définie : *Lion de sable
armé et lampassé de gueules sur fond d'or engrêlé de
sable et de gueules...?* cri de *Harnis* (sic). Voir page
52 bis de son ouvrage intitulé : *Précis historique de la
Maison de Harnes*.)

Nous examinerons ailleurs cette question héraldique et les
doutes qui peuvent s'élever à l'égard de cette bannière.

Nous savons qu'une brisure componnée de l'espèce décrite
pour Robert de Cassel appartenait souvent aux écus d'autres
branches cadettes de grandes maisons, mais ce signe distinctif
n'était pas exclusif aux armoiries des cadets, car d'autres variantes
de brisures s'observent à leurs écus Quoi qu'il en soit, nous

(1) L'écusson représentant les armes de Flandres avant que ces
comtes eussent adopté *le lion de sable sur fond d'or*, c'est-à dire
peu avant 1177, était bien différend L'on sait que les *anciennes
armes de Flandres*, avant les d'Alsace, étaient : *gironné d'or
et d'azur de six pièces, à l'écusson de gueules en abîme*.

pouvons citer des exemples de blasons semblables appartenant à des personnages qui tenaient de près à la famille de Robert (1). Ainsi, une branche cadette de Bourgogne, celle d'Eudes, fils du duc Hugues IV, et aïeul maternel de Robert de Cassel, avait l'écu de son père avec addition de bordures de gueules engrêlées, tandis que le duc Hugues avait seulement Bourgogne ancien (*coticé d'or et d'azur à six bandes : émaux de France*), sans engrêlures, à la bordure de gueules de ses armes. (2)

(1) Voir à la page suivante la note sur les couleurs des armoiries de Flandre, branche cadette. C'est-à-dire sur celles de Robert de Cassel.

(2) Note sur les *métaux, émaux et fourrures des armes de Flandre, branche cadette*, — *sable*, terme de blason couleur noire, de *seble*, mot anglais, (prononcé sable), ou *zeble* de *zibeline*, sorte de fourrure précieuse, noire, provenant d'une espèce de marte ou mieux martre, dite *zibeline*, (a) dont les plus belles peaux étaient portées comme ornements par les princes et grands seigneurs. Ses fragments servaient dans les armoiries. Des auteurs ont avancé que *sable* était un *émail ?* On le désigne par des lignes horizontales et perpendiculaires entrecroisées.

Gueules dans l'art héraldique signifie *rouge*, du latin *gulæ*, guieule, peaux teintes en rouge de très grand prix, dont les rois et princes fourraient leurs habits, et que Caseneuve conjecture avoir été ainsi nommées parce qu'on les mettait ordinairement autour du cou, et proche le gosier, *gula*. (b).

Autrefois au lieu de peindre les écus, ou certaines de leurs parties, de couleur rouge, on y attachait ces peaux précieuses, désignées en gravure par des lignes perpendiculaires. — Il va sans dire que *l'or*, métal désigné sur les blasons par le jaune ou un pointillé sur fond blanc et *l'argent* représenté par un fond tout blanc sans hâchures, sont les seules couleurs des armes de Robert avec celles désignées plus haut. Nous n'avons donc pas besoin de parler des autres couleurs de diverses armoiries. (c).

(a) Petit mamifère *digitigrade, vermiforme*, ayant les poils longs, soyeux et lustrés, sa peau provenant surtout de la Moscovie, est très-estimée dans le commerce de la pelleterie.

(b) Dérivé de *Gul*, mot arabe signifiant la couleur rose.

(c) Quant à *l'azur* que nous verrons à l'écusson échiqueté de Jeanne, femme de Robert, cet émail bleu se grave en traits horizontaux. — Le mot azur provient de l'arabe *Lazourd*, sorte de minéral de cette couleur.

Ce Eudes, comte de Nevers, d'Auxerre et de Tonnerre, était, nous le savons, le père d'Yolande de Bourgogne, deuxième femme de Robert de Béthune, et c'est à cause de la branche *Bourgogne-Nevers* (1) dont il fut la souche qu'on modifia ainsi vers 1250, le blason des ducs, ses ancêtres.

Un autre exemple se voit aux armes de Jean de France, dit Tristan, l'un des fils de Saint-Louis et premier mari de Yolande, comtesse de Nevers, dont il vient d'être question. Il portait comme son père Louis IX, *semé de lis d'or sur champ d'azur,* mais il avait à l'écu de ses armes une bordure soit de gueules seulement, selon le P. Anselme, soit componnée d'argent et de gueules, d'après d'autres héraldistes (2).

La brisure componnée de Robert de Flandres est regardée par certains comme provenant des armes de sa mère qu'il aurait pris par prédilection (3). Pierre Palliot dit (4) que Robert prit pour bordure de son écusson celle des armes de Nevers de sa mère Hyolenz, c'est-à-dire componnée d'argent et de gueules et que cette bordure était engrélée. Le Père Ménestrier dit *engreslée de gueules* (5).

---

(1) Les armes propres de Nevers avant lui, étaient dès les comtes Landry, de Courtenai, *d'azur semé de Billettes d'or au lion de même, armé et lampassé de gueules, brochant sur le tout.* (P. Coquille).

(2) Pierre Palliot, — G. de Soultrait, *Armorial de Nivernais.* etc.

(3) Voir aux planches du précédent chapitre pl. 11, fig. 6. (a).

(4) P. Palliot, *Vraie et parfaite science des armoiries,* 1667, à propos de *Flandre-Cassel,* page 667

(5) Ces bordures engrélées se voient même au XVIII⁰ siècle. Louis XVI avant d'être Roi, avait une semblable brisure à ses armes personnelles.

(a) Voir pour plus amples détails concernant Yolande de Bourgogne et ses armoiries au chapitre précédent consacré au comte Robert de Béthune, mari de cette comtesse de Nevers.

Ces variantes s'expliquent par la raison qu'on se servait mal dans l'ancien temps des moyens d'indiquer les émaux d'un blason : c'était souvent d'une manière insignifiante, car les hachures n'étaient pas encore en usage d'une manière rigoureuse comme à présent, ainsi qu'on peut le voir, même pour les armes de Robert de Cassel, dans de Lespinoy. Cet auteur dit :

« Les seigneurs de la châtellenie de Cassel portèrent la bannière » de ladite terre armoyée d'or au lion (rampant) de sable, lampassé » et armé de gueules, à la bordure édentée et componnée d'argent » et de gueules. »

Cependant la figure à laquelle nous renvoyons le lecteur, est loin de représenter cela. On a confondu souvent, nous le répétons, l'*endenté* avec l'*engrêlée* : il est vrai que ces variétés diffèrent de peu.

Quant à la *couronne comtale* des armes de Robert de Cassel nous ne savons pas s'il avait qualité de la porter ? Les chevaliers héréditaires et les gentilshommes non titrés n'ont le droit de timbrer leurs armoiries d'aucune couronne selon le code de l'état actuel de la noblesse en France : ils ne peuvent la timbrer que de casques qui tous doivent être tarés, c'est-à-dire posés de profil (1).

Ne voulant pas nous étendre davantage sur cette question qui est secondaire, nous nous contenterons d'ajouter, pour ce qui regarde les armes propres de Robert de Cassel, conservées quelque

(1) Le casque est d'argent pour les chevaliers et d'acier poli pour les nobles de grade inférieur. Il est d'ailleurs sans grille ou bien il montre trois à cinq grilles; le tout suivant le degré d'ancienneté de noblesse.

temps après lui dans sa famille (1), qu'il les portait sur la bannière de branche cadette ou de *Flandre-Cassel* (de Sainte-Marthe) dont ce chevalier se servait lors de ses expéditions avec sa milice qui lui resta fidèle. C'est avec cette bannière ainsi blasonnée *(avec Estandar en noble arroy)*, qu'à la bataille de Cassel de 1328, il combattit, en venant en aide au roi de France contre les Flamands rebelles à leur comte, comme il a été dit plus haut.

Messire Robert se servit aussi de ces armes comme signe de ralliement et d'autorité. Tout porte à le croire, à l'époque où il fut reconnu par les Flamands, comme protecteur ou gouverneur, *Rewart* de Flandre, et pendant que le comte Louis était détenu prisonnier par ceux de Bruges.

Ce noble écusson qui n'a existé, nous en sommes convaincus, avec componné, qu'à partir de Robert, fils puîné du comte Robert de Béthune, méritait d'être signalé. Il fait partie de son histoire. Le lion de ses armes se voyait autrefois sur le blason de la ville de Dunkerque (2) dont Robert de Cassel était aussi le seigneur.

Enfin ces armes firent partie des insignes de la tombe de Robert de Cassel, de son mausolée en albâtre, que l'on assure avoir existé dans l'église de Warneton (Waestene) où il mourut. *Un homme couché, armé de haubergerie porte sur lui un grand escu de Flandre à la bordure endentée* (3).

---

(1) Le père Anselme donne un semblable blason pour Yolande, (comtesse Douairière de Bar, alors duchesse de Longueville), comme partie de ses armes, nous le voyons aussi sur les sceaux de celle-ci comme sur ceux de sa mère Jeanne de Bre'agne, etc.

(2) Voir un de ses sceaux du XIV⁰ siècle à la planche frontispice de notre mémoire sur l'apanage de Robert de Cassel.

(3) *Vredius,* et description donnée, plus haut, de Guillard.

Quant aux armes au lion ou signes héraldiques de certaines *vierschaeres* ou justices secondaires du ressort de la châtellenie de Cassel, telles que celles : Zegherscupple, Bollezele, puis Steenvoorde (vierschaere royale), la West-Vierschaere et la Noord-Vierschaere, nous ne pouvons affirmer qu'elles dérivent des armoiries de Flandre-Cassel ou de celles de la Flandre proprement dite, d'autant plus qu'elles offrent des émaux de diverses couleurs avec différents accessoires spéciaux dont nous ignorons l'origine (1). Mais la ville de Cassel, en particulier, avait au XIVe siècle, ainsi que son échevinage, des armoiries spéciales que nous représentons aux planches du présent chapitre.

Sceaux et contre-scel de Cassel — et ses armoiries à cette époque.

Au temps de Robert de Flandres, seigneur de Cassel, etc., l'écusson des armes de Cassel portait encore la clef unique à double panneton comme du temps de Marguerite et de son fils Guy. Cette clef était alors supportée par une main avec avant-bras comme au contre-scel d'un acte de 1328 qui porte la légende SECRETUM NOSTRUM comme cela se voit aussi à un acte de 1245 déjà cité.

Le scel de cet acte de 1328 comme celui d'un autre document officiel de 1279, émané de l'échevinage et de la communauté de Cassel *(S. Scabinorum et burgentium de Casleto)*, est pour ainsi dire semblable à celui du temps de la comtesse Marguerite,

(1) Nous les avons mentionnées et décrites dans notre travail publié en 1862 sur les *armoiries, scels et bannières* de Cassel et des localités environnantes.

du moins il en a le diamètre et l'aspect quoi qu'il soit moins bien exécuté.

C'est le savant numismate, M. A. Collas, qui nous l'a fait connaître. Ce scel est représenté dans son ouvrage intitulé : *Trésor de numismatique et de glyptique, publié en 1834.*

Nous le représentons ci-contre; il est ainsi que son contre-scel semblable à celui des actes de 1279 (1).

Les sceaux de Cassel et ses armoiries, moins anciens que ceux du XIIIe siècle et du commencement du XIVe, c'est-à-dire ces insignes héraldiques postérieurs à Robert de Cassel méritent à leur tour une mention spéciale.

Après 1328, par exemple, année où se livra, au pied de Mont-Cassel, la célèbre bataille gagnée sur les Flamands rebelles par le nouveau roi de France, *Philippe de Valois,* et son cousin le comte de Flandre, Louis de Nevers (2), les armoiries de Cassel étaient bien à deux clefs en pal, les pannetons toujours en chef; mais il est prouvé qu'entre elles fut placée une *espée de même, en pal* (3) (droite et la pointe en haut) le tout de *sable à fond d'or,* ou *champ d'or* (d'Hozier), ou bien peut-être d'*argent,* comme nous l'avons déjà dit dans notre Topographie de Cassel

(1) Voir, pour plus amples détails et explications sur les premiers sceaux et contre-scels de Cassel, mon *Historique sur la comtesse Yolande,* dame de Cassel, à la page 126 et suivantes, et à notre *travail héraldique de 1862,* publié dans les annales du Comité flamand de France, tome VII.

(2) Nous venons de publier *l'historique de cette bataille de 1328,* pour compléter les *trois faits d'armes célèbres* qui eurent lieu au Val de Cassel sous trois Philippe de France, 1071, 1328 et 1677.

(3) Voir à la planche frontispice les variantes successives des clés des armoiries de Cassel et le contre-scel de 1378, représenté à la page 168 du texte d'Iolande.

de 1828. Les auteurs diffèrent d'opinion sur cette variante héral·
dique en ce temps, qui n'est pas sans importance (1).

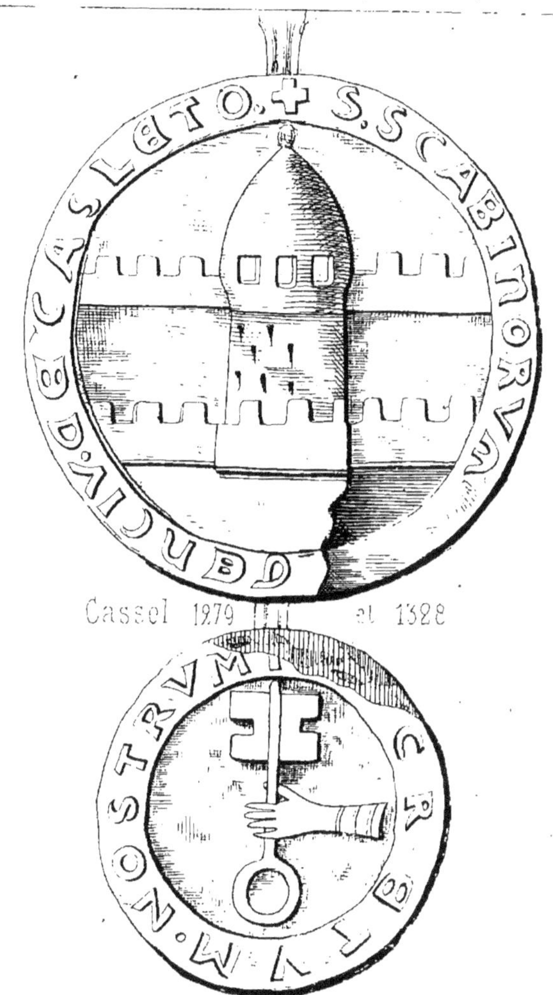

Cassel 1279 et 1328

(1) Consultez la *Flandria illustrata*, le livre de Lespinoy sur
les armoiries de Flandre, les *Délices des Pays-Bas*, l'armorial
d'*Hozier* (Bureau de Cassel, p. 579 et 720), publié par Borel
d'Hauterive; les ouvrages héraldiques récents sur le Nord, puis
enfin, les médailles et sceaux des *Archives de l'Empire* et des
collections particulières de la Flandre, les Archives de Lille, d'Ypres,
de Bruges, et enfin notre *Mémoire sur les sceaux et armoiries
de Cassel*, etc., 1862. — Lille.

Nous faisons aussi hommage de ces nouvelles recherches historiques locales à notre pays natal bien-aimé. — Quoique souvent éloigné de là par la force des choses, par des circonstances impérieuses de devoirs, nous ne sommes pas moins tout à lui, nous nous en rapprochons sans cesse par la pensée ainsi que par un travail ardent concernant le passé de cette patrie d'ancêtres vénérés : elle est le constant objet de nos affections et de nos veilles ! Nous occuper de la Flandre et de Cassel en particulier est le bonheur et la consolation de notre vie et un remède efficace contre la nostalgie !... Aucune peine, aucune démarche ne nous coûtera jamais pour l'œuvre entreprise. Il a déjà été fait beaucoup dans le but de tresser une couronne patriotique, mais il reste encore des lacunes à remplir.... Tant que nos moyens physiques continueront à venir en aide au cœur, nous poursuivrons l'histoire du pays regretté, du cher Cassel, si l'on peut donner le nom d'histoire à un recueil de notes, intéressantes il est vrai, mais qui ne peut être que le prélude d'œuvres que d'autres mieux favorisés entreprendront un jour d'une manière plus complète et plus digne : chacun selon ses moyens et son temps !

Ce canevas de compilation et d'élaboration n'est pas moins un travail de persévérance, mais c'est là tout le mérite de nos assiduités aux jours où nos fonctions médicales nous laissèrent quelque loisir. Que de fois nous nous sommes rendus dans diverses parties de la France pour consulter des documents ayant trait à nos recherches spéciales, précieux documents conservés dans de riches dépôts d'archives, soit en Lorraine et dans l'Anjou, soit dans les Flandres, la Bourgogne, etc. Combien de fois n'avons-nous pas été de Lille à Paris, de Rouen à Lille où nous fûmes longtemps médecin en chef; puis d'Angers à Nancy, à Dijon, à Bar-le-Duc, pour y recueillir des matériaux (1) et chercher de nouvelles traces de l'administration des ducs de Bar surtout, dont nous parlerons prochainement, (puisqu'ils furent les seigneurs de la contrée Flamande la plus occidentale, depuis Robert de Cassel) et d'Yolande, et aussi par l'histoire particulière de Cassel le principal chef-lieu de la West-Flandre maritime d'autrefois.

Les matériaux historiques, les pièces authentiques de sa plus remarquable époque, quand nous parvenions à les trouver devenaient pour nous aussi précieux qu'autrefois nos trouvailles en géologie et en histoire naturelle, puis nos chères plantes, qu'à un autre âge, plus heureux, nous rencontrions et nous empressions de cueillir avec tant de joie pour nos études phytologiques et nos herbiers.

Nous les couvions des yeux, ces documents antiques, avec la tendresse que Jean Jacques ressentit en revoyant sa *pervenche* tant désirée et chantée par Delille. C'est avec bonheur et orgueil que nous en prenions des notes !...... N'allaient-elles pas contribuer à illustrer notre contrée Casseloise, à faire ressusciter de l'oubli son noble passé, à rappeler la valeur de son fort romain, le *Castellum*, qui restauré servit aussi puissamment au moyen âge, puis faire ressortir sa ville séculaire si gracieusement posée sur ce petit mont célèbre, avec son immense et majestueuse perspective et enfin

---

(1) Nos notes ont été prises et élaborées avec le désir aussi d'être utile à nos chers compatriotes. Nous avons surtout eu l'intention de faire connaître, à ceux qui ignorent, les principaux événements survenus autrefois dans le pays et dont les détails se trouvent épars dans des écrits anciens et dans de nombreux ouvrages plus ou moins rares de diverses époques déjà éloignées de nous.

rappeler par un historique consciencieux les diverses phases de sa vaste châtellenie et de ses illustres seigneurs.

Les âmes généreuses et aimantes sauront comprendre nos émotions, nos ravissements à la vue d'inattendues découvertes...

Pro patria :

Notre devise étant :

Antiquam exquirite matrem!

PIÈCES JUSTIFICATIVES

ET NOTES OFFICIELLES

CONCERNANT PARTICULIÈREMENT

ROBERT DE FLANDRES,

SIRE DE CASSEL.

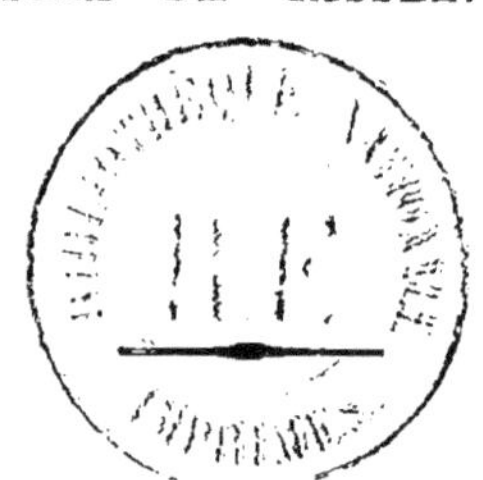

INTRODUCTION.

—

Nous avons déjà examiné (1) en quelles mains se trouvaient, surtout au XIIIe siècle, les administrations spéciales de la plupart des territoires principaux de *l'apanage de Robert de Cassel*, comment leurs prérogatives secondaires furent acquises par les comtes successivement et avant le partage de Flandre; comment, enfin, les domaines qui formèrent cet apanage, limités par l'*Aa* à l'ouest, la *Lys* au sud et à l'est, et la *mer* au nord, finirent par revenir tous, en peu d'années, comme *fonciers féodaux* à ces souverains. Il est reconnu du reste, qu'ils y possédaient les droits de suzeraineté, depuis l'époque où Charles-le-Chauve en fit don à son gendre Bauduin Bras-de-Fer, tout en l'érigeant en comté l'an 863.

Nous devons noter que ces comtes aux XIIe et XIIIe siècles, même au temps de Bauduin de Constantinople, étaient loin de posséder tous les droits des domaines et les revenus divers

(1) Dans notre mémoire précité sur l'*Apanage de Robert de Cassel*, de l'année 1864 (Lille).

de cette contrée extrême de la Flandre, ils appartenaient en grande partie, par héritage surtout, à des seigneurs et châtelains, qui vivaient de redevances. Ceux-ci jouirent ensuite de la plupart des avantages en rentes et droits, même de ceux de haute justice, en plusieurs cas, mais relevant toutefois des cours féodales des comtes. Tels furent les châtelains qui étaient à la tête des territoires de *Cassel, Bourbourg, Gravelines, Watten,* de *Warneton* et leurs dépendances et de St-Omer, dont la partie orientale fut plus tard jointe à la châtellenie de Cassel, etc.

D'autres domaines du west-quartier, qui furent compris en même temps dans l'apanage de Robert de Cassel, émanaient directement, il est vrai, de la Flandre, comme propriétés seigneuriales personnelles de ces comtes; mais ils avaient été, à certaines époques, occupés par des personnages de haut rang qui en avaient obtenu la jouissance à titres conditionnels ou comme douaires et propriétés viagères; tels étaient la seigneurie de Dunkerque, les châtellenies de *Bergues* et *Bailleul*, le bois de *Nieppe* et ses dépendances, etc.

En nous occupant des possessions plus ou moins exclusives de certaines parties de ce pays frontière de France par des seigneurs ou châtelains, nous n'avons pas prétendu avancer qu'en tout temps elles furent à ceux-ci ou à leur famille, soit entièrement soit par portions, car il est avéré, nous le répétons, que dans l'origine, quelques-uns des territoires dont nous nous occupons étaient pour ainsi dire intégralement aux comtes. Des donations faites antérieurement à des établissements charitables, à d'autres institutions et même à de simples particuliers (à titre de fiefs, considérables souvent) prouvent aussi que ces princes gouvernants avaient primitivement des domaines plus étendus; même à une époque très reculée, les comtes de Flandre ont fait des dons à titre d'hérédité et de récompenses, à des hommes qu'ils considéraient le plus et qui étaient au nombre de leurs grands vassaux.

C'est du temps de Jeanne de Constantinople, avons-nous déjà dit et prouvé, que commencèrent ces retours de domaines seigneuriaux. Ces acquisitions continuèrent du temps de Marguerite, de Guy et de Robert de Béthune. Mais elles se bornèrent aux droits administratifs, fonciers et de justice des châtelains; c'est-à-dire à leurs fiefs et offices avec les revenus y inhérents, car les propriétés particulières continuèrent d'être les héritages des familles qui les possédaient déjà.

Nous avons vu ensuite que tous ces biens étaient arrivés successivement par héritage entre les mains de Robert de Béthune qui en disposa en 1320, lors de son partage; (nous renvoyons aux articles concernant les comtes et comtesses ses devanciers pour les acquisitions de territoires et domaines administratifs faits par eux) néanmoins il est bon de nous rappeler quels furent les acquéreurs des diverses localités de la Flandre la plus occidentale, soit par achats, soit par échanges ou héritages de famille. Les voici cités de nouveau par ordre chronologique.

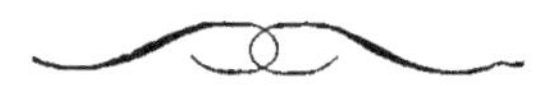

JEANNE DE CONSTANTINOPLE.

A cette comtesse de Flandre furent dévolus, en 1218, par achat ou échange, Cassel et sa châtellenie de Michel de Harnes V son connétable, territoires qui furent d'abord aux sires de Harnes (de Boulers), descendants de Michel de Harnes I (1) mari de *Cunégonde de Beth* ou *Bette* (fille de feu Gerolf de Bettes, général de Robert le Frison) à qui le comte Robert (2) les avait octroyés après la bataille victorieuse pour lui du Val de Cassel, de 1071.

En même temps d'autres domaines arrivèrent à Jeanne comme héritage, ainsi *Dunkerque* par exemple qui lui fut dévolu à la mort de la veuve de Philippe d'Alsace (3), *Bergues* retourna à la Flandre par la même occasion, (car cette ville avait été donnée aussi comme douaire à Mathilde de Portugal) et enfin la seigneurie du bois de Nieppe et son château.

Tous ces biens après Jeanne de Flandre furent acquis à sa sœur Marguerite qui lui succéda au comté.

(1) Voir nos Recherches historiques sur les seigneurs et châtelains de Cassel des XIe, XIIe et XIIIe siècles.

(2) A voir notre travail sur *Robert le Frison*, qui a été imprimé l'année dernière, 1882, à Hazebrouck.

(3) Les souverains de Flandre, tout en faisant don temporaire de ces domaines, avaient soin **de** stipuler leur retour à la Flandre, après décès, surtout en l'absence d'hoirs. — *Robert de Béthune* érigea Dunkerque en seigneurie pour son fils Robert de Cassel.

COMTESSE MARGUERITE.

———

Cette Dame, à son tour, souveraine de Flandre, acquit, de concert avec son fils, *Bourbourg* et sa châtellenie, *Gravelines* et dépendances, et, en dehors du West-Quartier de Flandre, divers domaines importants du comté d'Alost, Bournehem, etc.

On sait, d'après Malbrancq, T. III (1) que cette princesse se maria, en secondes nôces à Cassel, avec *Guillaume de Dampierre,* et très probablement dans la collégiale de Saint-Pierre, fondée par son illustre ancêtre *Robert le Frison.*

(1) Voir Malbrancq. T. III, p. 434 en note.

9

COMTE GUY.

Marguerite mourut en 1279. A Guy son fils et héritier furent dévolus *Nieuport* et son territoire. — *Lombarzyde* et les épaves de mer de ces cotes — la partie orientale ou flamande de la châtellenie de Saint-Omer — *Warneton* (1), *la seigneurie du pont d'Estaires* avec les dépendances du bois *de Nieppe* (2) *Wœstine* et aussi *Bailleul* et sa châtellenie.

(1) *Warneton*, territoire seigneurial provenant de Mahaut de Béthune première femme du comte Guy.

(2) A la mort de *Béatrix de Brabant*, veuve du frère aîné de Guy, qui les avait possédés à titre de douaires.

Obs. — N'oublions pas de dire de nouveau que la lettre *B* précédant le numéro des citations et des notes qui vont suivre, indique les pièces désignées qui se trouvent placées à leur date, dans des cartons, ainsi numérotés, à la *série B* des archives départementales de Lille, c'est-à-dire à celle des cours et juridictions de l'ancienne Chambre des Comptes.

COMTE ROBERT DE BÉTHUNE.

———

Robert de Béthune rendu à la liberté (après la mort de son père, prisonnier du roi de France) par le roi Philippe-le-Bel en 1305, devint bientôt comte de Flandre. Il acquit *Watten* (seigneurie). — *Deinze* ou *Donze*, près Gand et dépendances.

Tous les domaines ci-dessus mentionnés forment à peu près l'ensemble des biens que posséda, après lui, son fils Robert de Cassel, et qui constituèrent son *apanage définitif*.

Après ce préambule, nous devons ajouter que nous citons successivement deux pièces justificatives qui vont suivre, et d'abord quelques - unes de celles qui ont trait aux acquisitions ou retours de divers domaines qui feront plus tard partie de *l'Apanage de Robert de Cassel*, puis celles concernant l'estimation d'autres biens faite dans le même but, suivies de documents où il s'agit des *volontés* de Robert de Béthune pour le *partage de Flandre* entre ses fils. — Enfin nous mentionnerons les pièces justificatives de ce partage et de l'apanage de Robert le fils cadet de ce comte, beaucoup de documents y ont rapport.

En suivant cette marche chronologique, nous arriverons aux preuves qui concernent les différends entre Louis de Nevers l'aîné du comte susdit, et son frère Robert de Cassel.

Nous laisserons pour la fin de ces pièces divers extraits d'auteurs, mais sans liaison de ces dates, voulant citer avant certains actes administratifs de ce Robert et des lettres du roi Philippe de Valois, puis en dernier lieu, des documents officiels émanant de Robert de Flandre qui ont trait à son testament et ceux concernant l'exécution de ses dernières volontés par sa veuve Jeanne de Bretagne, tutrice d'Yolande leur fille unique.

Toutes ces pièces authentiques seront d'une grande utilité pour ce travail historique regardant la première moitié du XIVe siècle, et l'ancienne Flandre si intéressante sous tant de rapports.

PIÈCES JUSTIFICATIVES.

I

**Cession de la Châtellenie de Cassel, par Michel de Harnes,
à Jeanne de Constantinople, comtesse de Flandre (1).**

———

1218. 12 octobre (2). — Ego Michael de Harnes (3) Flandriæ constabuliarius, notum fieri volo omnibus presentibus pariter et futuris, quod castellaturam casletensem, sicut eam tenuerant antecessores mei et sicut eam tenebam integre, tam infra Casletum quam extra, reportavi et resignavi in manum carissime Domine mei, Johannæ Flandriæ et Hainoniæ comitisse ab ipsa et heredibus suis perpetuo possidendam. Ipsa vero Domina mea mihi dedit in excambium istius castellaturæ, quidquid habebat in Broxella, in Polinchove, in Rubruec et in Liedersella, etc.

(La suite dans le sens du texte français ci-après).

Actum est et recognitum Insule, die mercurii proxima ante festum apostolorum Simonis et Jude (28 october), coram fidelibus meis. Anno Domini MCC octavo decimo.

(1) Chambre des Comptes de Lille, à sa date.

(2) Et non *mars*, comme on l'a dit récemment, sinon au texte latin d'un acte de *mars suivant*. (Chambre des Comptes de Lille, à sa date.)

(3) *Sic,* sans de *Boulers.*

II

Deuxième pièce concernant la cession de la châtellenie de Cassel.

1218, Mars, avant Pâques (1219, nouveau style), à Lille (1). Michel de Harnes, connétable de Flandre, déclare qu'ayant reçu de Jeanne, comtesse de Flandre et de Hainaut, en échange de la châtellenie de Cassel, qu'il lui avait donnée ce qu'elle possédait à *Lederzeele, Folchringhehove* (Volkerinckhove), *Rubreuc, Brouxelle, Bollingheselle* (Bollezeele), et dans une *partie du village de Peenes*, il remet à l'église de *Watenes* tout le Vodermout, etc., etc., les poules et les œufs que cette église lui devait dans ces villages. Il exempte aussi de toute exaction appelée *uthland* (2) les habitants des terres de cette église.

Si sa femme et ses enfants ne veulent pas tenir cet échange, la comtesse jouira de 15 liv. monnaie de Flandre annuellement sur ses revenus.

Orig. en parch. scellé du scel de ce connétable, où on le voit représenté armé à cheval, avec un contre-scel où se trouve l'écusson de ses armes; elles sont d'argent, à l'écusson de gueules (3).

---

(1) Huitième *cartulaire de Fl.*, pièce 250, Chambre des Comptes, à Lille.

(2) Le mot *uthland* est composé de deux mots flamands qui signifient : *hors de terre ou du territoire*.

(3) Voir ce scel dans notre *Cassel héraldique*, pl. II, fig. I et I *bis* de 1862, et dans mes *Recherches historiques sur les seigneurs, châtelains et gouverneurs de Cassel, des XI*[e]*, XII*[e] *et XIII*[e] *siècles*, imprimées chez Danel, à Lille, en 1866. (Commission histor.)

III

Achat de St-Omer par le Comte Guy.

———

1286, février, (en français). — Lettres par lesquelles Watier de Reninghes, chevalier, sire de Morbeke, déclare avoir donné au comte de Flandre et à ses hoirs, à toujours, la châtellenie de St-Omer en Flandre, tous les profits qui lui appartenaient dans les *vierscares d'Estamfort*, de *Hazebrouck*, de *Staples*, de *Renescure*, de *Brouckesele*, de *Soihier - Cappelle*, de *Meùreville*, et dans les francs-alleux situés à *Blaringhem*, dans lesquels il y a le tiers des amendes et tout ce qui pourrait y échoir, à raison de cette châtellenie, le tiers de *Dinchorn*, le tiers des *glines*, le brief *penninck*, les deniers des moulins, montant à 20 sols, dans la *vierscare d'Es-taimfort*; les *kauweleries* (redevances pour rachat de service); les sommeilleries de *Barescep* dont il a les reliefs dans ces mêmes endroits; les quatre deniers des *Orlofs*, un plicon (vêtement garni de peau fourrure) de 14 sols dans *Elinghem*, (Ebblinghem); une *hueses* (brodequin, bottine) de 5 sols à Étaples, et toutes les avouries qui lui appartenaient dans le comté de Flandre, sauf celle de *Morbeke*, pour lesquelles choses il était homme du comte de Flandre; en échange de quoi, Guy lui a donné 177 livres 18 de monnaie de Flandre, à recevoir annuellement par lui et ses hoirs à toujours, sur

sur le tonlieu de Cassel, pour lesquelles ils seront homme de ce comte. (1).

Orig. en parch. Inv. de la Ch. des comptes (chartes) de Lille, 1. IV.

IV

Achat de Dunkerque, Woestine et Bailleul (2).

Le comte Guy acheta, en 1287, à Baudouyn d'Avesnes, seigneur de Beaumont, son frère, la ville de Dunkerque et la Wœstine, pour double rente viagère par an.

« Après l'exécution faite en 1287, le comte Guy, pour continuer en ses acquests, achapta semblablement, à Jean, seigneur de Dompierre et de Saint-Dizier, son neveu, la ville de Bailleul avec toutes ses appartenances, dont il fit pareillement adhériter Guy de Namur, son fils. »

Ce fut à Winendaele, aux festes de Pasques de l'an 1288.

E'aient présents : Rouland le flameng, Sohier de Bailleul, maréchal de Flandre, Jean, seigneur de Ghistelle, etc.

(1) *Note.* — Non modicam porro huic Castellaniæ Casletensis partem adjunxit Guido Dompetra Flandriæ comes, cum ad annum 1286, omnem illam portionem Castellaniæ Audomarensis quam sub limitibus Flandriæ complectebatur quœque in fide ac clientela Flandrorum comitum erat, emit ab illustri equite waltero a St-Audomaro domino de Mœrbeke, accesserunt enim huic dictioni cum juribus ac emolumentis suis tribunalix vulgo *vierschaeren,* de Steenvoorde, Hazebrouck, Staple, Buysscheure, Broxeele, Zegers-Cappel, Merville, cum liberis quibusdam allodüs in Blaringhem.

(1) Oudegherst, *Chron. et Annales de Fland,* 1571. Voir aussi Archives départ. du Nord, pour *Bailleul,* à sa date.

V

Travail d'estimation des biens de Cassel peu avant le partage de Flandre.

1318, décembre. — Chest la prisie de toutes les manières de revenus que les sires de Pontrouard et Eustace Bernaiges ont trouvé qui appartiennent et doivent apartenir à la ville de Cassel, à la chastellerie et à toutes les appertenances et de toutes les revenues apertenans au comte de Flandres (Robert de Béthune) gisans ès-dite ville et chastellerie, trouvées, assemblées et raportées par les personnes chi dessus escriptes. En premièrement des ostes de Renenghe et ausi après sienwront de toutes les autres choses qui à revenue de terre puent et doivent venir.

Premièrement a raporté Colard de Marchiennes, clers à Monsʳ de Flandre, députée à ce rapport faire de par Monsʳ de Nevers pour ce qu'il, Guy Dinche et Jackemar de Tournai si comme le dit Colard disait ont estait des briefs de St-Omer qui apartiennent à à la chastellerie de Cassel et à ferme, que des rentes des brics de St-Omer dessus dis dont mastcr Henris Brame est recheveres à sa vie demeure franchement au seigneur de ladite chastellerie des
eure toutes manières de dons et assenement, onze mays et un haut de froment à la mesure le comte si comme li dis Colars dit qu'il appert plus plainement par les grosbus de Renenghe, si fu la rasière à la mesure de ladite chastelerie prisée au bon nez et anchiens pris par l'avis, l'information et le conseil de Symon de Vouglarien, Henry don Briard, Jehan le Copman,

Willaume don Breuch, Guillaume de Staples, Henry de Castre, Jehan de Grip, Hoste de Haline, Guillaume don Briart et de plusieurs autres hommes le comte den dit chastel de Cassel, conjuries par la foy que il doivent à Monsr de Flandres et par tous les bons de Vierscares et des eschevinages le comte de la chastellerie et par deux ou trois sages et anchiens preudes hommes demorant ès-dites vierscares avecques chascune vierscare, conjurez par leur serement à che bien et loyalement raporter les priseurs en former, aviser et conseillier appeler tous ensemble pour ce faire à Cassel le mardi devant la Chandeler l'an mil CCC et dys et wit à wit, et le priseur la mirent à leur volontei à dys sous quater deniers dont li Huez le conte par lequel astes dites ventes de froment sont usées à estre payés, à rechevoir et à lever tous les ans, est plus petit que ladite rasière ne soit la witisme part si est par che que dessus appert, prisé le Huet le comte valoir en revenue et en prise de terre par le pris dessus dit à noef sous maille, si on monte la somme dou froment dessus dit XL^l IIII^s VIII^d etc. — Décembre 1318.

(1) Chambre des Comptes de Lille, reg. B, 484

SUITE DE LA PIÈCE JUSTIFICATIVE V (1).

Les Espiers de Cassel.

Li dis Colars a raporté que des rentes et revenues des briez de l'espier de Cassel (2) demeure franchement au scingneur donze muys et trois liens de froment au heut le conte dont licheus est prisés par l'information, avis et conseil des dessus dis hommes de foi et autres si comme dessus appert, nef sans maille, si en monte la somme XLIIII^l XV^s I^d ob. somme de la valeur des rentes et revenues de l'espier de Cassel dessus dit, si comme li dis Colars l'a raporté, que il appert par les gros brics de Renenghe II^c l. IIII^d

. . . .

Ensi demeure que les revenues don dit espier, valent chascune an franchement au seigneur CIIII^{xx} XVI IIII^d.

---

(1) Extrait du registre, côté B 484 de la Chambre des Comptes de Lille. (Archives départementales).

(2) *Espiers* (*Spicker* en flamand) redevance dominiale en grains ou en volaille : de *Spiccus*.
(Glossaire de la langue romane).

VI

Rentes hors Renenghe de la Chastellerie de Cassel.

———

Premièrement. A li dis Colars raporté que les rentes des masures don marchié de Hazebreuch, si comme il appert par la renenghele es rentes hors renenghe qui ne croissent ne descroissent montent chacun au X^j XIII^d.

Item li tonlieus de Hazebreuch qui croist et descroist est prisiés par le conseil des eschevins don dit lieu des saiges de le dite vierscare et de ceux qui l'ont manié et par le........ de tous et par plusieurs brief de renenghele et achensis valoir l'an, dies et wit livres le gros pour douze deniers qui font à monnaie de cest prix XVe

. . . .

Item la maierie de Cassel qui croist et descroist est prisié par le Conseil des Sages et anchiens don dit lieu et pour ceux qui l'ont manié, valoir en cest prix XV.

Si ceus de sons baillie de Cassel si comme des wierps et des ottrois qui croist et descroist est prisiés par les eschevins don dit lieu, par les anchiens et sages d'environ et par le serment de ceux que jadis l'ont maniet valoir casum ou pris dessus dit, ni eut car c'est ce pourquoi li . hoste manant et tenant et li hommages sont prisiet.

Li tonlieus de Cassel qui croist et descroist selonc la ferve du

temps, est prisiés par les hommes dessus dis, par les esche-
vingnages, les sages anchiens dou pays et par ceux qui
autersfois l'ont.

Encore y a-t-il la taille den bas de Wouwenberghe, laquelle
a toujours esté vendue en gros sans nombre de mesure né
de bonniers, si comme ul dou pays l'ont raporté. Si a esté
trouvé par ceux qui connoissent le dit bois valoir la taille
de dis ans cent livres parisis. C'est en prisié de terre... Xl.

. . . .

Item la value de la baillie de Cassel en la franchise et en
la keure de la dite ville est par les comptes des douze années
prisié valoir chascun an trente chinc livres douze sols un
denier quart part denier, monnoie faible et forte, si comme
elle a couru par les douze années dessus dites qui valent à
monnoie ancienne XXIX^l XIII^s V^d.

Item y a on trouve par le raport des hommes de fie de
la dite chastellerie ou de par leurs yeniz pour eux et par
l'avis et l'information des dessus dis qu'il y a environ quatre
vins et trois hommages de plain relief, dont il en y a au plus
près que on la peu prendre et savoir sexante et wyt qui sont
d'antien temps, tenu dou comte et dont li reliez apartient à
5 hospitaliers et cil sont prisié par l'avis et le conseil des
eschevinaires et des sciges dou pays à moitié de pris, si en
monte la somme XXXIII^l.

VII

Prisée faite des domaines pour l'apanage de Robert de Flandres 1318 (1).

A Dunkerque la nuit Notre-Dame en septembre l'an mil trois centz et dissewyt (7bre).

Prisée détaillée des terres, villes, châtellenies, etc., qui suivent : Dunkerque, Bornhem, Baesrode, Haesdonck (Haxdonc), Bruigny, Assuye (Alluys), Brou, la Basoiche, Antou, Montmirail, (Montmirais en Perche), Verre, Lens, Aire, les Espiers de Cassel, la Bourre, les revenus de la terre de Jean de Haverskerke, la seigneurie de Waton (Waten ?) Niepp, la terre de Warneton, la ville de Gravelines.

Cette prisée fut faite par Eustache Bernaige, à ce commis par Mgr Louis de Nevers, et par Mgr Robert de Roesbrugghe (Four-cart), fondé de pouvoir de Robert de Flandre (2).

Le comte de Nevers et Mgr Robert, son frère, déclarent, en présence de leur père, le comte de Flandre, ratifier et approuver cette prisée et reconnaissent qu'elle a été faite d'après les coutumes, lois et usages du pays; ils y apposent leurs sceaux et prient leur père d'y apposer également le sien.

L'original de ce diplôme est transcrit sur le recto de quinze feuilles de parchemin, attachées ensemble par les sceaux de Louis, de Robert et de leur père. Ce volumineux dossier, dont un

---

(1) Inventaire de la Flandre orientale, de St-Génois, pièce 1359.
(2) *Robertus de Flandria, dictus Casletanus* (Vred).

exemplaire est déposé aux Archives départementales de Lille, donne une description détaillée de tout l'avoir qui échut à Robert de Cassel après la mort du comte de Flandre, son père, et que celui-ci par prévoyance avait voulu fixer d'avance (1).

Voir le Registre de Partage à ces archives. B. 484 in-f° parch.

VIII

Liste des domaines dévolus à Robert de Flandre, dit de Cassel, d'après un dossier de partage du comte Robert de 1318, en tête d'un petit registre en parchemin.
Archives de Lille (2).

Dunkerque (3)	*Gravelines*
Bornhem	*Bourbourg*
Bruigny	*Berghes*
Alluye	*Nieuport*
La Basoche	*Deinze* ou *Donze*, etc.

(1) **Observation.** — Dans le diplôme pour ses fils Louis et Robert aux archives de Gand, l'acte commence ainsi :

« Et nous Robiers cuens de Flandre, a la resqueste de nos
» enfants dessus nommeis avons as choses dessus dictes mis nos
» autoritei et assentiment. »

(2) Registre côté B 484, Chambre des Comptes de Lille; il est à consulter pour ce qui regarde les inventaires du partage de Flandre et de l'apanage de Robert.

(3) *Nota :* Les localités ici soulignées en italique sont la Flandre la plus occidentale (West-Quartier). Les autres noms de localités en tête de la liste sont du Perche Gouet (Orléanais); les six dernières sont situées dans le Grand-Perche et du ressort de Nogent-le-Rotrou (Maine).

Auton	Nogent (le Rotrou)
Montmirail	Revere ou Renère
Cassel	La Ferrière et
L'Espier de Cassel	Morlandon
La Bourre	Montigny et
Watenes	Neuviller
Nieppe	
Warneton	
Estaire et *Steenwerck*	

L'inventaire des registres de la Chambre des Comptes de Lille, vol. 1, désigne beaucoup de documen's concernant partage, tels que ceux an D. 257, et aussi les documents concernant la seigneurie de Cassel de 1322 et année suivante L. 937.

IX

Autre estimation de biens adjugés à Robert.

Le lendemain de la St-Denis de l'an vint et neuf (10 octobre 1329). — Prisée faite par Jean de Scrivere, des revenus des églises, cousteries, écoles (1), hôpitaux et maisons de Dieu, dépendantes des villes et châtellenies de Cassel, tels qu'ils devront être adjugés à Robert de Flandre, seigneur de Cassel, quand l'enquête ouverte à ce sujet sera terminée.

(1) *Ecoles.* On voit dans cet acte qu'il y avait à Cassel des écoles, celles de Saint Pierre et de Notre-Dame, une à Hazebrouck et une à Merville.

— Copie d'un rôle envoyé à Paris, le 25 décembre même année (1).

X

Lettres du comte Robert III dans laquelle il est dit qu'à la requeste de Louis, comte de Nevers et de Rethel, son fils ainé, il donna audit Robert, son fils, pour la succession de lui Robert son père et d'Yolante sa mère, et de la Royne de Cecille, sa tante, dix mille livres de terre héritable de parisis au vieil et ancien prix : lesquels il lui avoit assigné sur les villes et châtellenies de Cassel, Niepe, Warneston et le transport du west-pays de Flandre.

Les dites lettres furent données le second jour du mois de juin mille trois cent vingt.

— Pièce citée par de Lespinoy à sa page 52, mais que nous croyons être un sommaire de celle citée par nous à la page 24 de notre notice sur l'*Apanage de Robert de Cassel.* — Et de la pièce justificative : *Volontés du comte Robert* qui suit :

XI

**Volontés de Robert de Béthune touchant
son partage** (2).

1320, à *Courtrai, le 2 juin.* — Lettres de Robert, comte

(1) Voir M de St-Génois. Dans son volume 1, page 437, de l'*Inventaire analytique des Archives de Gand,* on trouve un acte semblable, aussi daté de 1329. Mais nous pensons que cette date est erronée et doit être 1319 ?

(2) Au carton B, 1335 des Archives départementales du Nord, il y a une pièce aussi à consulter pour le partage du comte de Flandre et la constitution de l'Apanage de Robert de Cassel.

10

de Flandre, contenant que, désirant avant son trépas, assurer la paix à son pays et pourvoir à la concorde et amitié qui doit être entre ses chers enfants, Louis comte de Nevers et Robert de Flandre son frère, leurs hoirs ou successeurs, ôter toutes occasions de matières de querelles et débats qui pourraient naître entre eux, après son trépas à cause de successions qui leur sont échues par la mort de dame Yolande, comtesse de Nevers, leur mère, et de Madame Marguerite, jadis reine de Sicile et comtesse de Tonnerre, leur tante (1) à la requête de ses dits enfants et de leur consentement, il ordonne et divise entre eux les dites successions, donne et assigne à Robert son fils puîné, pour sa portion et pour tout le droit que le dit Robert pourrait prétendre ès-dites successions paternelle et maternelle et de sa dite tante, 10,000 livres de terres et rentes en héritages au parisis vieux et d'ancien prix; pour lesquelles il lui assigne Dunkerque et ses dépendances; le château, ville et terre de Bornehem, la baronnie de Brougny en Champagne; la baronnie d'Alluy et de Montmirail en Perche (2) le châtel, ville et châtellenie de Cassel, avec toutes les terres de Labourre et Watenes; le châtel et la terre de Bois-de-Nieppe; le châtel, ville et châtellenie de Warneston et du Pont d'Estaire, la ville de Gravelines; la ville et châtellenie de Bourbourg, et ès-lieux dessus dits aura le

(1) La comtesse Marguerite partage ses principaux biens entre ses neveux *Louis* et *Robert* fils de Yolande comtesse de Nevers et Jean de Châlon, autre neveu, né de sa sœur Alix, comtesse d'Auxerre : à celui-ci fut dévolu le comté de Tonnerre, il sera parlé de ces dispositions testamentaires à la fin de ce travail.

(2) Ces *baronnies du Perche* sont comprises pour certains détails, dans nos dernières notes sommaires qui suivent les présentes pièces justificatives.

dit Robert, tous cas appartenant à noblesse de seigneur dont ont usé ses prédécesseurs, sauf la souveraineté réservée aux comtes de Flandre pour les 2,130 livres 11 s. 10 d. qui restent encore à asseoir, et baille au dit Robert son fils, les villes et appartenances de Bergues, de Nieuport et de Donze qui seront prisées incessamment, avec faculté de rachat pendant huit ans. Il lui donne aussi 20,000 liv. une fois payées en considération de la renonciation au comté de Flandre, en faveur de Louis son neveu, fils de son frère Louis, en cas que son dit Louis vint à mourir avant lui, etc.

Au moyen du présent partage, ledit Robert renonce aux terres de Grammont, Quatre Métiers et pays de Waes qui lui avaient été assignées ci-devant.

Jeanne de Flandre, fille du comte Robert, veuve du Seigneur de Coucy, consentit à toutes ces choses comme la plus prochaine héritière après ledit Robert.

Orig. en parch. — Inv^re des chartes de la Chambre des Comptes de Lille. T. VI.

XII

Résumé de ce qui concerne le partage de Flandre fait en 1320 par le comte Robert de Béthune.

L'ensemble des domaines énumérés à l'introduction des pièces justificatives fut dévolu par succession ou autrement au comte Robert III, nous le savons déjà : ils formaient la Flandre occidentale extrême, c'est-à-dire tout ce qui était compris entre l'Aa à l'ouest, la Lys au sud et au sud-est et la mer (1).

Voyons à présent, en peu de mots, comment se fit le partage de Flandres, quels furent ses motifs et de quelle manière Robert de Cassel fut gratifié à titre d'apanage, des droits sur une grande partie de la contrée flamande de Flandre.

Par cet arrangement, le comte Robert de Béthune, pouvant agir en toute liberté, partagea définitivement sa succession entre Louis et Robert, en tâchant de ne léser ni de diminuer en rien l'intégrité essentielle de son comté.

Des différends ayant été terminés entre Robert III, et Philippe-le-Long, en 1316 et 1317 (2) ce comte étant à Furnes et voulant exécuter la promesse qu'il avait déjà faite, *d'assurer ses états*, songea de nouveau à faire un partage de son bien entre ses deux fils, et cela avec d'autant plus d'empressement qu'il s'était douloureusement aperçu de la mésintelligence et des rivalités qui régnaient entre son aîné Louis de Nevers et de Rethel et son cadet Robert, à cause de ses premiers projets principalement.

Il prévit les tristes conséquences de cet état de choses. Désirant un repos durable dans sa famille, il s'occupa plus sérieusement de ce partage en 1318. Des dénombrements furent rédigés dans cette intention.

(1) On a mentionné dans l'inventaire des registres do la Chambre des Comptes de Lille, vol. I, p. 200 (avec un petit registre des anciennes coutumes de Cassel de l'an 1276, C. 553) la citation d'hommages de 1320 et suivantes années (D. 257), puis les dénombrements servis à Robert de Flandre et autres papiers concernant la seigneurie de Cassel de 1322 et suivante année (L. 937).

(2) Voir aux Archives de Flandre, à Lille, acte du 25 novembre 1317. — Orig. en parchemin, scellé.

La prisée détaillée des villes et châtellenies du West-Quartier de Flandres et d'autres lieux voisins, fut faite à Dunkerque, le 7 septembre de cette année (1); après que le comte de Nevers et Robert son frère, déclarent, en présence de leur père, ratifier et approuver cette prisée et reconnaissent qu'elle a été faite d'après les lois et usages du pays : ils y apposent leur sceau et prient le comte Robert, leur père, d'y apposer également le sien.

Cet acte énumère tout l'avoir qui échut au puîné, dit Robert de Cassel; par là, le comte espéra neutraliser, de son vivant, les contestations qui pourraient s'élever encore plus tard.

En 1320, un autre acte, plus solennel, fut passé à Courtray, par lettre de Robert de Béthune datée de cette ville, du 2 juin (2). Il y est dit que : « Robert III, comte de Flandres, désirant » avant son trépas qui approchait, assurer la paix de son pays, » et pourvoir à l'amitié qui doit exister entre ses chers enfants... » donne et assigne à Robert son fils tous les biens spécifiés dans » l'acte précédent, etc. » (3).

Il n'est pas inutile de dire ici que le comte Robert avait déjà en 1315 assigné, pour après sa mort, le comté à son aîné Louis de Nevers en le chargeant de fournir à son frère Robert mille livres de terre, il avait désigné à cet effet, comme part héré-

---

(1) « La nuit Notre-Dame, septembre, mil trois centz et dissewyt. » — Pièce citée par M. de St-Génois, original de 15 feuilles de parchemin, N° 1359. Archives de Flandre orientale. — Voir la pièce justificative IX de notre mémoire sur l'*Apanage de Robert de Cassel*, 1864, les suivantes et la pièce ci-jointe.

(2) Voir aux pièces justificatives ci-jointes, le N° IV? Volontés du comte Robert, touchant son partage.

(3) C'est-à-dire aux dispositions testamentaires faites par le comte Robert à Dunkerque en 1318. — Voir l'histoire des comtes de Flandre de M. Ed. Leglay, T. II, p. 347.

ditaire de ce dernier les terres d'*Alost*, de *Grammont* et des *Quatre-Métiers* (1); mais ayant été forcé de prendre d'autres mesures, commandées par des circonstances urgentes assez connues, il constitua l'apanage de son cadet, Robert, sur certaines autres terres de la Flandre, en compensation des avantages accordés à son neveu, ce qui fut suivi bientôt de l'acte passé à Courtray, en juin 1320, où il fut dit que son fils Robert aurait dix mille livres parisis de rente pour lesquelles lui furent assises en *apanage* les villes de *Dunkerque*, de *Bourbourg*, *Gravelines*, *Cassel* et châtellenies, le *Bois de Nieppe* et autres, à condition de vassalité ou d'hommage au comte de Flandres et de reversion en cas de mort sans postérité, ce que Robert de Béthune ratifia au mois de juillet de la même année, étant à Paris (2).

Le roi de France, Philippe-le-Long, approuva cet arrangement de partage, au mois de juillet suivant, ainsi que le constate notre pièce justificative qui suit l'acte de partage.

Une condition aussi acceptée par Robert de Cassel était de renoncer à ses prétentions sur le comté de Flandre en faveur des enfants de son frère, en cas de mort de celui-ci, père de Louis de Nevers, dit de Crécy (3). L'histoire dit assez comment ces arrangements et promesses furent tenus et quelles ont été les prétentions ultérieures de Robert.

---

(1) Voir la fin de la pièce justificative précédente concernant les *volontés de Robert de Béthune,* touchant son partage.

(2) En même temps qu'il y confirma tous les traités faits par son père et les communautés de Flandre avec la France (Père Anselme, T. II).

(3) Ainsi nommé parce qu'il mourut à la bataille de Crécy en 1346, et lorsqu'il était déjà depuis 24 ans comte de Flandre.

XIII

Prisée de Bergues, Nieuport, etc.

1322, *Avril, à Courtrai.* — Lettres par lesquelles Louis, comte de Nevers et de Rethel, et Robert de Flandre, son frère, fils du comte de Flandre, nomment des commissaires pour faire la prisée des villes et châtellenie de Bergues, Nieuport et Donze, qui doivent être cédées audit Robert pour compléter les 10,000 livrées de terre que le comte de Flandre, son père, lui avait assignées pour son partage.

Copie en parch. Inv. des Chartes de la Chambre des Comptes de Lille, T. VI.

XIV

Warneton, Pont-d'Estaires, etc.

1322, *le vendredi après Pâques closes, à Courtrai* (18 avril). — Mandement de Robert, comte de Flandre, à Robert son fils, de recevoir l'hommage de messire Jean de Haveskerke, chevalier, sire de Watenes, pour tous ses fiefs situés ès-châtellenies de Cassel, Warneton et du Pont-d'Estaires, qui avaient été mis en la main dudit comte, et desquels il lui a fait remise, à l'exception du fief de Rubruce, acquis par Gilles, père dudit Jean, et de Jean de la Wastinne.

Orig. en parch. Inv. des Chartes de la Chambre des Comptes de Lille, T. VI.

XV

Variante de la pièce concernant l'accusation de Robert de Cassel, contre son frère Louis de Nevers.

Cette pièce curieuse (1) a rapport à une accusation très grave de Robert de Cassel contre son frère aîné Louis de Nevers, qui eut lieu vers le milieu de 1320 selon des auteurs. Nous en avons parlé au chapitre concernant le comte Robert de Flandre leur père, à la date de 1320, immédiatement après les détails qui concernent le partage de Flandre et l'apanage de Robert.

Voici l'extrait du manuscrit de la Sorbonne :

Robert de Béthune, menacé d'être empoisonné par un jeune homme envoyé par son fils aîné Louis, ordonna à son second fils Robert de Cassel, de réprimer le projet de conspirateur qui avait pour complice frère Gautier de l'ordre des Ermites de St-Guillaume.

Robert de Béthune aimait beaucoup ce moine, qui pour l'en récompenser avait projeté de livrer toute la Flandre au roi de France.

Robert de Cassel ordonna aussitôt que son frère fût arrêté à Bornhem, au retour d'un voyage qu'il venait de faire près du duc de Brabant, et qu'on le conduisît au château de Rupelmonde. Puis en vertu de l'autorité qui lui avait été déléguée, il fit écrire des lettres ainsi conçues :

(1) Extrait du manuscrit de la Bibliothèque de la Sorbonne fourni par notre savant ami M. A. Parrot d'Angers.

Une autre narration du même fait, se trouve au chapitre qui précède celui-ci. Pièce justificative N° XI du *Texte de Robert de Béthune,* page 24.

« Nous vous mandons que, ces lettres venues sans délay,
» vous faciez couper la teste à Loys, nostre fils, et si vous ne
le faictes, nous nous en prendrons à vous. »

Le chancelier de Flandre refusa de la sceller, mais Robert
de Cassel prit lui même le sceau et l'apposa sur la sentence
de mort.

« Quant le chastelain eust leu la lettre, il ala au comte de
» Nevers et luy dist : « Sire moult une poise de ce que faire
» me convient. Vécz que monseigneur vostre père m'envoye et
» lisez. Quand le comte de Nevers eut ces lettres lues, s'y dit :
» Ha pour Dieu ! chastelain, ne vous hastez mie, car je ne
» crois mie que monseigneur sache rien de ces lettres. Lors
» dit le chastelain : Sire pour l'amour de vous, je me mettray
» en aventure et iray scavoir à vostre père, s'il a accordé ces
» lettres, et s'il est ainsi qu'il l'ayt advoé, je bailleray le
» chastel à aucun gentilhomme, et m'en iray a tout mon avoir
» hors du pays.

« Le chastelain monta (à cheval) si ne finit tant qu'il vint à
» Mâle où le comte de Flandre estoit, et il lui montra la
» lettre, disant : Sire, j'ay fait vostre commandement, car je ne
» l'ossay trespasser. Quant le comte l'entendit, s'y commença à
» crier : Hélas ! ! Le Chastelain le veit si grand douleur d'amener
» s'y lui dit : « Sire, pour Dieu, soyez à paix, vostre fils est
» encore vivant. »

Obs. Un chroniqueur Liégeois parle de Robert de Cassel
dans une autre circonstance postérieure, il l'accuse aussi d'avoir
voulu s'emparer du comté de Flandre en tâchant de perdre
son frère aîné. Cette tentative d'assassinat, y est-il dit, avait
été imaginée par lui, afin de circonvenir son vieux père...? Du
reste, où sont les pièces authentiques qui le prouvent ?

Des écrivains semblent avoir beaucoup défiguré ces faits (1).

Quoi qu'il en soit, la conduite déplorable du fils ainé du comte Robert de Béthune, en beaucoup de circonstances, militait contre lui, et malgré cette attestation il pouvait être regardé comme coupable de ce fait. Ainsi par exemple, en 1312, janvier (V. S.) Philippe IV roi de France ajourne Louis fils ainé de Robert comte de Flandre pour comparaître à sa cour et y répondre à une accusation de trahison contre lui. — B. 515.

Il y a pour 1313, avril (V. S.) un acte notarié portant appel au Pape par Louis comte de Nevers, au sujet de griefs contre son père Robert comte de Flandre. — B. 524.

En 1319, novembre, Louis comte de Nevers et de Rethel, condamne à plusieurs pèlerinages en Provence et en Écosse, Watier-Maisière de Courtrai qui avait battu sa femme parce qu'elle avait reçu, à jouer chez elle ledit comte et sa compagnie.... ! — B. 555.

La conduite de ce Louis envers sa femme n'était pas moins blamable, ses dépenses folles l'avaient ruiné, au point que Jeanne de Rethel dut renoncer à sa succession et au payement de ses dettes. — B. 577.

(1) Un acte notarié d'avril 1322, conservé aux Archives du Nord constate que Jean comte de Namur, en présence du comte de Flandre et de plusieurs chevaliers, a déclaré Louis de Nevers innocent des crimes dont on l'avait accusé — B. 575.

— 1319 ? 17 décembre. — Il y a à cette date un extrait de la chronique de l'abbaye de St-Bertin, à St-Omer, touchant les trahisons que Robert de Cassel fit à son frère ainé Louis, comte de Nevers, tous deux fils de Robert comte de Flandre, et la mort du même Louis de Nevers. Mais est-il croyable que Robert ait agi avec tant de cruauté?

Inventaire de la Chambre des Comptes de Lille, T. XI, p. 411 et B. 1090 (Carton).

Nous n'avons pas à nous occuper autrement du comte Louis de Nevers et de Rethel, seulement nous aimons à croire avec preuves que ce n'est pas sans motifs que son frère Robert a agi contre lui, mais rien d'authentique ne prouve qu'il l'ait fait aussi cruellement, malgré son ambition évidente.

XVI

Statuts et règlement pour la châtellenie de Cassel, 1324.

Che sont li Estatut ordené en l'enqueste faite à Cassel, le quart jour du mois de jullé l'an de grâce MCCCXXIV, et juré par Jean Tote, a dont Bailli de Cassel, par vertu d'une lettres dont la forme est teele qu'il sieuvent :

« Nous Robert de Flandres, sire de Cassel, de la Baronnie
» d'Aluye et de Montmirail en Perche, faisons savoir à tous que
» nous avons mis et establi, mettons et établissons pour nous
» et en no lieu, no amé Varlet Jehan Tote, no bailli de Cassel,
» présentement de ches lèttres et li avons donné et donnons
» plain pooir et mandement spécial, pour tenir tant que cheste
» foys seulement *no générale enqueste* (1) *de toute no châ-*
» *tellenie de Cassel et des appartenanches,* et pour jurer
» en l'âme de nous tels sermens que droit et coustume du
» pays requiert, et que no enchiseur ont accoustumé à faire

(1) Enquête (en flamand *bezoûce*), assemblée générale des échevins de toutes les communes composant la châtellenie, qui rendaient les décisions et prenaient des arrêtés sur toutes les enchères concernant les affaires judiciaires et administratives. — *Essai historique sur le hoop.* M. E. De Coussemaker.

» en che cas, et pour faire en bien de nous et pour nous tout
» che qu'il appartient faire en che cas, selone les ùs et cous-
» tumes du pays et que nous maismes feriesmes en faire por-
» riennes, se présent y estiennes. Et promettons à avoir ferme
» et estable tout ce que par no dit bailli fait et juré sera sur
» les causes dessus dictes et touchant y celles, sauve nostre sei-
» gneurie et nostre hyretage. Mandons et commandons par
» ches présentes lettres à tous à qui che touche on poet
» touchier que il en che faisent, entendent et obéistent à no
» dit bailli diligemment par le tesmoin de ches lettres scellées de
» notre scel. Donné à Cassel le quart jour du mois de
» jullé, en l'an de grâce MCCCXXIV. »

Observation concernant la pièce justificative XVI.

Dans le Bulletin du Comité flamand de France, Tome VI,
N° 11 et à la page 435, où il est question de la séance du 4
juillet 1874 du comité à Dunkerque, M. le marquis de Menil-
glaise, annonce qu'il a rencontré dans les archives de ses
pères, les *Godefroy*, un document, à l'état de copie, daté
du 4 juillet 1324 (1). C'est une sorte de statuts en 57 articles,
pour la châtellenie de Cassel dressé après enquête par le
bailli Jelan Tote, commissionné à cet effet par Robert de
Flandre, seigneur de Cassel : Statuts civil, criminel, de
procédure et de police, comme un *édit du préteur*, il est
rédigé en français, mais estropié et mêlé de maintes locutions
flamandes.

(1) L'inventaire sommaire des Archives départementales du Nord
le mentionne (T. 1. p. 100) comme reposant dans le carton N° 599.

XVII

Robert de Cassel, comte de Flandre.

Carolus IV cognomento pulcher, Rex Galliæ, disponit de comitatu Flandriæ in favorem Roberti Casletani, anno 1322.

(A. Miræus, V. I, p. 780.

1322. « Carolus, Dei gratia, Francorum et Navarræ rex, universis
» presentes litteras inspecturis salutem, notam faciemus, quod
» cûm *Robertus* de Flandria, miles filius defuncta Roberti
» quandam comitis Flandriæ, tanquam proximior et unicus su-
» perstes ejus filius, ut dicebat, diceret se esse saisitum, per
» consuetudinem patriæ notariam, quâ dicitur, *quod mortuus*
» *saisit vivum*, de comitatu et patria Flandriæ, etc. Ex una
» parte, etc.

» Datum millesimo trecentesimo vicesimo secundo. »

(Miræus, T. I, p. 308).

Nota. Ces passages prouvent que Robert de Cassel, en vertu de ses démarches (1) près du roi *Charles-le-Bel* fut investi par ce monarque du *comté de Flandres;* mais cette décision fut bientôt infirmée par le Parlement.

On voit que ces lettres du roi Charles sont de la date de 1322, mais le mois, le jour n'y sont pas mentionnés, ce qui donne du doute sur l'époque précise de cette affaire (2) toutefois elle a été postérieure à septembre, qui fut le mois où mourut le comte Robert de Béthune.

(1) *Robertus, cognomento Casletanus, Roberti Betunii Flandriæ comitis filius, pretendit sibi deberi comitatum Flandriæ, anno 1322.*   Miræus, T. I. p. 308.

(2) On trouve 20 janvier dans Galland, Faulconnier, et aux archives de Flandre, ou du Nord, à Lille.

XVII bis

Quelques mots d'explication sur la conduite que tint Louis de Nevers vis-à-vis de son oncle.

1324. — Le comte avait été prisonnier de ceux de Bruges pendant six mois, et ce fut dans ces intervalles que les brugeois allèrent chercher Robert de Cassel dans sa retraite de *Ter Wael*, l'invitant à se faire chef de leur insurrection, et lui déléguant le titre de *Rewaerd de Flandre* avec le commandement absolu de toutes leurs forces. Robert accepta cette dictature, mais ce qu'il en faisait n'était, d'après Robert, que pour sauver la vie du comte Louis. La déclaration est officielle.

Cependant le roi offensé de la détention du comte de Flandre par ses sujets et les Brugeois étant vaincus dans une action assez générale se déterminèrent à demander la paix et à implorer leur pardon du comte.

Celui-ci fut rendu libre en 1324. Il délivra ses lettres de pacification approuvant tous les actes accomplis par Robert durant son administration : c'est M. J. Carlier qui le dit (1).

Robert voulant sincèrement se reconcilier avec son neveu et par suite se justifier vis-à-vis du roi, adressa aux maréchaux, lieutenants du roi un mémoire sur tous ces actes, pendant les troubles récents de la Flandre, depuis Noel 1324 jusqu'à décembre 1325 ; il fit voir comment ils avaient été uniquement inspirés dans l'intérêt du comte son neveu.

(1) D'après les Archives dép. du Nord. B. 661.

Les maréchaux ayant accepté la justification de Robert de Cassel, en mars 1325, permirent de faire cesser toutes les poursuites du roi et du comte à son égard.

Robert adressa aussi directement au roi le 20 mars 1325, selon les archives du Nord (B. 612), une déclaration dans laquelle il protestait de son respect pour les traités conclus entre la Flandre et la France et justifiait sa conduite en ces termes.

« Ce que nous avons faicts au gouvernement dou pays de
» Flandre en y tenant lieu de nostre cher seigneur et neveu
» nous l'avons faict en bonne foy pour sauver la vie, le
» héritage et le droict de nostre cher seigneur. »

Robert de Cassel ajoutait, selon Galland, « qu'il était prest
» toutes fois et quantes, demander au roy tout ce qu'il lui
» ploiroit, s'il trouvoit qu'il eust failli. »

Le roi Charles déclara, par lettres d'avril 1325, avoir reçu les excuses de Robert de Cassel, au sujet des troubles et ordonna de surseoir à toute procédure contre lui.

Le comte Louis leva à cette époque toutes les saisies sur les terres de Robert situées en Flandre occidentale.

XVIII

**Dénombrement des biens de Robert, duc de Bar,
fils d'Yolande, en Flandre orientale.**

(pour mémoire).

1406. C'est le dénombrement des chastel, chastellerie, seigneuries, terres, rentes, revenus et possessions, noblesses haulteurs et justices que je Robert, duc de Bar, seigneur de Cassel, tiens et avoue tenir en Flandres, en ce qui est tenu de l'empire, de mon très cher et grand seigneur, Monseigneur le duc de Bourgogne, comte de Flandre, d'Artois et de Bourgogne, c'est assavoir :

Les chastels, chastelleries et terres de *Bornhem* et des appartenances à cause *Viezbourg de Ghandt,* et les terres de *Roddes, Muntes, Boëtelaer et Melle,* et leurs appartenances, à cause de la comté d'*Olon,* qui furent baillées en partage par Mgr Robert, jadis comte de Flandre, à feu de bonne mémoire mon grand seigneur et père messire Robert, que Dieu absouile, fils mainsné dudit comte et frère de messire Lois, jadis comte de Nevers et de Rethel.

Lesquelles terres je tiens et possède à cause de la succession de feue ma très chère et aimée dame et mère, à qui Dieu pardoin, Madame Iolande de Flandre, comtesse de Bar et dame de Cassel, fille dudit messire Robert de Flandre, etc.

Donné à Bar, le second jour du mois de novembre l'an MCCCVI.

Voir A. Galand. — Dom Calmet. — A. Duchesne.

XVIII bis

1328, *le mardi, veille de St Mathieu, apôtre* (à Lille, 20 septembre). — Main-levée donnée par Jean de Vienne, élu évêque d'Avranches, et Gaucher de Chastillon comte de Portieu, connétable de France, à Robert de Flandre, sire de Cassel, de la terre et seigneurie de Cassel, que le roi avait saisies et mises en sa main, à cause de la révolte de ce seigneur.

Inv. des chartes, Chambre des Comptes de Lille, T. VII.

XIX

**Lettres du Roi de France, Philippe de Valois, de 1328,
10 décembre, à Vincennes, en latin.**

Sommaire. — Par ces lettres le roi Philippe VI donne à
Robert de Flandre, seigneur de Cassel, le tiers des biens que ce
roi avait fait confisquer sur ceux qui avaient combattu contre
lui à la bataille de Cassel, pour en jouir dans les lieux
à lui appartenant, et où ce seigneur avait haute justice; et
à l'égard des lieux où la haute justice lui était disputée,
Philippe de Valois ordonne que le dit tiers sera consigné par
les commis à la recette des confiscations pour être délivré à
qui il appartiendra.

Orig. en parchemin.
Inventaire de la Chambre des Compes de Lille, T. VII.

XX

**Ordonnance du roi Philippe de Valois, qui règle les droits
respectifs de Robert de Flandre et des Seigneurs
de la châtellenie de Cassel (1)**

1330. — Ph. Dei gratia Francorum rex, universis presentes

(1) Le savant M. Leglay, notre ami, l'ancien conservateur des
archives du Nord, a trouvé cette pièce précieuse en avril 1862,
parmi les parchemins, encore non classés, de la riche collection
de ce palais. Ce très regretté collègue de la Commission historique
a bien voulu nous en donner communication, peu de temps avant
sa mort. Ce titre a utilement déjà servi dans notre mémoire de
1864, sur l'*Apanage de Robert de Cassel*, et il est indispensable
ici.

litteras inspecturis salutem. Notum facimus quod cum D. de
Havesquerque et de Bellavallæ, D. de Pesnes, Johannes de
Havesquerque. D. de Watenes, D. de Montiniaco, Johannes de
Heuchin, D. de Stienes, D. de La Bourre, Ph. de super capellam,
et Johannes de Berquin, in curia nostra proposuissent conquerendo
quod licet ipsi eorumque predecessores tempore guerrarum
Flandrensium cum predecessoribus nostris et de parte nostra,
ut fideles, obedientes ac subditi semper fuerint et adhuc sint,
ac propter dictas guerras multa dampna sustinuerint ac etiam
gravamina, eisque promissum fuerit et in diversis pacis tracta-
tibus expressatum seu etiam ordinatum quod eorum jura et bona
omnia in statu quo erant ante tempus dictarum güerrarum ille
sa servarentur, ut dicebant, haberentque et habeant in pluribus
eorum villis et districtibus scabinatus in quibus scabinos creare
consueverunt ab antiquo, qui eorum judicia facere suis propriis
sumptibus et expensis sustinere conserverunt et tenentur, ac
pluribus aliis redibentiis et serviciis sint astricti, certarum etiam
scolarum collatio, leprosariarum, domorum Dei et hospitalium
administratio ad eos pertineat jure suo, Nichilominus dilectus
et fidelis noster Robertus de Flandria, Miles et D. Casselli, ipsis
ignorantibus nec vocatis, scabinos per eos in eorum villis et
destrictibus sic creatos penitus admovit usque ad ipsius militis
volontatem et revocationem, dictos scabinos non permittens uti
jure scabinatus certos ballivos, prepositos et alios officiales in dictis
villis ponendo ac instruendo de novo dictarum étiam scolarum
collationem domorum Dei hospitalium et Leprosariarum adminis-
trationem eidem reservando ac plura alia ordinando in dictorum
conquerentium prejudicium atque dampnum et eorum exhereda-
tionem ac contra tractatus dicte pacis veniendo, ut dicebant. Sup-
plicantes eisdem de remedio opportuno provideri, et quod ipsi in

eorum juribus et statu quo erant ante tempus guerrarum predic-
tarum servarentur : Dicto Roberto e contrario proponente quod
cum subditi conquerentium predictorum et alii de chastalania
Casselli plura enormia et diversa crimina contra ipsum eorum
dominum et plures alios commisissent seque ejus ordinationi sive
dicto supposuissent ac submisissent plenarie voluntati, dicta crimina
confitentes commisisse eorumque christi gentibus dementis ac
de eorum assensu dictos scabinos admoneat ipsosque scabinatus
jure privaverat ad ipsius voluntatem seu revocationem, certasque
alias penas seu emendas eisdem imponendo secundum qualitatem
criminum per eos commissorum et quod predicta facere potuerant,
cum ad ipsius solum ut eorum dum dictorum criminum pugnitio
pertinet et esse pertinet, ut dicebat. Dictis vero conquerentibus
e contrario replicantibus quod licet subditi seu habeantur casta-
lanie predicte se ordinationi, voluntati sive dicto prefati Roberti
supposuissent, se etiam submississent, hoc tamen facere non
potuerunt in eorum conquerentium prejudicium nec possent in
eos facere sententiam seu aliud ordinarie per quod suo jure
privarentur conquerentes prédicti cum non derelinquerent in
aliquo, plures etiam rationes allegando. Auditis igitur predictis
partibus, ac rationibus huic inde positis, visisque submissione
et ordinatione seu prenotione prédictis, per arrestum cure nostre
dictum fuit quod prefati Roberti ordinatio sive dictum non
ligat nec ligare potuit conquerentes predictos nec eis prejudicium
facere, et quod possunt et poterunt scabinos procreare in eorum
villis et dictrictibus; dicti quoque scabini per eos creati uti
poterunt scabinatu ad utilitatem dictorum conquerentium prout
poteront ante ordinationem et dictum predictum, nec non uti
collationibus scolarum, administrationibus Leprosarium, hospitalium ac domorum Dei, prout antea poterant, non obstantitibus

ordinatione sive dictis predictis quam seu quod quatenus tangit prefatos conquerentes et eorum jura dicta omnia penitus adnullavit. In cujus rei testimonium presentibus litteris nostrum fecimus apponi sigillum. Datum Parisius, in Parlamento nostro dei quinta maii, anno Domini MCCC tricesimo.

Copie du temps, Chambre des Comptes de Lille.

XXI

Légende historique, **qui peut prouver aussi que** *Robert de Cassel* **fut persécuté par Louis de Nevers, comte de Flandre, les années qui suivirent la bataille de Cassel de 1328, comme cela été dit à l'article concernant** *son administration et ses justices, etc.*

L'an 1329, grand émoi régnait parmi les bourgeois et manants de Warneton depuis quelque temps, un homme était arrivé dans la ville, accompagné seulement d'un petit nombre de serviteurs. Il avait l'air et les traits distingués; ses gens ne lui parlaient qu'avec un profond respect, et quelques-uns regardaient les passants et les curieux d'un œil si hautain, que force était aux indiscrets de passer rapidement, et d'emporter inassouvie cette démangeaison de tout savoir, si commune dans les localités peu populeuses.

Un jour pourtant, il arriva que des soldats de *Louis de Nevers* passèrent à Warneton et apprirent aux habitants qu'ils cherchaient à appréhender au corps un félon, un traître, un rebelle, que ce grand coupable devait se trouver dans la ville et que le très puissant comte *Louis de Nevers* saurait gré aux bourgeois et manants de le débarrasser d'un compétiteur.

Les émissaires voulaient désigner *Robert de Cassel*, qui était, en effet, le personnage mystérieux qui était venu cacher sa défaite et sa grandeur avortée sur les bords paisibles de la Lys.

Ces paroles avaient donc éveillé l'attention et la défiance des gens de Warneton. L'on se demandait où pouvait être l'ennemi du comte de Flandre, l'audacieux usurpateur de ses droits. Dans le populaire, les rumeurs vont leur train.

Quelqu'un s'avisa de s'écrier : Mais, c'est lui, c'est cet étranger dont les gens sont si fiers, et qui ne se montre jamais, comme s'il était maudit. — Oui, c'est lui, vociféraient d'autres assistants, sus au traître !

Et bientôt une foule nombreuse grossièrement animée se dirigea vers la demeure de Robert, bien déterminée à le prendre mort ou vif, et à faire à ses gens un mauvais parti.

Cependant les soldats n'étaient pas venus seuls à Warneton. Quelques personnages de la cour y étaient aussi de passage. L'un d'eux vit passer sur la place la multitude exaspérée, et s'informa de quel dessein elle était animée.

Bientôt il sut que le populaire marchait sur l'habitation de Robert de Cassel dans l'intention de le massacrer : Cela ne sera pas, dit-il, et, sur un signe, il fut suivi de deux pages, et descendit précipitamment dans la rue.

Arrivé bien avant la foule à la maison de Robert, il s'enquit aussitôt où était le maître de céans.

Robert parut bientôt. — Sire de Cassel, dit le nouvel arrivé, excusez-moi, mais le temps presse. Quittez votre demeure, fuyez loin d'ici, il y va de votre vie.

— Je ne comprends pas cette terreur subite, messire, répondit Robert.

— Vous ne tarderez pas à la comprendre. Seigneur.

En effet, les vociférations de la foule se faisaient entendre.

— Ils en veulent à votre vie, reprit le visiteur, suivez-moi; personne ne vous touchera en ma compagnie, et quand l'orage sera passé, vous reviendrez à Warneton.

— Pour suivre ce conseil, je devrais savoir qui me le donne, reprit Robert, devenu soucieux. Est-ce un ami qui me parle ?

— Je suis le chancelier de Louis de Nevers, votre rival heureux, mais je ne veux pas que mon maître soit déshonoré par votre mort.

— Je vous crois et je vous suis, messire chancelier.

Il était temps. La foule en délire menaçait de tout briser. Robert et son sauveur sortirent par une porte dérobée, et quand la multitude entra, elle ne trouva plus de victime à frapper.

On sait que Robert revint plus tard à Warneton. Louis de Nevers fut instruit de ce qui s'était passé. Il interrogea son chancelier sur les motifs qu'il avait eus de faire évader Robert de Cassel, au lieu de le laisser assassiner par les habitants de Warneton. Le ministre répondit au maître : « Pour sauver votre honneur. »

D'indignes chaînes devinrent le prix de cette réponse si simple et à la fois si belle. Nous regrettons de n'avoir pu découvrir le nom de ce vertueux ministre flamand (1).

(Villaret, Histoire de France).

(1) Cette anecdote a été racontée diversement, par des auteurs anciens, en outre *J. Carlier* fixe ce fait à l'année 1324, ce qui est peu probable, quoique le comte Robert de Béthune fut mort dès septembre 1422.

Galland parle de cet épisode d'après *J. Meyer, Sneyro, Belleforest, Nilegilles,* etc.

XXII

Extraits du testament de Robert de Cassel.

Nous allons donner un extrait du contenu du testament de Robert de Cassel pour ce qui regarde principalement ses dons en faveur de Cassel et des autres localités de premier ordre de la Flandre occidentale qui appartenaient à son apanage.

Le dernier testament de Robert de Flandre fut faict à Montgny en Perche, le jour de la Trinité, l'an de grâce, MCCCXXXI. Nous savons qu'un autre avait été rédigé par lui quelques jours avant la bataille de Cassel de 1328 (1) mais il fut modifié depuis avec codicille. Ce testament est conservé aux Archives départementales du Nord à Lille (2); il est sans *scel ni signature*, si on ne peut prendre pour telle la lettre chiffre R enjolivée de paraphes placée au coin inférieur gauche de ce manuscrit sur parchemin.

Il est en français sauf l'inscription finale étendue du notaire, qui est en latin, ainsi que les premières lignes de cet acte (3).

(1) Par un sinistre pressentiment Robert avait consigné alors sur un écrit testamentaire de nombreux legs qu'il voulait faire à toutes les communautés religieuses de ses seigneuries leur demandant des prières pour le repos de son âme.
Ce premier testament se termine ainsi : Che fut faict l'an de grâce MCCCXXVIII le diemence apries le jour de l'Assomption de Nostre-Dame.

(2) Inventaire sommaire des Archives Nº 5879.

(3) Il est écrit derrière le verso de cet acte ce qui suit :
« Le dimanche après l'Assomption N. D. 1328.
« Le jour de la Trinité 1331 à Montigny en Perche.
Testament de Robert de Flandres, seigneur de Cassel.
Et plus bas : « à copier pour le Roy. » Nous pensons que ce n'est pas la pièce originale.

Ce parchemin bien conservé à 66 centimètres de hauteur sur 55 centimètres de largeur.

Le texte de cette pièce authentique, c'est-à-dire du testament lui-même, commence ainsi : (1)

« *En nô doû pèr et doû fils et doû Saint Espit,*
» *am. Je Robs de Flandre, sires de Cassel, de baronnie*
» *d'Alûye et de Montmirail en Perche sains en pensée et*
» *en corps*, rewardans, considérans et accendans que li jour
» de ceste mortelle vie sont brief et que il n'est chose plus
» certaine que la mort ni moins certaine de l'heure d'icelle. etc.

. . . .

» Premièrement je lais et commande maine (mon âme) et mon
» corps es-mains et en la warde Nostre-Seigneur Jhesus-Crist
» et de Nostre-Dame Sainte-Marie Virgene très gloriouse, et
» de tous sains et de toutes saintes.

. . . .

— Je doins et lais à *l'église* Nostre-Dame de Chartres L livres tournois pour acater rente perpétuelle pour lacort des gouverneurs de la dicte église et de mes exécuteurs ou au moins des deus de mes exécuteurs si tout ne y pooient ou ne voloient entendre, pour faire mon anniversaire une fois l'an perpétuellement en ladicte église.

— Item tout en tel manière et tout en l'église Nostre-Dame de Therewane.

— Item je doins et lais al église de Saint-Pierre de Cassel

(1) M. J. Carlier a donné ce testament et son codicille *in extenso :* il comprend 18 pages d'impression in 8° d'après la copie de feu l'archiviste du Nord A. Delplanque.

Il y a là beaucoup de passages inutiles pour nous.

XXV *libvres de tournois* pour ce meisme et en cele meisme manière.

— Item à l'église *Nostre-Dame de Cassel* XX libvres de tournois pour ce meisme et en cele meisme manière.

— Item à l'église de Watenes XX *libvres tournois.*

— Item à l'église de la Wastenes (Wœstine) l'*Abeie de Nonnains* en la chastellenie de Cassel.

— Item au chapelain de ma chapelle de ma maison de *Niepe* XII *libvres,* X *sols tournois.*

— Item al *abeie de Clairmarais,* XX *libvres tournois.*

— Item al *abeie de Warneston,* XX *libvres tournois.*

— Item al *abeie des Nonnains de Bourbourch,* XX *libvres tournois.*

— Item à *l'église de Dunkerque,* XX *libvres tournois* (1).

— Item au *prioré de Bornehem et au curé dudit lieu,* XXX *libvres tournois* pour achater rente et en la manière dessus de la dicte dont je vuel et ordonne que li religieus en aient les deux pars et li dis curés la tierche.

— Item as hospitals de Cassel, de Bourbourch, de Dunkerke et de Warneston pour Dieu et aumoisne, pour acater rente perpétuelle pour les povres desdits hospitals soustenir, à cascun C *sols tournois.*

— Item as *Jacobins de Berghes,* XX *libvres tournois.*

Nota. — Les legs qui suivent sont pour des communautés religieuses du Perche, telles que celles d'Aluye, de Montmirail, de la Basoche, de Anton, etc., aussi XX libvres tournois de rente, aux mêmes conditions que les autres nonnains.

---

(1) Tous ces dix legs sont pour acheter rente perpétuelle comme il est dit en commençant pour *N.-D. de Chartres.*

Robert de Cassel finit son testament comme suit :

— Item je laisse V^c libvres tournois à donner et à départir pour Dieu et en aumoisne, pour lame de mi, as povres hospitals et pauvres menagiers et menagières et povres pucielles a maryer et povres mesaisier et metarsiées en mes terres de Flandres et du Perche en la manière que il semblera à mes exécuteurs que bien sera selon le profit de lame de moi.

. . . .

Et pour que cils presens miens testamens ou darainier volontez soit ferme et establer, je lui fais sceller de mon scel, si requier et prie pour Dieu à mes exécuteurs chi dessus nommez que il reckoivent ceste même exécution et que il y pendent leurs sceaus avecque le mien en tesmoignage que il aient le exécution recheue.

Suivent les sceaux des exécuteurs du testament de 1331.

Passages du testament de Robert qui prouvent encore à l'évidence ses sentiments pieux et de charité du reste mélangés parfois à des habitudes soit superstitieuses, soit de religion malentendue, propres au moyen-âge et dont aucun ne fut exempt alors.

. . . .

— Item je doins et lais cent libvres tournois pour donner as menus povres le jour que mon corps sera mis en terre.

— Item je dois un pèlerinage faire à Nostre-Dame doû Puy et à Nostre-Dame de Valvert et à Saint-Gille en Provence tout en un voïage et doi mouvoir de Douay si voel et ordonne s'il fust ensi que je ne les fesisse en mon vivant que il soient fait par un homme suffissant à cheval tel comme samberoit boin à mes exécuteurs lequelz ait suffissamment ses dépens au rewart de mes exécuteurs et voel et ordenne que cilz que eslis sera à ce faire offrera pour mi en *l'église de Nostre-Dame dou Puy cent solz tournois* et en *l'église Nostre-Dame de Valvert cent solz tournois* et que lis pèlerins qui pour mi fera ces dis voïages requiesce prière pour Dieu as seigneurs de la dicte *église Saint-Gille* que il fachent dire en leur dicte église trois messes de *requiem*.

— Item je voel et ordenne que quant communs passages d'outre mer se fera que mes exécuteurs pourvoient un suffissant homme qui prendra la croix et fache le pèlerinage outre mer pour maine; à laquelle personne je laisse pour ledit pèlerinage faire *M libvres tournois*.

. . . .

Nous devons dire aussi que ce Robert de Flandre dota la collégiale de Notre Dame de la ville de Cassel (dont il était le Sire ou Seigneur) de prébendes pour y instituer *six canonicats* (1).

Quant aux cinq autres ils leur furent adjoints par *Pierre*, évêque des Morins dont ils dépendaient alors et qui siégeait à Térouane.

---

(1) *Canonici, quos dico, sunt Roberti Casletano sex instituti* (Grammayus et Sanderus, T. 11).

XXII ^{bis}

Testament de Robert exècuté par sa femme.

Signification faite par Jeanne de Bretagne, veuve de Robert de Cassel à l'effet de délivrance des legs pieux particuliers aux abbayes, églises, hôpitaux, établissements religieux.

1333, 8 octobre, à Dunkerque. — A honorables religieuses et honestes personnes, l'abbé et couvent de Warneston, le doyen et chapistre de Nostre-Dame de Terrewane, le doyen et chapistre de Saint-Pierre de Cassel, le doyen et chapistre de Nostre-Dame de Cassel, le prevost et couvent de l'abbeye de Claimarais, l'abbesse et couvent de Bourbouch, le prieur et couvent des frères Prescheurs de Berghes, le prieur du prieuré de Bornehan, le curé de l'église de Dunkerke, le curé de l'église de Bornehan, le chapelain de la chapellenie de no maison de Nyeppe et as maistres et gouverneurs des hospitauls de Cassel, de Warneston, de Bourbouch et de Dunkerke et à chascun deuls.

Jehanne de Bretaingne, dame de Cassel, weve de homme de bonne mémoire Monsr Robert de Flandres, iadiz seigneur de Cassel, salut et dilection : comme no chier seigneur et mari du suzdit dont Diex ait lame, ordinnast en sa darrenière volense, certaines sommes d'argent à vos églises pour achater rente perpétuelle par lacord des gouverneurs de vos églises, de nous et de deux de ses exécuteurs pour faire son adversaire (anniversaire) chascun an une foiz perpetuellement en vos églises, et nous et ses exécuteurs et ceuls exécuteurs de no conseil nous ordonné qu'il soit signcfié par toutes les églises as quelles no dit seigneur lessa et ordenna en sa derrenière volonté aucune chose, pour ladite cause qu'il envoient à Warneston au chinquiesme jour après le jour de Touzsainz par devant nous et les exécuteurs, personne suffisant fondée pour euls et pour leur églises, pour recevoir ce que par no dit chier seigneur leur est ordenné, et pour quitance en faire et pour faire et accomplir deubment tout ce que mestier est à l'accomplissement des conditions et manières dessuz dites et autres qui y sont contenues et adjectes. Nous le vous signifions et à chascun de vous par des présentes lettres, et vous prions que vous, au dit jour et lieu envoiez par devant nous et les diz exécuteurs personnes suffisamment fondées par vous et vos églises pour les choses dessuz dites et chascunes et tout ce qui y appartient et en dépens faire et accomplir deubment, et en signe de témoignaige de le signification et présentation de ces lettres à vous faite, veuillez et chascun de vous, mettre le seal de vos églises à ces présentes lettres et les rendre saellées, à cil par qui il vous seront de par nous présentées.

Donné à Dunkerke nostre ville, l'an de grâce mille trois cenz trente et trois VIIIe jour du mois d'octembre.

Original en parchemin jadis scellé du sceau de Jehanne de Bretagne et de dix-sept petits sceaux, comme suit : L'abbé et couvent de Warneston. Le doyen et chapistre de Terewane. Le doyen et chapistre de Saint-Pière de Cassel. Le doyen et chapistre de Notre-Dame de Cassel. Le prévôt de Watenes. L'abbesse et couvent de la Wœstine. L'abbé et couvent de Clairmarès. L'abbesse et couvent de Bourbouch. Le prieur et couvent des frères prêcheurs de Ber-

ghes. Le prieur de Bournehan. Le curé de Dunkerke. Le
curé de Bournehan. Le chapelain de Nyeppe. Le Mestre
de l'hospital de Cassel. Le Mestre de l'hospital de Warneston. Le Mestre de l'hospital de Bourbouch. Le Mestre de
l'hospital de Dunkerke. De ces scels il reste encore quelques
fragments en cire verte, celui de l'hospital de Dunkerque
est entier, en cire rouge : il représente un poisson, espèce
de *plie* : nous en possédons l'empreinte.

XXII ter

2e Pièce concernant le testament de Robert de Cassel.

1332, Novembre. — Les pétitions et requestes touchant haut
homme et puissant Mgr Robert de Flandre, jadis seigneur de
Cassel et l'exécution et accomplissement de son testament et
derrenière volonté faictes à Cassel, l'an de grâce mil CCCXXXII,
le lundi, le mardi, le mercredi et le jeudi avant la St-André
(Novembre) pardevant haute dame et puissant madame Jehanne
de Bretaingne, dame de Cassel, femme jadis dudit Monseigneur
Robert, et par devant religieux homme et honorable frère Jehan
de la Ferrière de l'ordre des frères prescheurs du couvent du
Mans, monsr Jehan de Champeaux, seigneur de Loys, et
Jehan Palstre, exécuteurs dudit testament et darrenière volonté,
sur lesquelles respondu a esté ordené et fait par la dicte dame
et les diz exécuteurs, et par les diz exécuteurs du conseil
et assent de la dicte dame en l'absence des autres exécuteurs
appellez ad ce et non valanz venir en la manière qui s'en
suist (1)

(1) Extrait du cartulaire 2 de la dame de Cassel.

XXIII

Satisfactions données aux créanciers par Jehanne.

Nous avons dit que les satisfactions en faveur des créanciers
de Robert de Cassel continuèrent à être données par sa
veuve. En effet, des pièces justificatives prouvent que Jeanne
de Bretagne dame de Cassel, respecta entièrement toutes les
volontés de son mari. En voici encore un exemple. Jeanne
paya à des réclamants pour dommages et pertes soufferts au
temps des dernières émeutes, ou à la bataille dessouz Cassel,
soit pour chevaux tués appartenant aux serviteurs de Robert,
soit pour des pertes de famille, des hommes tués, ou bien
encore pour des sommes auxquelles Robert de Cassel s'était
engagé.

Nous reproduisons ici une pièce justificative regardant le
même sujet et des quittances y ayant rapport.

XIII bis

1333, le jeudi après le *Behourdich*, nos échevins de la
ville de Berghes, faisons savoir à touz que en ce jour de jeudy
d'après le Behourdich, l'an de grace mil ccc xxxiii, est
venus Jakemes Patoul, fils Jakemes, par devant nous et en no
présence à cogneu qu'il a eu et receu de no chère dame
madame de Cassel, vint et siix mailles d'or, en quoy no chier
seigneur, jadis monseigneur Robert de Flandres, seigneur de
Cassel, estoit tenu au dit Jakemes son père au temps de son
trespas pour cause d'un cheval qu'il eut tué en la bataille
dessouz Cassel, là où il estoit en le compaignie et service no

dit seigneur si que li diz Jakemes, fils Jakemes, disoit qu'il avoit monstré par devant no dite dame et les exécuteurs du testament de no dit seigneur, à Warneston; de laquelle somme de deniers et de toutes autres choses en quoy no dit seigneur au temps de son trespas povait estre tenu aus diz Jakemes et Jakemes, pour quellecunques cause que ce fust; le dit Jakemes fils Jakemes, a quités et quites clamés no dite dame, ses hoirs, les diz exécuteurs, les hoirs et lame de no dit seigneur et les en a promis sur l'obligation de touz ses biens, faire tenir quites et délivrés envers touz autres quelscunques. En tesmoing de ce nous à se requeste, avons fait mettre le sael de la dite ville de Berghes à ces présentes lettres. Donné lan et le jour dessuz diz.

Orig. parch. scel perdu. (Supplément).

XXIV

Quittances regardant Robert de Cassel et sa veuve.

1333. *Donné lan de grace* M CCCXXXIII *le XIe jour de jenvier.*

Quittance par Ernoul de Cayeu, chevalier, sire de Longvilliers, de la somme de 75 parisis fors, qu'il a reçue de la dame de Cassel, veuve de Robert de Flandre, pour pertes et dommages soufferts par lui au temps des dernières émeutes du pays de Flandre, quand il partit de Dunkerque avec le dit Robert de Flandre.

Orig. jadis scellé.

XXIV bis

1333. Donné lan MCCCXXXIII, *le mardy après la Chandeleur.*

(*9 février*) Quittance par Gillebert de Penes, de la somme de 100 livres *le gros compté pour 12 d*, reçue de Jeanne de Bretagne, dame de Cassel, veuve de Robert de Flandre, pour dommages et pertes soufferts par feu son frère, qui était au service dudit Robert, à la bataille de Cassel.

Orig. scel perdu.

XXV

1339. Jeanne de Bretagne, dame de Cassel (1) voulant remplir en tous points la volonté de son mari défunt qui avait promis pour le salut de son âme, d'amortir vingt livres tournois de rente par an, au profit d'une religieuse nommée Eustachie (de Vulveringhem) recluse dans l'église (ou l'atre) de St-Omer, rente qui devait servir à l'achat d'un terrain dans la châtellenie de Bergues, pour y construire une chapelle, déclare que son nom et celui de ses enfants mineurs, accorder et approuver la dite donation.

Il y a plus : l'emplacement de la chapelle étant déterminé par l'achat d'un terrain situé au cimetière de Bergues, par Eustachie, qui s'apprêta à y construire une chapelle dédiée à la Sainte-Vierge, Jeanne de Bretagne veilla à la construction rapide de ce pieux bâtiment. Ce fut Gilles de Villeirs de St-Omer qui

(1) Jeanne s'intitulait *dame de Cassel* même après le mariage de sa fille Yolande.

fut chargé par la dite dame en 1339 de couvrir la chapelle dont la maçonnerie était achevée. (1).

Nota : D'autres pièces justificatives et documents curieux, regardant Jeanne de Bretagne (et qui concernent les affaires testamentaires de Robert son mari) sont à consulter dans notre *Mémoire sur l'Apanage de Robert de Cassel,* édité en 1864 (2) et dans le travail historique sur Jeanne de Bretagne que nous publierons à la fin de ce présent travail.

— Voir aussi à la brochure concernant Robert de Cassel de M. J. J. Carlier, imprimée en 1870 (Annales du Comité flamand) (2) à partir de la page 223. Sommaires d'actes relatifs à l'hommage dû par Jeanne de Bretagne, au comte Louis, à raison de son partage de la tutelle de ses enfants, etc.

— Il existe aux Archives de Bailleul, un petit livre renfermant les statuts ordonnés à l'enquête tenue à Cassel, le quatrième jour de juillet 1334, commençant : *Ce sont les estatuts ordené en l'enqueste faicte à Cassel (en flamand.)*

— Ce document a été mentionné à la page 55 du *Bulletin du Comité flamand de France,* T. VI, 1872.

Nota : Peu de temps après la mort de son mari, Jeanne de Bretagne quitta la Flandre et alla demeurer à Paris avec sa fille mineure Yolande, et d'abord à son hôtel dit de

______

(1) Voir aux archives du département du Nord, 1er cartulaire dit de la *Dame de Cassel* N° 40 et le N° 88. Ce cartulaire est in-folio velin, de 16 feuillets (écriture du XIVe siècle). Les actes au nombre de 386, compris entre les années 1331 et 1354. émanent presque tous de la Dame de Cassel. Jeanne de Bretagne et tutrice d'Iolande de Flandre, sa fille depuis comtesse de Bar. — M. Leglay a dressé un inventaire chronologique de ce cartulaire.

(2) Imprimerie de Lefebvre-Ducrocq à Lille, dans les annales du Comité flamand de France, T. VII.

Cassel ou du Colombier, proche St-Germain des Prés (1), puis elle alla habiter à sa maison avec ferme, *Lez le Pont Perrin*, faubourg St-Antoine, qui lui fut donné par Yolande sa fille et son mari, le comte de Bar Henri IV, en 1341, peu de mois après leur mariage. Jeanne de Bretagne y vécut longtemps, mais elle alla mourir à Ypres. Les uns fixent son décès au commencement de l'année 1358, d'autres tels que le père Anselme, au 24 mars 1341.

Quoique très charitable, ainsi que le prouvent ses dons et legs nombreux, la veuve de Robert de Flandre ne paraît avoir rien fait pour Cassel ou ses environs, mais beaucoup pour l'abbaye de Port-Royal par exemple, etc. Cela s'explique, car elle n'était pas douairière de certains biens de Robert, dont sa fille était, depuis plusieurs années, Dame foncière en titre, et elle n'habitait plus ce pays.

Nous avons publié, en 1877, l'historique d'Yolande, comtesse de Bar, dame de Cassel, etc.

---

(1) Hôtel où Monseigneur l'archidiacre de Paris apporta à Madame de Cassel, en sa chambre du Colombier, la lettre de prest que la dite dame fit au Roy de Navarre Philippe d'Evreux (sic). . ?
(Premier cartulaire de la Dame de Cassel).

XXVI

Testament de Marguerite de Bourgogne, Reine de Sicile, tante maternelle de Robert de Flandres, et autres extraits la concernant.

Après la mort de son mari Charles d'Anjou, roi de Sicile et de Jérusalem, etc. survenue en 1285, Marguerite quitta la cour de Naples dont elle était l'ornement et l'exemple par ses vertus, et elle vint passer le reste de ses jours à Tonnerre où elle mourut le 4 ou le 5 septembre 1308, laissant à Robert ses biens du Perche. (1).

Voici des notes concernant la comtesse Marguerite et des articles de son testament en faveur de Robert de Cassel, son neveu.

Eudes ou *Odes de Bourgogne*, fils ainé du duc de Bourgogne, épousa Mathilde II, comtesse de Nevers.

De ce mariage issirent trois filles, Yolande, Alix et Marguerite de Nevers.

Yolande de Bourgogne fut femme de Robert de Béthune, comte de Flandre, ainsi qu'il est dit plus haut.

Alix épousa Jean de Châlon, seigneur de Rochefort, le comté d'Auxerre fut son partage.

-----

(1) Marguerite de Bourgogne, comtesse de Tonnerre, sœur d'Yolande, la mère de Robert de Cassel, était née en 1248 Elle jouissait en France du chef de sa mère Mahaut de Bourbon, des baronnies d'Alluye et de Montmirail au Perche, etc , Marguerite disposa de ces terres, par acte du mois de janvier 1292, en faveur de Robert de Flandre son neveu. Son testament fut fait en 1305. — Voir pour l'exécution de ce testament aux archives de Bourgogne, de Lille, etc.

Marguerite par son partage était aussi comtesse de Tonnerre, et dame des baronnies d'Alluye et Montmirail, au Perche, elle épousa Charles, l'ancien roi de Sicile, frère du roi St-Louis.

Cette comtesse avantagea son neveu Robert de Flandres, fils cadet d'Yolande sa sœur qui fut comtesse de Flandre.

Son testament est en date du mois de janvier, l'an 1292, et par lui elle s'intitule *Reine de Jérusalem et de Sicile.*

Elle donne à son neveu puîné de Yoland, sa sœur aînée, ses terres du Perche, pour tout droit que son frère Louis et lui pourraient prétendre en sa succession, veut que ledit Robert soit tenu de payer à elle testeresse deux mille livres de rente et pension chacun par an et à faute de payer au terme assigné, payera cent sols d'intérêt par chacun jour de cessation.

Ordonne que tant qu'elle vivra, ledit Robert et Louis son frère, ne pourront vendre mairies ni sergenteries, es-dites terres à eux données, etc.

Voici des sommaires des pièces à consulter, au sujet de cette succession de Robert de Cassel, qui sont conservées aux Archives du Nord à Lille.

1305 (Mai). Extrait du testament de Marguerite de Bourgogne. B. 468.

1308 (Août). Codicille ou testament de Marguerite, comtesse de Tonnerre. B. 486.

1308 (Février) (V. S) Raisons données par les exécuteurs du testament de Marguerite, reine de Sicile, contre Robert, fils du comte de Flandre, au sujet de la baronnie d'Alluye. B. 483.

1313 (Avril) (V. S.) Marie, reine de France et Robert de Flandres, nomment des arbitres pour terminer leur différend touchant le testament de Marguerite, reine de Sicile, duquel ladite reine est exécutrice. B. 522.

1315 (Janvier) (V. S.) Lettres des exécuteurs testamentaires de la reine Marguerite, comtesse de Tonnerre, touchant l'exécution de certaines clauses, et entre autres la donation de la terre de Perche, à son neveu, Robert de Flandre. B. 535.

1320. — Réplique du Procureur des exécuteurs testamentaires de feue Marguerite, aux demandes du Procureur de Robert de Flandre touchant le testament de ladite reine de Sicile. B. 568.

Nous n'avons pas de renseignements sur le mode de terminaison de ces affaires, mais nous voyons par des actes ultérieurs, que Robert de Cassel jouissait de ces domaines comme possesseur immédiat. Ainsi il se charge des legs de Marguerite. — Exemples :

En 1326, février (V. S.) Lucie, abbesse de St-Julien de *Prato*, donne à Robert de Flandre, quittance des arrérages d'une rente octroyée par Marguerite, reine de Jérusalem et de Sicile, à sœur Alice de Métré, religieuse de cette abbaye. B. 611.

1330. — Philippe VI, roi de France, confirme la permission donnée par Robert de Flandre, seigneur de Cassel à Jeanne de Bretagne, sa femme, de faire une coupe de bois tous les ans dans la forêt de Montmirail assignée pour son douaire. B. 653.

XXVII

Notice sur la Reine Marguerite, comtesse de Tonnerre, dont Robert de Cassel fut le neveu (1).

La comtesse Marguerite jadis Reine de Sicile n'avait pas eu d'enfants, ou du moins la Providence ne lui avait point permis d'en élever. Ses héritiers sont Louis et Robert de Flandres, enfants de feue Iolande, sa sœur aînée, et Guillaume de Châlon, déjà comte d'Auxerre, par la mort d'Alix sa mère. Notre Reine peut craindre deux choses, d'abord que ses neveux ne vivent point en bonne intelligence, ce qui ne se réalisera que trop après elle, malgré ses sages dispositions. Puis, mettraient-ils à exécution ses projets de charité, objets de ses méditations les plus constantes et les plus profondes? Pourtant détachée des choses humaines, elle tient à ne plus conserver ses vastes domaines, sources de préoccupations qui nuisent à ses œuvres.

Dès le 2 janvier 1292-93 (pour ester contenz (contestations) et périls qui, après nostre décès, pourroient sourdre pour la succession de nous, dit la Reine) elle fait le partage de ses biens. Robert puiné de Flandres a les terres du Perche et de Montmirail à charge d'une rente annuelle et viagère de deux mille livres. Pour Louis l'aîné, il jouira seul du comté de Nevers en donnant à Robert un apanage non moindre de dix mille livres de rente, assises sur le comté même et sur la baronnie de Donzy.

A Guillaume de Châlon elle donne le comté de Tonnerre, mais en se réservant pendant toute sa vie le titre de *com-*

(1) D'après M. L. Le Maistre, annuaire statistique de l'Yonne, 1867.

tesse de Tonnerre, et de plus une pension de seize cents livres aux mêmes titres et conditions, etc. etc.

Femme de prévoyance, la Reine ne veut être surprise ni par les événements ni par la mort. Dès le samedi 8 mai 1305, elle fait son testament, chef-d'œuvre de charité.

Les exécuteurs testamentaires sont nombreux. On compte en tête Marie de Brabant Reine douairière de France. — Robert duc de Bourgogne son oncle. — Marguerite de Beaumont, princesse d'Antioche. — Le prieur des frères-prêcheurs de Paris, plusieurs évêques tels que ceux d'Auxerre, de Troyes, de Nevers, etc., etc.

Ce testament existe en double minute dans les archives de l'hôpital de Tonnerre, il y en a un, aussi, aux archives départementales de Lille.

Un premier codicille est fait le samedi après la fête de saint Jean-Décolât, 1308 (31 août). Elle fait le partage de ses objets précieux, de ses diamants; un saphir à la Reine Marie; au comte de Nevers, son neveu, une croix de cristal; à Robert, son autre neveu, une image (statuette) d'argent; puis divers objets à ses nièces, etc.

———

Marguerite a été la femme forte de l'Evangile, dit M. Le Maistre, dont le cœur n'a pas été enflé par la prospérité; semblable à l'homme juste et sage d'Horace, elle n'a point été ébranlée par l'adversité.

Marguerite de Bourgogne mariée en 1268 à Charles d'Anjou, frère de St-Louis, roi de Naples, de Sicile et de Jérusalem. Ce Charles mourut en 1285. Marguerite remit à Charles II son beau-fils en 1288 le royaume de Naples qu'elle avait gouverné pendant sa captivité.

Le titre de *René d'Anjou* comme roi de Sicile et de Jérusalem, dérive de là, mais d'une manière fictive. On sait que ce René fut duc de Bar et de Lorraine, et quelque temps seigneur de Cassel, à la moitié du XVe siècle. Nous en parlerons dans notre travail sur le seigneur de Cassel de la maison ducale de Bar.

XXVIII

Domaines du Perche à Robert de Flandre.

Les domaines du Perche qui furent dévolus à Robert de Cassel, provenaient de sa grand'mère maternelle Mahaut ou Mathilde de Bourbon, comtesse de Nevers et baronne de Douzy, fille d'Archambaud et d'Yolande de Châtillon. Ces biens tels que : *Montmirail* (1) (chef-lieu), *Broy* ou *Brou* (prévoté) *Alluye* (2) *Antou* ou *Antehon*, la *Bazoche*, avaient d'abord été hérités par celle-ci lors de la succession d'Agnès fille d'Hervé IV de Donzy et de Mahaud de Courtenai, puis transmis à Mathilde de Bourbon dont l'une des filles, Marguerite, comtesse de Tonnerre, hérita.

Le Perche, ancien pays de France, entre la Normandie, le Maine et l'Orléanais, avait pour une de ses divisions le bas *Perche ou Perche - Gouet* (3) aujourd'hui le département d'Eure-et-Loire.

Le domaine dit la *Bazoche* était du Perche dans les terres dites démembrées ou le *Thimerais*. C'est au Petit-Perche ou *Perche-Gouet* qu'étaient les domaines de Robert de Cassel, et c'est par là qu'il fut *baron d'Alluye et de Montmirail* (4).

(1) Montmirail, *monte mirabili* (Sarthe).

(2) Alluyé en Eure-et-Loire, à présent.

(3) Appelé ainsi à cause de Guillaume Goeth ou Gouet; sa fille nommée Mathilde les apporta en dot, un peu avant 1170 à Hervé III, baron de Donzy.

(4) Les propriétés de Robert de Cassel en *Perche-Gouet* (Petit-Perche) furent surtout cinq baronnies — *Alluye, Montmirail* (a) *Broû, Auton* et la *Basoche*.

(a) Mathieu de Lorraine et Mahaud, sa femme, vendent en 1321, à Robert de Cassel une rente sur ces terres. — Carton D. 572.

Disons en passant que c'est au château d'Alluye, en 1326, que sa fille Yolande naquit, comme il a été dit avec preuves dans notre ouvrage consacré à cette célèbre dame de Cassel.

Nogent fut aussi de ce partage. Mais quelle localité entre dix de ce nom ? Ce qui nous éclaire c'est une commission de capitaine et de garde du châtel et forteresses de *Nogent-le-Rotrou* au Perche, donnée par Yolant de Flandre, comtesse de Bar, à Bernard de Bersis, écuyer (1) datée de St-Fargeau en Puisaie, du 13 mars 1348 (2), où la dame de Cassel avait aussi des biens provenant de son père et par conséquent de Yolande, comtesse de Nevers, son aïeul».

Ce *Nogent-le-Rotrou*, chef-lieu d'une châtellenie de même nom est aussi située dans le Perche, mais nous ne parlerons pas des autres domaines mentionnées sur la liste du dossier cité, (preuve VI et B. 484.

Tels *la Ferrière*, ou Ferrières, *Morlandon* ou Montlandon (3) *Revere* ou Ruere (mieux Roveray) *Neuvillez* ou Nouvillier. Ils sont tous du *Perche* ainsi que Montigny.

Quant à *Bruigny* ou *Brougny*, baronnie (château de Brugny, Brungereyo) localité nommée en tête de la liste susdite, elle appartient à la Champagne, étant située près d'Epernay (Marne).

(1) Copie authentique en parchemin N° 11, 455 de la Chambre des Comptes de Lille.

(2) Voir notre travail historique sur la *Puisaie*, en Auxerrois, publié dans le Bulletin de la Société scientifique de l'Yonne.

(3) B 1389.

Addition à la pièce **XXVIII.**

(Extrait du Registre coté B. 484 de
la Chambre des Comptes de Lille).

Page XXXII.

Che sont fiez a hieritaiges, aumosnes perpetuelles et aumosnes à vie denes sous la terre dou Perche et gaiges acoustumés de lonc-temps pour guarder la dite terre.

. . . .

Page XXXIV.

Encore rabatou le don et l'assenement que Madame le roysne de Cecile fist, donna et assena à ma damoisele de Flandres et à Madame Yolent, dame d'Ayenghiem ses nièches héritanlement pour elles et pour leur pois, à prendre, à lever, rechevoir et emporter sous toutes les revennes de la dire terre ou Perche, si comme il est plus plainement contenu ès ordenances faites entre madite dame et ses hoirs qui monte IIIe livres. Mamié et par l'avis de plusieurs escrips, valoir au pris dessus dit.

. . . . C C

Si doit on savoir en quoi li dis tonlieu gist.

. . . .

. . . .

XXIX

Eleuchus (1) Virorum, Nobilium, Aliquet et Prœfecti.

Noms d'hommes nobles du territoire de Cassel, sous Robert de Flandre, et sa fille Yolande, comtesse de Bar, Dame de Cassel, etc.

Le Seigneur (Toparchia) de Borre (2).

Gillebertus de Borre, Chevalier (Eques).

Le Seigneur de Fiènes.

Testard de Hondeghem, chev.

Roland de Eecke, chev.

Colard de la Clyte, chev.

Gillebert de Ste Aldegonde (près Oxelaere), chev.

Gillebert son fils, chev.

Le Seigneur de Watou.

François de Haveskerke, chev.

Louis de Haveskerke, chev.

Théodoric de Hazebrouck.

Le Seigneur de Moerbeke.

Le Seigneur de Thiennes.

Baudouin de Hallinghe, chev.

Flaminius de Berghes, chev.

Perceval de Abencourt, chev. (3).

(1) *Eleuchus* (table) *Virorum nobilium* territoriæ Casletensi. Ex-Archivis Cameræ insulensis (Chambre des Comptes de Lille) (Extrait de Sanderus, T 1, page 67, à la fin).

(2) *Toparchia*. seigneurie. *Toparchi*. seigneurs.

(3) *Jean de Quaetsstraete* était aussi de ce nombre; il fut nommé Bailli des Renenghes en ce temps. (B. 1603).
(Registre des Archives du Nord).

Liste de Baillis (Prœfecti) (1) de la ville de Cassel et ses dépendances du temps de Robert et d'Yolande de Flandres; puis de leurs descendants Seigneurs de Cassel.

Hugues de Hallewyn à partir de. 1349,
    (après Engerran Despières).

Pierre de Nieppe . . . . : 1353.

Jean de Créquy. . . . . : . . 1366.

Jacques de Laval, sous le Duc Robert . . . . . 1399.

Colard de la Clyte, sous le cardinal Louis . . . . 1429.

Judocus Dubois. . . . . 1441.

Liste des *Prœfecti* Aliquot urbis ac *ditionis Casletanœ* (Voir Sanderus Tome III, page 69 (Edition de la Haye).

Les principaux jusqu'à Louis XV, sans spécifier leurs autres dignités, sont les suivants :

1126 Guido de Steenvoorde.

1234 Eustachius, sous Jeanne de Constantinople.

1256 Philippe de Hondeghem.

1284 Henricus de la Haye.

1261 Gerardus de Castro ou du Chastel.

1295 Engerramus Despières, sous le comte Guy.

1349 Hugo de Hallewyn, sous Louis de Nevers

1353 Petrus de Niepe.   ⎫ Sub Yolantide

1366 Joannus de Créquy, sous Yolande.   ⎭   Barensis.

(1) Olim *Prœfectus* nunc. *Balivum* vocant (Bailli). (Sanderus, T. III, p. 63).

1399 Jacobus de Laval, sous le duc Robert.
1429 Colardus de la Clyte sous les autres ducs de Bar.
1441 Judocus Dubois.
1483 Antonius Van den hoûte.
    Carolus de Halewyn.
    Balduinus dominus de la Tour.
    Joannes de Stavele.
    Joannes Dom. S. Aldegondis.
    Carolus de Briarde.
1556 Philippus de Stavele.
    Florentius de Stavele.
1581 Lamoraldus de Hornes.
1610 Philippus, comes de Hornes.
1651 Carolus d'Ydeghem.
1671 Dominus de Noyelles.
1672   »   d'Ennetières.
1679 Comes de la Motte, dominant. Ludovico XIV.
1680 Dominus de Mailly-Mamez.
1691 Franciscus Wynckelman.
1692 Dionisius de Weinacour Comes de Vleteren fuit primus
        prœtor hereditarius.
1727 Baltazar, petrus Félix de Weinacour.

Ajoutons ici une note latine concernant le même sujet pour quelques autres vassaux, sous Yolande de Flandre.

« Potens olim familia in Steenvorde et Terdeghem sub *Yolantide*
« *de Bar. Gulieldemus de Cortewyle. Franciscus de Vos, de*
« *feûdo* in Steenvorde. *Petru de la Motte* de feûdo in Oudezèle.
« *Julianus de Vos*, et Alii vix nûmerabili serie sequentes, variis
« dominiis ac feudis ab hac Castellania motis locupletes (1). »

(1) Sanderus, T. III, p. 70.

XXX

Note sommaire sur les Vierschaeres de la Chatellenie de Cassel.

Les Vierschaeres de la *Châtellenic* ou *Ambacht de Cassel*, qui existaient à l'époque de *Robert de Cassel*, avaient indubitablement une origine plus ancienne (1) puisque ce fut *Jeanne de Constantinople* qui institua sa *cour* et ses *justices* peu après l'achat que la bonne comtesse de Flandre fit de cette vaste Seigneurie, le 24 octobre 1218 à *Michel de Harnes V*, son connétable, à qui elle appartenait héréditairement (depuis un siècle et demi).

Disons d'abord qu'une vierschaere (2) était, à proprement parler, un *tribunal* ou *chambre de justice*, mais dans le nombre de ces juridictions, il y en avait de plus ou moins élevées en valeur; ainsi il fut un temps où on en comptait de quatre genres différents :

(1) Preuve le *Hoop* de 1326.

Il y avait déjà une Cour souveraine à Cassel au XIVᵉ siècle, autre preuve : la sentence du 8 mai 1339 de cette justice qui déclare Pierre Le Duc innocent de la mort de Jean Schalain.

(Invᵣᵉ du Nord Nᵒ 8 page 74 Nᵒ 3538.

Et une autre sentence de la même haute Cour de Cassel de 1357, intitulée lettres des baillis et hommes de la Cour de Cassel, qui déclarent, etc.

(2) Ce mot générique *Vierschaere* n'était en premier lieu appliqué qu'à quelques justices de l'ancien *Ambacht*. A certaines époques on ne se servait de ce mot que pour désigner des juridictions tout à fait secondaires, puis on l'a généralisé.

Vierschaere signifiait assemblée de justice à quatre bancs ou à quatre juges *(gerecht's bank)*.

Pour d'amples détails sur ces questions, voir notre travail héraldique sur Cassel intitulé *Notice historique* sur les armoiries, scels et bannières de Cassel et de ses environs 1862. — *Annales du Comité flamand de France, Tome VI.*

1º Deux *vierchaeres royales* dont une pour Cassel et l'autre pour Steenvoorde; elles sont placées, d'après leur ordre d'importance, immédiatement après la *noble cour de Cassel* (la seule haute juridiction qui avait le droit dans la contrée flamande d'être citée avec *le titre honorable de cour*).

2º Quatre *vierschaeres* de *moyenne justice*, c'est-à-dire, *Cassel, Hazebrouck, Watten et Estaires.*

3º Les tribunaux, au nombre de huit dits les *vierschaeres de l'Ambacht de Cassel.*

4º Les cinq *vierschaeres des tenances du château féodal de la Motte au Bois* dépendant aussi de la haute cour de Cassel, et qui sont *La Motte, Préavin,* Pradelles, Borre et Merville.

Nous ne devons pas nous étendre beaucoup en ce moment sur ces questions qui n'ont pas un intérêt direct avec celle que nous venons de traiter. Cependant nous devons énumérer ici les *huit vierschaeres* (1) de l'Ambacht ou châtellenie de Cassel :

1º Le tribunal vierschaere de Cassel dit des onze paroisses;

2º Celui de Steenvoorde (l'Oost-Vierschaere);

3º Le tribunal du faubourg septentrional d'Hazebrouck;

4º La Vierschaere dite *Staple-Bavinchove*;

5º Idem de *Ruschure ou Renescure* (seul).

6º Celle dite de *Zercle* ou Zercû;

7º Idem de *Zegerscappel* (Noord-Vierschaere).

8º La *West-Vierschaere*, Rubrouck, etc.

---

(1) *Huit bancqs inférieurs,* en la châtellenie de Cassel, est-il dit dans des pièces administratives du conseil de Flandre de 1621. Cependant quelques auteurs disent *sept vierschaeres.* Ces différences dans le nombre dépendent des époques, sans doute, où il en fut parlé.

Cependant tout ceci a pu varier plus ou moins. Ainsi Charles-Quint, en l'an 1517, renouvelle le dénombrement des lieux dépendant de la Châtellenie de Cassel; puis vient l'édit d'Albert et d'Isabelle, de 1610.

L'arrêt du Parlement de Flandres enregistré le 10 mai 1781, apporte ensuite de nouvelles modifications, principalement pour la juridiction de la Vierschaere d'Hazebrouck. — Avant cette époque on voit un édit de Louis XII, de 1762, en vertu duquel le roi reçut le magistrat de Cassel à sa cour, édit enregistré à Tournai, le 15 décembre de cette année (1).

Quoi qu'il en soit de certains changements dans les divisions susdites et sans crainte de commettre de graves erreurs chronologiques, on peut dire que la division générale, qui vient d'être présentée concernant les Vierschaeres a peu changé dans son ensemble, car au commencement du XVIIe siècle, elle se voit encore presque la même. Nous allons en donner ici une preuve assez curieuse par la *toiture* du bâtiment de cette Cour — toiture qui est *allégorique.*

Nos recherches ont fait découvrir l'explication de cette allégorie historique et nous devons en parler, en terminant.

Nous nous étions souvent demandé ce que signifiaient les quatre rangs de *lucarnes borgnes* (17 en tout) placés sur la

---

(1) Passage de cet édit royal : « Les *baillis et les vassaux*
» et les *hommes de fiefs de ladite cour* auront la direction
» entière de toutes les affaires de ladite ville et y parleront en
» notre nom. Toutes justices tant civiles que criminelles et de
» même qu'ont ci devant fait les baillis et échevins de ladite
» ville, etc. »

large toiture du bâtiment de la grande place de Cassel (1) appelé encore communément 'T Lands-huys, et où siégeait encore, il y a moins de cent ans, la justice de la *noble Cour de Cassel*. Nous avons trouvé que c'était là un toit d'allusion représentant, par rangs de ces lucarnes, le nombre des Vierschaeres, de différents genres dépendant de cette cour, ou *court*, le bâtiment qui les supporte ayant été construit à la fin du XVIe siècle ou au commencement du XVIIe

Ainsi 1° au bas de cette toiture il y a d'abord, au milieu, une croisée, la plus grande, représentant la *haute justice* de la châtellenie de Cassel, puis 2° à chacun de ses côtés deux autres croisées de même format et de même aspect, mais de moindre dimension. Elles figurent les *Vierschaeres royales* de Cassel et de Steenvoorde, annulées depuis.

3° Entre ses croisées mansardes il y a quatre lucarnes borgnes et saillantes, comme les suivantes qui représentent les *moyennes justices* dépendant de la cour.

4° Près du haut de la toiture susdite, il y a un rang de sept lucarnes (on n'a pu probablement en mettre huit) (2) qui sont pour y figurer les *tribunaux de l'Ambacht* de Cassel.

5° Enfin, outre ces deux rangs, on en compte un autre de

---

(1) La grand'place de Cassel a ceci de remarquable qu'étant située le long de la pente du coteau méridional du sommet du mont, elle a beaucoup plus de longueur que de largeur; c'est-à-dire qu'on peut y compter autant de pas d'homme dans son étendue en long que de jours dans l'année, et pour sa largeur autant de pas que de semaines dans cette année. Ceci quoique approximatif méritait d'être signalé mais comme une singularité accidentelle et forcée.

(2) Ou bien il n'y en avait que sept en ce temps là.

six lucarnes aussi proéminentes et borgnes qui offrent une forme un peu différente des autres. Elles étaient sans doute pour désigner la *justice de la Motte au Bois et ses cinq tenances*.

Notons que l'hôtel communal de la Cour dont nous parlons doit être antérieur à l'ancien Hôtel-de-Ville de Cassel, construit par les Espagnols en 1634, et qui est devenu officiellement depuis quelques années un *monument historique*. L'hôtel dit 'T *Lands-huys* a maintenant une destination spéciale, l'une des salles du haut est occupée par les *bureaux de la Mairie*, et dans une autre de ses salles le Conseil municipal tient ses séances.

Addition. — Edit de suppression de justices du ressort de la cour féodale de Cassel (année **1774**).

Nous avons dit qu'une *Vierschaere* était à proprement parler un tribunal ou chambre de justice seigneuriale, ajoutons en dernier lieu que *la constitution de ces justices* est clairement tracée dans le préambule d'un édit du mois de juin 1774, portant suppression de celles du ressort de la cour féodale de Cassel.

Voici comme il est conçu :

» Louis, par la grâce de Dieu, etc.

» Par le compte que nous nous sommes fait rendre de la
» composition actuelle du siége qui est établi en notre ville de
» Cassel, nous avons été instruits que des cinquante-cinq villages
» qui forment son territoire, il y en a vingt-sept connus sous le
» nom de *Vierschaeres*, c'est-à-dire dans lesquels la justice
» s'administre en notre nom; que ces *Vierschaeres* sont divisés
» en sept tribunaux, dans chacun desquels il y a un bailli, des
» échevins et un greffier, qui sont nommés par le grand-bailli
» et les officiers de notre cour de Cassel, et qui exercent la
» justice civile; que ces tribunaux sont renouvelés communé-
» ment tous les deux ans; que les appels des jugements qui s'y
» rendent se portent à la cour de Cassel, ensuite en notre
» présidial de Bailleul et enfin en notre conseil supérieur de
» Douai (alors subrogé au parlement de Flandre); ce qui, dans
» l'état actuel des choses, forme quatre degrés de jurisdiction

» à essuyer dans les matières civiles, pour les justiciables de ces
» *Vierschaeres*. Nous sommes informés que de la singularité de
» cet établissement, il résulte les plus grands inconvénients et
» notamment que la justice y est fort mal administrée, parce
» que ces tribunaux sont toujours très mal composés. Nous
» sommes informés pareillement que cet établissement, contre
» lequel on réclame depuis bien des années, ne s'est soutenu
» jusqu'à présent en quelque sorte que par le crédit et l'autorité
» des grands baillis de notre cour de Cassel, seuls intéressés à
» sa conservation; ce qui nous détermine à supprimer ce dernier
» office en même temps que cet établissement, à ordonner qu'à
» l'avenir la justice sera rendue en première instance aux jus-
» ticiables de ces *Vierschaeres* par les officiers du siége établi
» en notre ville de Cassel, à la charge de l'appel en notre
» présidial de Bailleul. Nous procurerons par ce moyen à nos
» sujets justiciables de ces *Vierschaeres*, outre l'avantage de la
» suppression d'un degré de jurisdiction, celui d'être jugés par
» des juges plus éclairés et de l'être à moins de frais. Il nous
» a semblé d'ailleurs convenable que le siége de Cassel, qui
» a la connaissance des matières criminelles dans toute l'étendue
» de ces *Vierschaeres*, y eût aussi celle des matières civiles.

. . . .

» A ces causes, etc. »

Cet édit a été enregistré à Douai le 28 juin 1774.

Nous donnons ici, pour terminer ces documents, quelques détails sommaires sur les *pestes et maladies contagieuses* qui sévirent à Cassel et dans les environs au XIVe siècle, à l'époque où vécurent Robert de Cassel et puis sa fille, la comtesse Iolande, et dans les temps qui suivirent.

Pestes, flagellants, danses maniaques, dites de St-Jean sorcelleries et superstitions diverses.

Pestes en Flandre et autres parties des Pays-Bas, au XIVe siècle particulièrement.

Nous ne parlerons de pestes antérieures au siècle où vécut Robert de Cassel (époque qui seule doit nous occuper actuellement) sinon que pour dire : 1º que déjà une maladie pestilentielle, terrible, connue sous le nom de *mal des ardents* avait fait de nombreuses victimes, en 1046, sous le roi Henri I, petit-fils de Hugues Capet; 2º et qu'au XIIIe siècle, la lèpre, cette hideuse maladie importée de l'Orient par les Croisés, sévissait aussi dans la Flandre. Ce fléau décimait sans pitié les populations. En certains endroits, on appelait les pestiférés des ladres et leur demeure commune la *maladrie*, car par suite des mesures prises pour la salubrité publique, ces malades, crainte de contagion, furent isolés du reste des habitants en de sortes d'hôpitaux ou maisons d'ambulance. (1).

(1) Il y avait dans le temps, près de Cassel, une maison pour pestiférés, située sur un plateau bien aéré à l'Orient du Mont voisin de cette ville, appelé alors le Mont des Vautours (Wouwenberg) et plus tard mont des Récollets, parce que ces religieux y avaient leur couvent.

On appelait cette maison 'T *Pest-hûys*. Elle avait été bâtie juste à l'endroit que les Récollets choisirent pour leur demeure et leur église. (Voir notre *Notice historique sur les R. P. Récollets de Cassel* et du petit Mont qui porte encore leur nom).

Nous devons nous occuper particulièrement ici de pestes d'un autre genre aux siècles suivants. Ainsi les années 1348 et 1349 furent des années de malheur.

Presque par toute l'Europe, une peste terrible fit d'étranges ravages. En commençant vers le Midi ce fléau se propagea vers le Nord. Il mourut à Paris jusqu'à soixante mille personnes, les Pays-Bas et l'Angleterre n'en furent pas exempts, les médecins ne trouvaient aucun remède pour l'arrêter, ils ne pouvaient même en découvrir ni la nature ni les causes. Plusieurs lieux demeurèrent dépeuplés; la grandeur du mal et du danger avait comme étouffé dans les hommes tout sentiment d'humanité (1).

Après ces pestes, il y en a eu d'autres au 15e, 16e et 17e siècles. Ainsi il régnait aussi à Cassel une maladie pestilentielle, en 1471; une lettre de Charles le Téméraire qui va suivre la mentionne. En 1510, la peste envahit la Flandre et y causa aussi une grande mortalité.

En 1613, cette maladie contagieuse se déclara aux environs de Cassel, et spécialement à Oudezeele.

En 1625, la ville de Cassel était à son tour plongée dans la consternation par la peste (2). — Nous ne pouvons nous empêcher de dire ici quelques mots de cette dernière affection pestilentielle pour Cassel au XVIIe siècle, à cause de documents officiels d'alors regardant cette ville, qui sont *maintenant perdus.*

(1) Dom Calmet, t. 11, page 587.

(2) Voir aux Annales du Comité flamand de France, t. 11, p. 128, à l'occasion de St. Roch.

Documents concernant certaines pestes à Cassel.

« Extraits du registre aux résolutions du Bailli et des
» Echevins de la ville de Cassel, commençant le 1er juillet 1586
» et finissant le 24 septembre 1678. »

Nota. — Ce registre curieux a disparu de la Mairie de Cassel
depuis que j'en ai fait des extraits pour ma Topographie historique
de cette ville et de ses environs, publiée en 1828. Cette perte
est très regrettable. Elle est due à un détournement déloyal qui
mérite d'être signalé dans l'espoir de restitution dans l'avenir.

Pour ce qui concerne diverses maladies pestilentielles qui y
furent le sujet de résolutions spéciales des autorités locales,
j'en ai noté ce qui suit :

Quant aux maladies pestilentielles qui régnèrent à Cassel aux
15e et 17e siècles, et dont les Archives de la ville font mention,
elles étaient caractérisées par le développement de bubons et
d'antrax; leur contagion était due à des communications immé-
diates, et elles peuvent être rangées dans le groupe connu
sous le nom de typhus d'Orient.

Je tiens à transcrire ici littéralement ce qui se trouve écrit
de remarquable à ce sujet, dans les Archives de la ville.

Une lettre de Charles, duc de Bourgogne, de l'année 1472,
contient un passage où il est dit que la peste régnait aussi à
Cassel et dans ses environs, en 1471.

(Voir à la fin de ces notes).

1° Décision des baillis et échevins de la ville de Cassel, du **20 juin 1625**.

« Informé que la peste fait de plus en plus des ravages
« dans les environs, il est défendu de recevoir en ville les
« personnes venant de lieux pestiférés, aux pauvres d'y aller
« mandier, et aux mandians étrangers de venir en ville. Les
« mandians en ville porteront sur leur bras droit une plaque
« avec marques particulières, afin de s'assurer qu'ils sont habi-
« tans. »

2° Décision du **20 mars 1626**

« Etant venu à la connaissance du magistrat, que la peste est
« à l'habitation de la veuve de François de W..., qu'il apporte
« du rapport fait par le chirurgien-major de M. le comte de
« Hennin, ayant visité aujourd'hui, à la demande du magistrat
« une des filles de la veuve de W..., ayant le carboncle (vitse)
« pestilentiel, résolu, à la demande de la commune qui s'est
« assemblée de son propre mouvement, en la salle du collège,
« de prévenir la contagion. Il aura soin des dites personnes,
« les curera, nétoyera la maison de tout poison, et aura pour
« salaire 48 sols par chaque jour, la fumigation étant une
« charge de la ville. »

3° Décision du **19 avril 1626**.

« Sur plaintes des pestiférés, résolu qu'il sera fourni à cha-
« que baraque pour 12 sols parisis de pain par jour, une
« demi-livre de beurre par semaine, 12 sols parisis de viande
« de veau, un demi-quartron d'œufs, une livre de fromage. »

4° Décision du 9 mai 1626.

« L'éruption de la peste ayant eu lieu en la maison de... de
« la rue dite du Tambour, ordonne de faire habiter par tous
« ceux qui habitent cette maison, une des trois baraques que
« la ville a fait construire et seront entretenues par les biens
« délaissés par la ve.... morte de la peste.

Autre décision de mai 1626.

« Toutes les personnes appartenantes à la veuve de François
« de W..., aussi habitant avec elle (rue du Tambour), étant
« venues à mourir de la peste, tous ses biens meubles seront
« vendus pour le paiement des frais d'entretien dans la baraque. »

5° Décision du 16 octobre 1635.

« La peste augmentant de jour en jour, et apportée de
« Dunkerque et Bergues en cette ville, il est ordonné de ne
« recevoir aucune personne, en cette ville, venant de ces lieux,
« et comme la peste peut se communiquer d'une maison dans
« l'autre par la divagation des chiens et des chats, chaque pos-
« sesseur de ces animaux est obligé de les tenir à l'attache dans
« sa maison, sous peine comme de droit, et que ces animaux
« seront tués. »

6° Règlement sur les pestiférés, des 2 et 25 juin 1636.

« Nul attaqué de la peste ne sortira que trois semaines
« après sa guérison, et toutes les personnes habitantes les
« dites maisons ne pourront sortir avant cette époque.

« Lorsque la peste se manifestera dans une maison, on pendra
« à une des fenêtres le signal d'usage.

« Si une des personnes habitant ces maisons, pour affaire
« doit sortir, il sera porteur d'uue verge blanche d'au moins
« quatre pieds, et évitera la rencontre des autres personnes.

« Les entrées des maisons où il y a une personne morte de la
« peste, seront fermées d'une échelle à travers laquelle on don-
« nera ce qui est nécessaire à ces personnes, et d'après l'ordon-
« nance du maître des pestiférés à ce dénommé.

« Tout porteur d'une verge blanche ne pourra sortir que
« deux fois par jour : le matin, depuis huit jusqu'à neuf
« heures, et l'après-diner, depuis quatre jusqu'à cinq heures. »

7° Du **11 septembre 1646.**

Les Pères Jésuites de la Société de Cassel demandent au Magistrat en arrentement perpétuel les quinze mesures de terre appartenant à la ville (contre leur couvent) et ce en récompense de service rendu en différentes circonstances, savoir..... et actuellement que la peste règne en cette ville, ils ne cessent de laisser fréquenter leur couvent à toutes les personnes au grand péril de l'infection et ce sans récompense particulière des habitants.

(Voir *l'in-extenso* de ce document à la page 55 de notre Topographie de Cassel).

Le Magistrat approuve et accueille favorablement la demande des R. Pères.

8° Décision du **7 juin 1647.**

« Ordonné aux maîtres des travaux d'établir deux baraques
« pour y séjourner les pestiférés, à l'endroit appelé *Stak-oever*,
« au nord de la ville. »

Nous ne pouvons dire en quoi consistait l'affection dite pestilentielle dont il s'agit ici, tout ce que nous savons, c'est qu'elle s'arrêta ou cessa dans la rue de St-Omer, vers son milieu. Aussi tous les ans à la fête de Sᵗ-Roch, en août, conduit-on à l'église un enfant de cette rue, habillé en ange, ou en enfant de chœur, pour l'offrande de la messe, en souvenir de ce fait réputé miraculeux.

— Voir notre Travail historique sur les collégiales de Cassel, à la page 105. (Année 1878, Hazebrouck.)

———

Terminons cette digression, qui peut avoir son utilité, par faire observer que les pestes et autres maladies épidémiques, des époques ci-dessus désignées, n'étaient pas des affections exclusivement propres à Cassel, mais qu'elles étaient générales et sévissaient non-seulement en France, mais encore à l'étranger. L'Angleterre même n'en était pas exempte. — Cassel est une des localités les plus saines des Pays-Bas et de la France. Par l'élévation et l'isolement de son site, la ville est à jamais préservée des maladies dont les causes sont dues aux émanations marécageuses ou autres vices de l'atmosphère, elle doit cet avantage à sa belle exposition. *Hippocra'e* avait remarqué « que les villes qui sont bien situées par rapport aux vents et au « soleil et qui ont de bonnes eaux sont la plupart exemptes de « maladies locales contagieuses, ou autres que les *sparadiques*. » Aussi Cassel est-il recherché pour la santé.

XXXII

Extrait d'une lettre de Charles, duc de Bourgogne, qui regarde les sœurs de l'hôpital de Cassel.

———

Charles par la grâce de Dieu, duc de Bourgogne, comte de Flandres, d'Artois, de Bourgogne, palatin du Hainaut, etc., sçavoir faisons à tous présens et advenir nous avoir reçu l'humble supplication de religieuses personnes nos bien amées en Dieu les sœurs de l'hospital en notre ville de Cassel contenant comment les dites suppliantes sont en nombre de huit sœurs religieuses demeurant audit hospital sans leurs familiers et serviteurs respectivement fondées et données car elles ne tiennent que la valeur de cinquante bonnes livres de notre monnoye d'Artois par an ou environ sur quoi elles doivent avoir leur sustentation et avec ce loger et potager les pauvres passans qui y surviennent et en temps de pestilence ou autres maladies contagieuses y recevoir et garder tous pauvres malades de notre dite ville et semblablement lesdits passans pelerins et autres miserables personnes illec surprises et demeurans gisans devant leur gisines et faire enterrer les morstrepassez audit hospital dont ils y ont en l'année passée plus de cent cinquante personnes qui tous y moururent de la dite pestilence ou de maladies contagieuses et lesquelles icelles religieuses administrerent servirent et garderent en leur maladies et gisines tant qu'ils furent et vecquirent en icelui hospital mais bonement ne le pourroient plus ainsi faire furnir n'y endurer en leur dite pauvreté et icelle des habitants de notre dite ville sans avoir autre ayde et provision pour la sustentation et nécessité d'eux et desdits pauvres si comme elles disent en nous suppliant que leurs voulons octroyer et consentir qu'elles puissent à cette fin au profit du dit hospital (1) acheter une petite portion d'héritage contenant *XXXI mesures et demy* de terre gisant derrière le dit hospital, être pour la somme de X gros, etc., etc. (X gros) livres de ?... (2).

---

(1) L'hôpital des malades actuel est encore le même dont il est parlé dans cette lettre; son organisation date du mois d'avril 1255

(2) On voit que cette lettre qui précède et qui date de 1472, est de Charles le Téméraire, lorsqu'il était déjà duc et comte de Flandre, c'est-à dire après la mort de son père Philippe-le-Bon, survenue en 1467. — Notons qu'avant ce temps, ce Charles de Bourgogne avait été seigneur de Cassel vers la fin de la vie de sa mère, Isabelle de Portugal, qui lui avait transmis ses droits sur cette seigneurie, comme dame de Cassel. — Cette duchesse habitait le château de la Motte-au-Bois.

Flagellans, ou pénitents fanatiques au XIVe siècle.

La frayeur de tant de fléaux successifs porta des personnes à une grande pénitence, inconnue jusqu'alors. Ce fut de se fouetter publiquement avec des disciplines de cordes garnies de plusieurs nœuds, et armées par le bout de quatre pointes de fer. *Ces flagellans* parurent aussi en Flandre et dans le Hainaut, malgré l'observation des théologiens qui déclarèrent que ces actes superstitieux étaient contraires à Dieu, à la sainte Eglise et au salut des âmes.

Ces gens s'assemblaient tant en France qu'en Angleterre (1) par bandes de cent, deux cents, et allaient de ville en ville, ayant des chefs en tête, auxquels ils obéissaient ponctuellement. Etant arrivés dans un lieu, ils faisaient sonner, d'une certaine façon, une clochette, et faisaient un grand cercle devant les principales églises, puis ils se déshabillaient et se déchaussaient ne réservant qu'une espèce de chemise qui les couvrait comme une large culotte depuis les reins jusqu'en bas. Après quoi ils se prosternaient ayant les bras étendus, puis s'étant relevés ils commençaient à se donner très rudement la discipline, pendant que quelques-uns chantaient, au milieu du cercle, des prières et litanies que les autres répétaient après eux, etc.

Cela durait pour chaque troupe 33 jours et 12 heures.

Le pape Clément VI arrêta cette dévotion presque dès son origine en 1350.

(1) **A** Londres on appelait *pénitents* (mot anglais) pour désigner ces fanatiques de la ville et d'autres contrées.

Danse de St. Jean ou de St. Guy.

Une cinquantaine d'années après la bataille de Cassel de 1328, du temps d'Iolande de Flandre, c'est-à-dire surtout vers l'année 1380, on vit des personnes de tout sexe, de tout âge et de toute condition, qui se mettaient à danser et à chanter des espèces de complaintes, dans les rues, dans les maisons, en veillant et dormant. Le prêtre, en faisant l'office, dit Dom Calmet, le laboureur tenant sa charrue, le seigneur rendant la justice à ses sujets, se trouvaient tout d'un coup saisis de cette espèce de charme ou maladie et commençaient à danser et à chanter jusqu'à ce que la fatigue les forçat de se jeter par terre où ils demeuraient immobiles.

Lorsqu'ils se rencontraient dans les rues, le premier qui commençait à danser, était suivi par les autres. Ce mal leur durait quelquefois neuf à dix jours, et parfois plusieurs centaines de personnes en furent attaquées, et il fallait enfin que l'autorité des princes et des magistrats arrêtât le cours des excès qui en furent la suite, non-seulement dans les Pays-Bas, selon des écrivains, mais aussi le long du littoral de la Meuse, de la Moselle et du Rhin. Des pèlerinages, les exorcismes furent aussi employés dans la pensée que c'était une maladie causée par le démon...

On remarqua que ces malades avaient de l'éloignement pour la couleur rouge et pour les souliers cornus ou pointus (1).

(1) Voir V. Servais, T. I, page 296.

XXXV

Description rimée des effets de cette danse d'imitation.

(CHRONIQUE MESSINE)

C'estoit une pitié admirable
Et merveille tres pitoyable :
Car tous les plus reconfortés
Estoient fort épouvantés.

Fut en dormant, fut en veillant,
Fut sur pouve (pauvre) ou sur vaillant
Ou que la fortune tomboit,
Tantôt donner les convenoit.

Le prestre en faisant son office,
Les seigneurs séans en justice,
Le laboureur en son labeur,
Sur qui tomboit la douleur.

Et dansoient neuf ou dix jours,
Sans avoir repos ny séjour.
Ou plus ou moins à l'adventure
Comme est le mal aux créatures.

Il paraît que, dans certains pays, cette épidémie singulière dite la *danse de Saint Jean*, ayant beaucoup d'analogie avec la danse de Saint Guy, dégénéra en libertinage. Il fallut que l'autorité des grands en arrêta le cours, selon Dom Calmet, Histoire de Lorraine, T. III.

14

XXXVI

Sorcelleries. — Superstitions.

La sorcellerie et autres superstitions existaient aussi au XIVe siècle avec assez d'intensité. Les sorciers et sorcières (1) étaient en renom en Flandre et aux pays voisins : par tradition on en avait encore peur aux temps suivants.

Récit de sorcellerie pris pour exemple (2).

1345. — En l'an MCCC et XLV furent prinses III femmes sorcières et servantes de tous les curieux d'enfer, lesquelles feirent tres énormes pechez especialement de faire par leur mauvais ars tonner, graller et diverses tempestes, tellement que plusieurs fois de bleds de maisons furent tempestées et mises à ruine.

Item la première s'appellait Jennette et était boîteuse et fut jadis prince à chastel pour ledit cas, et fut relaschée, mais elle fut signée de fer chault au visaige et commandoit sur a estre arse (3) que plus rien usait; neanmoins elle recheust en lad. heresie et crimes, par laquelle rancheûte elle fut par jugement eschaidé publiquement, et incontinent elle fut arsée, et le nom d'elle en lour sinagogue de diablerie et nom lo *chatte*. — Item l'autre avait nom Jehenne Chamet. — Item la tierce qui estoit femme don Maistre eschevin ot nom Didet, et en son sinagogue *hapillat* . . . .

. . . .

(1) *Sorciers*, en flamand Toveraers; *sorcières*, Toveressen.
(2) Dom Calmet, preuves du vol. 11.
(3) *Arse*, brûlée vive, en public, par fagots.

Item en oultre que la d. Jennette et Jehenne faisoient hommaige à leur maistre chacune d'une poulle, et la femme du maistre eschevin, de Rogneullt de ses chevaulx, et de ses ongles, et ne fut point arse, mais les 9 autres furent très bien arses (ou bruslées) et mortes.

XXXVII

Les sorcelleries et superstitions jugées, blâmées et anéanties complétement dans la suite de ces temps.

Les progrès de la civilisation sont une conquête sur le domaine de la superstition, le rayonnement croissant des lumières, la participation, chaque jour plus large des masses populaires aux bienfaits de l'éducation et aux bénéfices matériels et moraux de la vie sociale, tendent à dissiper les fausses croyances, à rejeter dans l'empire du mensonge ces êtres invisibles, ces puissances surnaturelles dont le rôle serait de se jouer de nous, corps et ames (1), à sauver enfin la dignité humaine des hontes de la démonomanie et de la sorcellerie.

A. Dechambre : Feuilleton de la Gazette hebdomadaire de médecine et de chirurgie, 22 octobre 1856.

----

(1) Le recueil des bulles pontificales dirigées contre les maléfices et sortilèges (*Bullæ et extravagantes pontificum,* à la fin du *Tractatus de confessionibus maleficorum,* etc , de Binsfeld) prouve combien les auteurs de ces décretales jugeaient haut la question. Jean XXII, Sixte IV, Innocent VIII, Alexandre VI, Léon X, Adrien XI, Sixte V, ont fait justice de ces préjugés et superstitions.

XXXVIII

Nous terminons ces documents par la reproduction : 1º d'un extrait de *l'acte de partage* fait par le comte Robert de Béthune à ses deux fils (juin 1320); 2º d'un extrait de *l'acte d'approbation* donné par le roi à l'acte de ce partage de Flandre (juillet même année.) Ces pièces ayant été omises dans le texte à la suite de celle qui y figure sous le Nᵘ XI.

Extrait de l'acte de partage fait par le comte de Flandre Robert de Béthune à Louis, comte de Nevers, son fils « ainsné » et à Robert de Flandre son fils « mainsné », passé à Courtrai, le 2 juin 1320.

A Tovs cevx qvi ces presentes Lettres verront et orront, Robert Cvens de Flandre, Salut et connoissance de vérité;

Sçachent tout que nous désirans auant que nous tres passions de cette mortel vie pourueoir à ce que concorde et bonne amour soient et permaignent tousiours entre nos chiers et Amez Louys nostre fils ainsné, comte de Neuers et de Rethel, et Robert son Frère no Fil mainsné, leurs enfans, hoirs et successeurs après eux, et oster toutes occasions et matière pour lesquelles discors et debats poroient apres nostre tres passement sourdre entr'eux pour cause des eschoites et successions qui leur auenroient ou auenues seroient de mi leur Pere, et me chere et amée compaigne Yolant iadis Comtesse de Neuers leur Mere, et de tres-haute et tres-noble Dame, Madame Marguerite, iadis Reyne de Cecile et Comtesse de Tonoire, leur Tante, lesquelles Dieu veille auoir les ames;

A la requeste et grande instance de noz diz Fils, et par bon conseil et meure deliberation que nous en auons eue auec eux, auecques les autres gens de no conseil et du leur, auecques noz hommes y dessous nommez, et auec plusieurs autres sages hommes, du bon gré, loz, et assentement de nos diz Fils, et de chacun de eux, auons ordené et deuisé entre eux desdites escheoites et successions, et à Robert no Fils mainsné déterminée et assignée sa portion en la manière et en la fourme dessous escritte.

Premierement, Nous auons ordené, deuisé, et assigné, ordenons, deuisons et assignons no dit Fils Robert pour tout le droit que il a, puet, et doit auoir, porroit et deueroit auoir et demander esdites escheoites et successions de Nous, de leur Mere et de leur Tante dessus nommées pour cause de diuision, partage et appanage en quel conque manière que ce soit prendre et receuoir, posseder et tenir dix mille livres de terre et rentes heritables de parisis au viez et ancien pris.

Desquels dix mil liures nous ly auons assises et asseons les huit mille liures en terre, és lieux, choses prisie et maniere qui s'en suiuent.

C'est à sçauoir : *Dunkerque* et les appendances, le Chastel, Ville et Terre de *Bournehem* et les appendances, la Baronnie de *Broïyny* en Champagne et les appendances, la Baronnie d'*Alluye* et de *Montmiral* ou Perche et les appendances, lesquels il tient et possède desia. Le Chastel, Ville et Chastellenie de *Cassel* et toutes les appendances auecques les Terres de *Le Bouze* et de *Walenes* et les appendances. Le Chastel, la Terre du *Bos de Nieppe* et les appendances. Le Chastel, la Ville et la Chastellenie de *Warneston* et les appendances. Le *Pont d'Estaires* et les appendances. La ville de *Grauelinghes* et les appendances. La Ville et Chastellenie de *Bourbourg* et les appendances.

Lesquelles choses toutes dessusdites auec les cas qui appartienent à la Noblesse du Seigneur des lieux dessus nommez gisans en la Comté de Flandres; si comme de rendre la teste, et de tous autres cas, qui a Noblesse appartienent, sauve la souueraineté, l'obéissance et le ressort; Ont ésté et sont desia prisiez par Eustache Bernage, esleu et pris pour ce de Louys no Fil ainsné, et par Monsieur Robert, seigneur de Pont, Rouart Chevalier, et Jehan Palstre en lieu de ly, quand ly diz Sire de Pont Rouart ne y pooit entendre, esleus et pris pour ce de Robert nostre autre Fil; et nostre Amé Neueu Monsieur Williaume de Flandre esleu et pris daulx deux nosdits Fils comme tiers ou cas ou ly doi priseeur dessus nommez ne seroient d'accord, à la quantité de la somme de cinq mille huict cens sexante neuf liures huict soldées vn denier maille poiteuine, et le huictiesme part d'vne maille parisis, ainsi comme il appert plus plainement par la prisic des choses dessusdites, scellées de nous et de nos deux Fils dessusdicts, faite en especial par les priseurs dessus nommez.

Et les autres deux mille cent trente liures unze souls, dix deniers, et les trois quarts de poiteuine, qui falent à parfaire de l'assise desdites huit mille liures de terre, nous ly auons assises et asseons en autre lieux non encore prisiez cy-après nommez.

C'est à sçauoir la Ville et Chastellenie de *Berghes* et les appendances, la Ville de *Noesport* et les appendances, la Ville et la Terre de *Douze* et les appendances.

Lesquels lieux dessus dits seront prisiez sans delay à la dite prisie par ceus qui firent l'autre prisie s'il y puet entendre, ou par autres conuenables en lieu de ceus et de celuy de eus qui ne y porroient ou ne porroit entendre. Et tout ce que par la prisie desdites villes et lieux darainement nommez, ainsi prisiez que dessus est dit, sera trouué outre la somme de deux mille cent trente liures unze soldées dix deniers et les trois quars de poiteuine, sera restably à nous et à nos hoirs Comtes de Flandre. Et aussi à l'encontre, se moins de la dite somme estoit trouuée par la prisie dessus dite, tout ce qui s'en deffaudroit sera parfait et assis à no dit Fil Robert, en la maniere et prisie dessus dite, et autres lieux conuenables et voi-sins as villes et lieux dessus dits.

Et est à sçauoir que se nos diz Fils Louys ou si hoir et successeur apres nous Comtes de Flandre pussent trouuer à acquerre rente ou terre, iusques à la dite somme de deux mil cent trente liures unze soldées dix deniers et trois quars de poiteuine, assises en autres lieux en Flandre, que es Villes et Chastellenies de Berghes de Noesport et de Douze et des appartenances, baillier les pourront tous dis au dit Robert no Fil, ou à ses hoirs en eschange pour les Villes Chastelenies et Terre de Berghes, Noesport et Douze dessus dites, dedans huict ans prochains après nostre trespas. Et seront tenus nos dis Fils Robert et si hoir, prendre et receuoir du dit Louys et de ses hoirs Comtes de Flandre les dites rentes et Terres acquises, et par eschange d'icelles rendre et restablir au Domaine de la Comté de Flandre les Villes et Chastelenies de Berghes de Noesport et de Douze, en telle maniere que nos dis Fils Robert ou si hoir, ne seront tenus de prendre ou receuoir en rente pour cause de l'eschange dessus dite autre rente que seulement des rentes dont les autres lieux et Terres gisans en la Comté de Flandre que nous ly auons dessus assis par prisie ia faite sont carchiées, si comme dessus est dit, ne plus grant quantité de rente que mille liures, ou cinq cens se nos dis Fils Louys ou si hoir n'en pooient plus trouuer de cinq cens liures, laquelle quantité de rente il deuront eschanger mille liures à vne fois, et ce qu'il y demourra a eschanger de la dite somme de deux mille cent trente liures onze sols dix deniers, et les trois quarts de poiteuine, deuront no dis Fil Louys ou si hoir bailler en eschanhe en terre, dont il deuront eschangier mille livres à vne fois, et ce qu'il y demourra outre à eschangier à vne autre fois.

Et les autres deux mille liures qui falent à parfaire de la totale somme de dix mille liures de terre et rente assignées à nostre di Fil Robert, nous les auons assises et asseons à ly et à ses hoirs, sur la rente des dix mille liures tournois, que nos Gens de nos Villes, Chastelenies et Païs de Flandre doiuent à nous et à nos hoirs Comtes de Flandre faire et rendre en recompensation et en restor des Chastiaux, Villes et Chastelenies de L'Ille, de Douay et de Béthune, à prendre et à auoir es lieues cy dessous nommez.

C'est à sçauoir, sur ce que la Ville et la Chastelenie de Cassel, la Ville d'Ypres, la Ville de Furnes et la Chastelenie, la Ville de Berghes et la Chastelenie, et tout le West-Flandre doiuent et deuront de la somme des dix mille livres tournois iusques à la somme des deux mille liures parisis dessus dites.

Item, nous auons ordené et deuisé, ordenons et deuisons que nos diz Fil Robert et si hoir successeur ès choses dessus dites à ly assignées, tenront tout ce que de son assignement est en la Comté de Flandre de nous, de no dit Fil Louys, de nos autres hoirs et successcurs Comtes de Flandre en fief et en hommage. A un fief et à un hommage ce qui muet du Royaume de France, à un autre fief et à un autre hommage ce qui muet de l'Empire. et les tenroit aussi franchement comme Frere doit tenir, et ainsi comme on l'a vsé et accoustumé à tenir franchement et sans charge de debtes ou d'assenemens fais pour cause de debte de nous ou de nos devanciers, et cil aussi qui tenront dessous eus, tenront aussi comme ils ont vsé et accoustumé tenir ou temps passé à toutes leurs franchises, sauue toutefois as Comte de Flandre l'obéissance et le ressort et la souueraineté aussi, ainsi comme il apert par la prisie des choses dessus dites.

Item, nous auons ordené et deuisé, ordenons et deuisons que ou cas que nos dis Fil Robert mouroit sans hoirs de son corps, tout ce dessus escrit que nous ly auons assigné et assis en no Comté de Flandre reuendra arrière au Comte de Flandre qui pour le temps le sera, et à ses hoirs Comtes de Flandre, et en seront hoir et successeurs dudit Robert.

Item, nous auons ordené et deuisé, ordenons et deuisons que auecques les dix mille liures de terre, ou rente dessus assignées nos dis Fil Robert auera vingt mille liures de parisis de no dit Fil Louys, à payer dedans quatre ans prochains après nostre trespassement, chascun an cinq mille liures, pour cause de ce que nos dis Fil Robert s'est contanté des maintenant à la prouision de la Comté de Flandre paruenir à Louys Fil dudit Louys nostre Fil ainsné, ou cas où nos dis Fil Louys trespasseroit de ce siecle auant que nous, et a renoncé dès maintenant nos dis Fil Robert pour le dit Louys son neveu à l'escheoite et succession de la Comté de Flandre et transporté au dit Louys tout le droit de l'escheoite et succession qui auenir ly porroit par la mort de nous ou cas dessus escrit; sauf a ly et a ses hoirs demeurant son assignement si comme dessus est deuisé.

Item, nous avons ordené et ordenons que tout traite et accord fait auparavant sont nul et de nulle vertu.

Et nous fesismes venir en la présence de nous et de nos Fils nos hommes de nostre conseil, lesquelz nous ont affirmé que nostre ordenance, à eulx dite et exposée en flament et en walech, estoit de value et que le pooit on fermer par loy.

Et lors escontinent en la présence de nos dis hommes nous establismes le dit Eustache Bernage, pour les choses dessus dites mettre à loy et a jugement, et ly baillasmes la Verge comme à Bailly.

Et donc ly dis Eustache comme Bailly présenta à nous no dis Fil Robert de corps et de mains, et nous requist que nous le reccussions en foy et hommage de tout son assignement dessus dit gisant en la Comté de Flandre, à tenir ly et ses hoirs de nous et de nos hoirs Comtes de Flandre, à deux hommages en la manière dessus escritte en nostre dite ordenance, et nous l'en reçeusmes et l'en reuestimes en la fourme qu'il nous requist.

Item, après ce adonc et là en droit en la présence de nous, nos deux Fils dessus nommé se assentirent et accorderent ensemble par le gré de no chiere Fille Jehanne, femmes iadis du Seigneur de Couchy a donc, et là présente, laquelle comme ly plus prochaine hoirs de la chose apres no dit Fil Robert consentit et accorda toutes les stipulations de nostre dite ordenance. Et espécialement no dis Fil Robert renonçant à l'héritement des Villes, Chastelenies et Terres d'Alost, de Geralmont, de Wase et des quatre mestiers, qui ly tu fais et à l'hommage desdits lieus, auquel nous le auiesmes receu.

Et nous Robert Cuens de Flandre en tesmoignage de ces choses nous auons à ces présentes lettres fait pendre nostre scel.

Et supplions à tres-hault, tres-excellent et tres-puissant Prince nostre cher Seigneur, Monseigneur Philippe, par la grace de Dieu, Roy de France et de Navarre, que il nostre ordenance et toutes les choses dessus escrites, et chacune d'icelles veulle par s'auctorité Royal, assentir, gréer, approuver, confermer, et faire tenir comme Sire souverain, octroyer et donner sur ce lettres scellées de son scel.

Et nous Louys, ainsnez Fils de no cher Seigneur et Pere Monsieur le Comte de Flandre, dessus nommé Cuens de Nevers et de Rethel; et nous Robert de Flandre ses Frères; et nous Jeanne iadiz Femme du Seigneur de Couchy leur Seur, enfant de no dit Seigneur le Comte de Flandre, assentons, greons, loons, et approuuons l'ordenance, deuis et assignement fais par no tres-cher Seigneur et Pere.

En tesmoignage de laquelle chose, nous Louys, nous Robert, et nous Jeanne dessus nommez, auons fait mettre nos sceaux à ces présentes lettres.

Ces choses furent faites à Courtray le second iour du mois de juin l'an de grâce mil trois cens et vingt.

Inventaire des titres de la chambre des comptes de la Fère. Bibl. imp. Man. côté S. G. F. 1135. — Galland, p. 149, preuve v, p. 123.

Extrait de l'acte d'approbation donné à Paris, en juillet **1320**, par le roi Philippe à l'acte du partage de Flandre fait en faveur de **Robert de Cassel.**

Philippe, par la grace de Dieu Roy de France et de Nauarre; sçauoir faisons, à tous présens et auenir, que presens deuant nous nostre Amé et Feal Louys Comte de Neuers et de Réthel, ainsné Fil dou Comte de Flandres; Louys Fil doudit Louis de Neuers; Philippe de Niele Cheualiers; Maistre Baudouin de Seneleque, et Maistre Gautier de le Vake, Procureurs de Nostre Amé et Feal Robert Comte de Flandres; Robert Fil, et Jeanne Fille dudit Comte de Flandres;

Lesquels, après que nous eusmes approuué et approuuâmes la requête dudit Comte de Neuers, afin d'emanciper et mettre hors de son maimbour et poissance de Pere ly diz Louys Fil au Cuens de Neuers, acceptant;

Nous firent mettre en auant uns rolles scellez et seignez des sceaux ou seignes doudit Comte de Flandre, et de Louys Comte de Neuers, Robert et Jeanne dessusdite, et des hommes du Comte de Flandre; duquel rolle la teneur est l'acte de partage, passé à Courtray le 2 juin 1320, par ledit Robert Comte de Flandre, à Louys Comte de Neuers et Robert de Flandre ses deux Filz;

Fusmes requis, par ledit Louys Fil dudit Comte de Neuers, par lidis Philippe de Niele, Maistre Baudouin et Maistre Wautier de le Vake procureurs du Comte de Flandre; lidis

Cuens de Neuers, Robert Fils, et Jeanne Fille dudit Comte de
Flandre présens à ce; les Procureurs et Messages des bonnes
Villes et du Paiis de Flandre; que nous voulissiens ratifier,
octroyer, parfaire, confermer et fermer en telles manieres
que elles fussent fermes et valables à tousjours, especiau-
ment au profit dudit Loys Fil dudit Comte de Neuers, si que
si par auenture ly cas s'offroit y peust entrer en la Comté de
Flandre, sans trouble et sans empeschement, la pourueance
ou prouision octroyée et accordée au dit Louys, et le consentement, la renonciation et le transport dudit Robert Fil
dudit Comte de Flandre, et l'ordenance, la diuision, et l'assignement fait par ledit Comte de Flandre audit Robert son Fil.

Et encor d'abondant, lidis Philippe, Baudouin et Wautier
procureurs dudit Comte de Flandre firent, accorderent, octroye-
rent pour ledit Louys Fil doudit Comte de Neuers present,
receuant et acceptant ladite pourueance ou prouision telle que
icil Louys ne puist perdre l'heritage de la Comté de Flandre,
ou cas ou ly Cuens de Neuers ses Pere trepasseroit auant le
Comte de Flandre son Pere;

Par ainsi que satisfaction soit faite a Mahaut, Fille doudit
Comte de Flandre de son assignement;

Et ainsi ratifierent et accorderent les procureurs dudit
Comte de Flandre par sermens fais touchiez as saints Euangiles en l'ame dudit Comte et as leurs, tenir et garder fermement à tousiours;

A laquelle pourueance ou prouision ladite Jeanne se con-
senty et accorda, et renoncea expressement à l'eschcoite et
succession dudit Comte de Flandre, et transporta simplement
sans rien retenir oudit Louys son Neueu, tout le droit de

l'escheoite et succession dessus dites,⁎ qui venir ly porroit
par la mort dudit Comte de Flandre son Pere, ou cas ou ly
dis Cuens de Neuers morroit auant ledit Comte de Flandre, et
ainsi le iura touchiez les saintes Euangiles tenir et garder
fermement à tousiours;

Et ly dis Robert se assenty, et accorda à ladite pourueance
ou prouision, et renoncea expressément à l'escheoite et succession doudit Comte de Flandre, et transporta audit Louys son
Neueu tout le droit d'escheoite ou succession dessus dites qui
venir ly porroit par la mort dudit Comte de Flandre son Pere
ou cas dessus escrit, sauf son dit assignement, et le iura touchiez les saintes Euangiles, tenir et garder fermement à tousiours
pour ledit Louys son Neueu, et pour la lignie qui descendroit
dou mariage de ly et de Marguerite nostre chiere Fille, et non
pour autre.

Et nous requisent encor ly dis Cuens de Neuers, Louys
ses Fil, Robert et Jeanne, et ly procureur dudit Comte de
Flandre par viue voix que vousissiens toutes les choses
dessusdites accorder et consentir, et les êtres fermes et valables
à tousiours.

Et nous, considéré le fait dudit Comte de Flandre, et la
supplication de ly, et a la requeste desdits Louys Comte de
Neuers, Loys son Fil, Robert et Jeanne dessus nommez, des
procureurs du Comte de Flandre faite à nous d'abondant par
vive voix, nous consentimes et consentons l'ordenance,
diuision et l'assignement que ly dis Cuens de Flandre a faites
audit Robert son Fils, l'accort et consentement dudit Robert
et de ladite Jeanne, fais sur la pourueance ou prouision faite
pour ledit Loys Fils dudit Comte de Neuers, la renonciation
et le transport de l'escheoite et succession dudit Comte de

Flandre, fais oudit Louys par les dis Robert et Jeannes icelles choses aîrons ratifiées, voulues lores grées et approuvées; et confirmées de nostre autorité royale.

Sauf que audit se dudit assignement fait audit Robert avoit aucunes choses mises, que pour raison de Chastellenies et Baillis de Lille, Douai et Béthune ou des appartenances nous dussent demeurer nostre droit nous y demeure et soit sauf.

Et pour toutes les autres choses qui sont contenues audit assignement lesquelles seroient ostées audit Robert par droit ou par jugement recompensation ly sera faite par le Comte de Flandre qui sera pour le temps, laquelle nous ly ferons faire si le cas y échet, si hastivement comme raison seras et sauf en autre chose nostre droit et autorités chose, l'autruy.

Et pour que ces choses soient fermes et estables à tousiours nous avons fait mettre nostre scel à ces presentes qui furent faites et données à Paris lan de grâce mil trois centz et vint, ou mois de juillet.

Galland, preuve V. p. 1. 22 à 129.

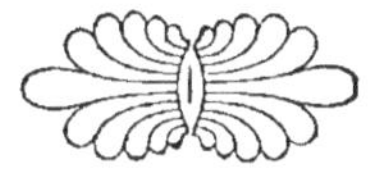

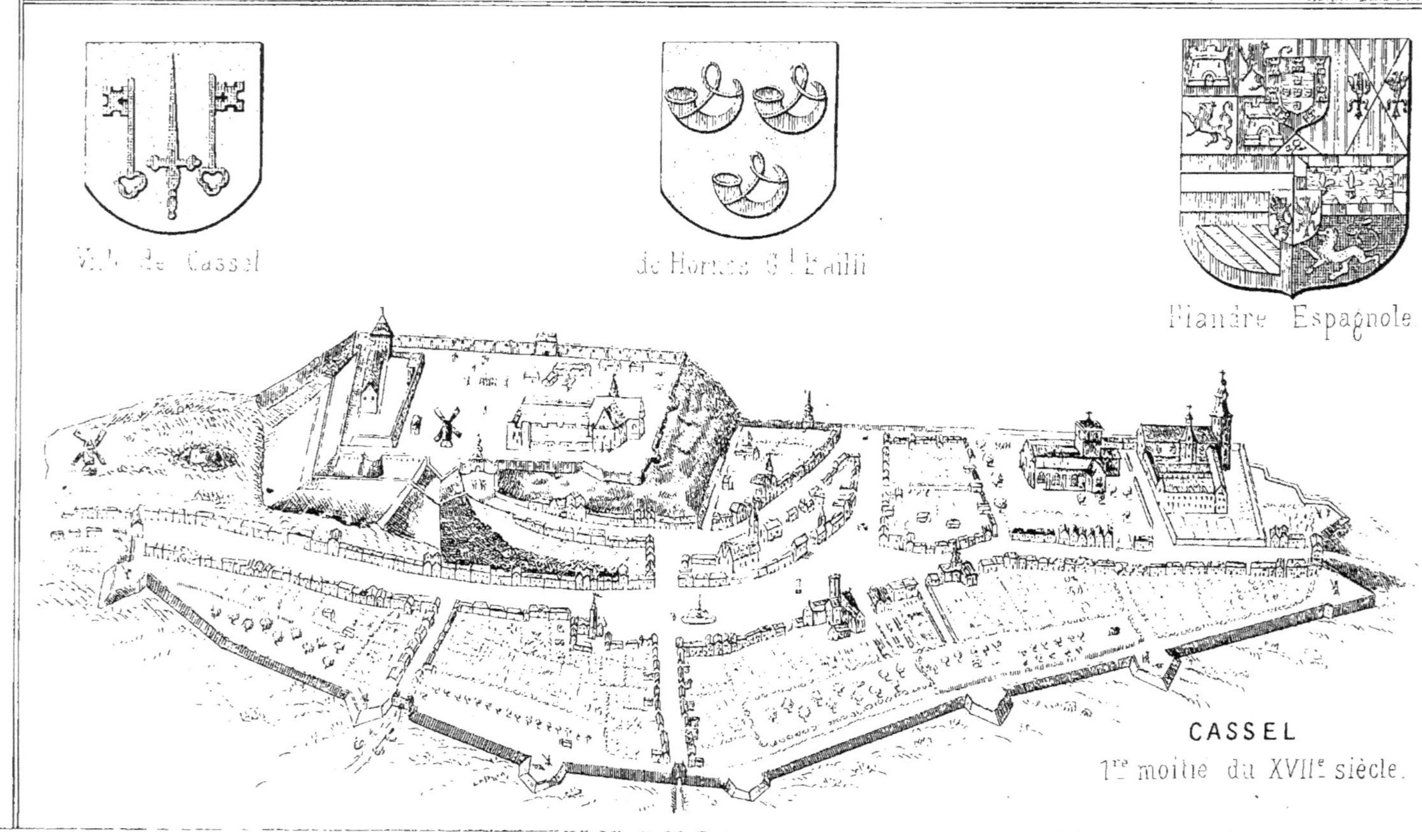

Pl 5
Ville de Cassel
de Hornes Gd Bailli
Flandre Espagnole
CASSEL
1re moitié du XVIIe siècle.

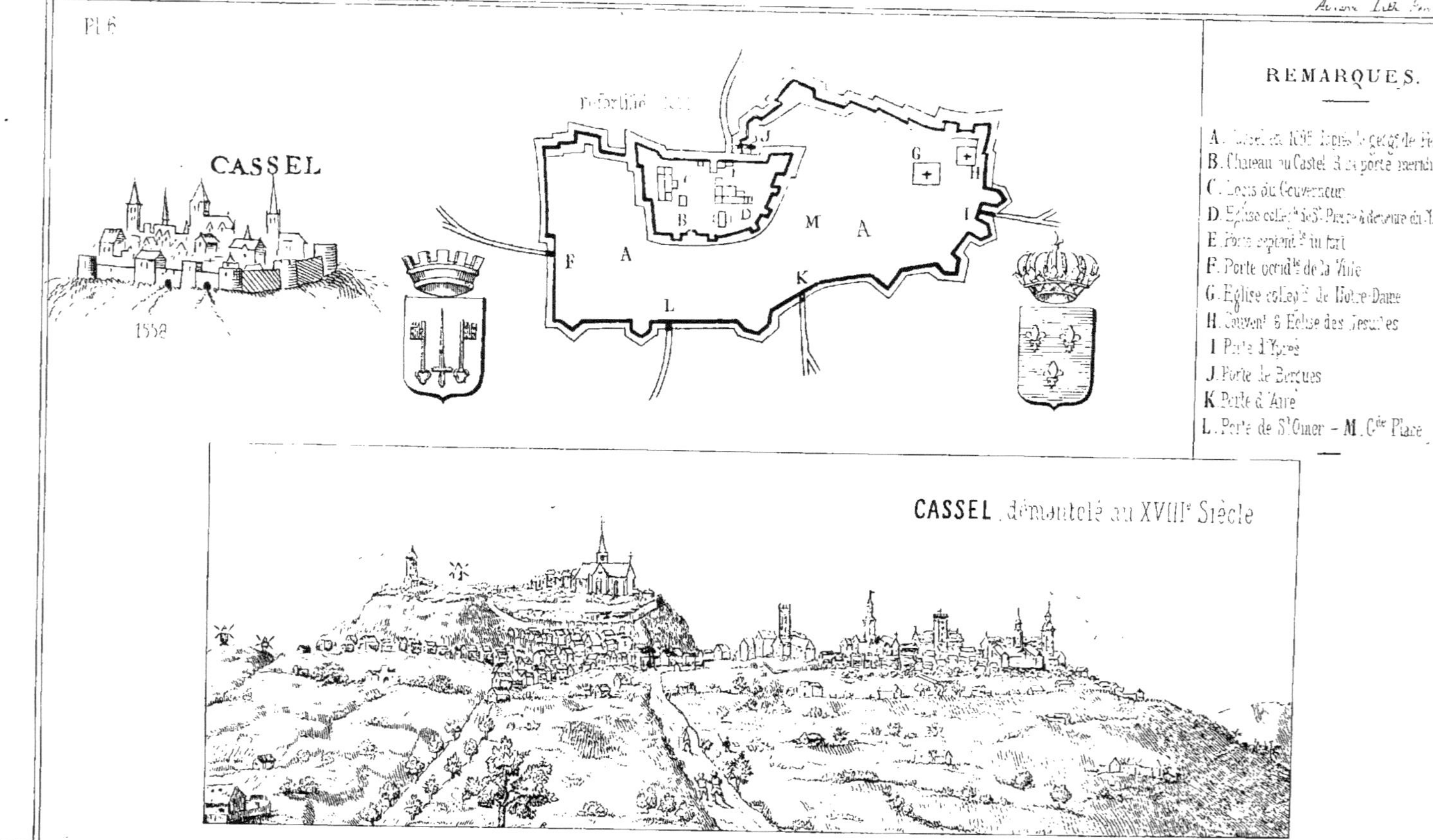

Pl. 6
Ancne. Lith. Fourquet
CASSEL
1558
REMARQUES.
A. ... de 1695 ... la gorge de fer
B. Chateau ou Castel à sa porte méridionale
C. Logis du Gouverneur
D. Eglise collégle. de St. Pierre à demeure du Chapitre
E. Porte septentle. du fort
F. Porte occidle. de la Ville
G. Eglise collégle. de Notre-Dame
H. Couvent & Eglise des Jesuites
I. Porte d'Ypres
J. Porte de Bergues
K. Porte d'Aire
L. Porte de St Omer — M. Gde. Place
CASSEL démantelé au XVIIIe Siècle

TABLE

DE LA PREMIÈRE PARTIE.

CHAPITRE II.

TABLE

Nota. — Ces deux extraits doivent suivre dans le texte la pièce justificative XI, p. 119.

FIN DE LA TABLE.

DEUXIÈME PARTIE.

—

JEHANNE DE BRETAGNE

FEMME DE ROBERT DE CASSEL

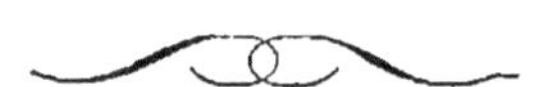

JEANNE DE BRETAGNE = FLANDRE-CASSEL
BRETAIGNE 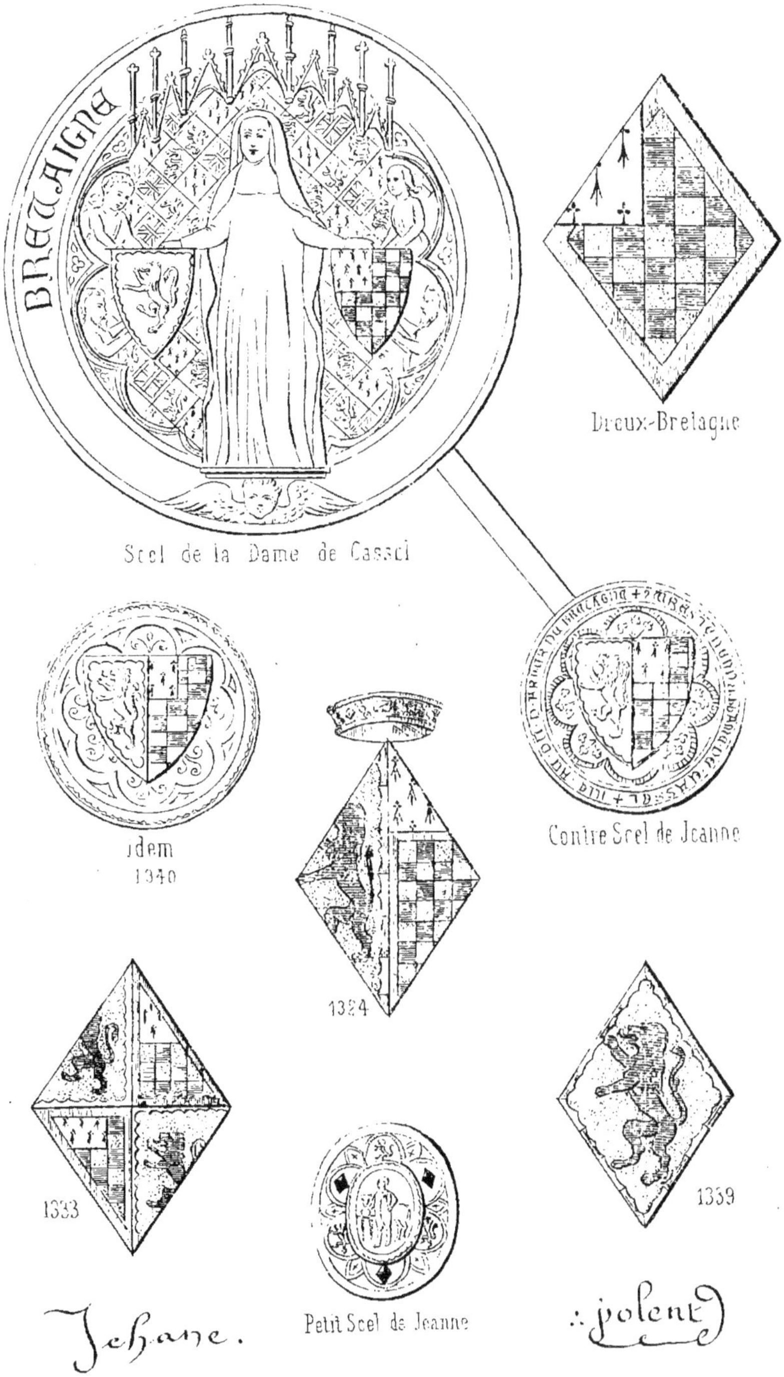
Dreux-Bretagne
Scel de la Dame de Cassel
Contre Scel de Jeanne
idem
1340
1324
1333
1359
Petit Scel de Jeanne
Jehane.
polent
Dr De Smytere dir.
Lith Ed Echodue, Lille

RECHERCHES HISTORIQUES

SUR

JEHANNE DE BRETAGNE

FEMME DE ROBERT DE CASSEL,

ET TUTRICE D'IOLANDE DE FLANDRE,

SA FILLE (1)

Joanna Arturi britanniæ
ducis filia.   (Mirœus.)

(1) Notre *Histoire* de la comtesse de Bar, *Iolande*, dame de Cassel et lieux voisins, a été publiée à Lille, en 1877.

ROIS DE FRANCE & COMTES DE FLANDRE

du temps de Jeanne.

—

ROIS DE FRANCE.	{ Philippe VI de Valois, de 1328 à 1350. Jean-le-Bon, de 1350 à 1364.
COMTES DE FLANDRE.	{ Louis de Nevers, de 1322 à 1346. Louis de Mâle, de 1346 à 1383 ?

CHAPITRE I.

JEANNE DE BRETAGNE

Jehanne de Bretagne, dame de Cassel et d'autres chefs-lieux voisins de la West-Flandre, Dame de Nogent-le-Rotrou en Perche, Baronne d'Alluye et Montmirail, etc., était fille d'Artus II, duc de Bretagne et d'Yoland duchesse de Dreux.

Artus ou Artur II fils du duc Jean II et de Béatrix d'Angleterre avait succédé à son père. Ce duc épousa, en secondes noces, Iolande fille de Robert IV comte de Dreux.

De cette deuxième alliance naquirent un fils et cinq filles dont Jeanne était la première ayant vu le jour l'année même du mariage de ses parents, c'est-à-dire à la fin de 1394 (V. S.).

Jeanne était par conséquent sœur de Jean de Bretagne dit de Montfort quatrième duc du nom (1), de Béatrix de Breta-

---

(1) C'est de ce frère de Jeanne, le comte de Montfort que descendirent les ducs de Bretagne qui suivirent Artus, son père, jusqu'à Anne de Bretagne, reine de France. Celle-ci réunit ce Duché à la couronne en se mariant au roi Charles VIII en 1491, puis en 1499 au duc d'Orléans qui fut à son tour roi de France sous le nom de Louis XII.

gne, de Catherine, dame de Laval et d'Alix mariée avec Bouchart comte de Vendôme (1).

La grand'mère de Jeanne de Bretagne, Iolande comtesse de Montfort-Lamouri fut veuve d'Alexandre III roi d'Écosse (2).

Jeanne de Bretagne épousa Robert de Flandres, dit de Cassel, en 1323. D'aucuns disent en septembre, mais nous avons dit dans notre travail historique sur ce fils puisné du comte de Flandre, Robert de Béthune, qu'il est présumable, selon des preuves mentionnées plus haut, que ce fut plus tard, cette année finissant d'ailleurs à Pâques. Il est vrai cependant que le contrat pour cette union fut passé à St.-Germain-des-Prés au mois de septembre 1323 (3) selon le père Anselme, le jour de Saint-Mathieu, fête qui tombe en effet en septembre (4).

Jeanne avait environ 30 années d'âge lors de son mariage. A. Duchesne dit (p. 37) qu'elle reçut en dot dix mille livres (5).

(1) Voir pour d'autres renseignements concernant ce sujet, l'*Histoire d'Alençon et du Perche*, Liv. V, du G. Bry sieur de la clergerie.

(2) Il est à présumer que le saint abbé Winoc ou Winocq, le célèbre fondateur de l'abbaye de Bergues (descendu avec son frère Judoc de la terre de la Bretagne en Flandre) était de cette famille de race royale.

(3) Lequel Robert eut à femme Jane de Breteigne comme il appert par une lettre de l'évêque de Laon et de l'abbé de St Germain faisant mention de ce mariage en même temps qu'il y est fait mention du don de son douaire, lettre de 1323. De Lespinoy p. 53.

(4) Voir le P. *Anselme*, les *de Ste-Marthe*, *Dom Plancher*, *l'Art de vérifier les dates*, *Mirœus*, *Galland*, etc.. pour l'époque du mariage de Jeanne de Bretagne.

(5) Vers l'année 1323, le marc d'argent fin était de 2 liv. 10 s. Ainsi 12 liv. parisis contenaient 6 marcs. Lesquels à raison de 53 liv. 9 s. 2 d. valent aujourd'hui 320 livres 15 s. c'est à-dire à la 1re moitié du XVIIIe siècle.

Quant à son douaire consenti par Robert de Cassel, son mari et la famille de celui-ci, douaire approuvé par le roi, nous l'avons mentionné aux pages concernant l'*apanage* de ce sire ou seigneur de la West-Flandre. Nous savons qu'il lui fut assigné, entre autres domaines, toutes les terres du Perche et d'autres biens en Flandre tel que le bois de Nieppe avec son château de la Motte, puis les villes de Berghes, Nieuport et Donze. — Faisons observer que Cassel n'est pas mentionné par les auteurs et le Père Duchesne dans cette donation nuptiale (1); cependant Jeanne y possédait aussi quelques avantages du même genre.

Nous n'avons pas à nous occuper de Jeanne de Bretagne durant les huit années de son mariage, sinon que pour dire qu'il naquit de son union avec Robert deux enfants, Jean, né en 1324 et Ioland, fille qui vit le jour au château d'Alluye au Perche en septembre 1326, d'après les documents conservés aux archives de Lille.

Lors de la mort de Robert de Cassel, Jeanne sa femme, fut instituée tutrice de ses enfants, immédiatement après son décès (2), mais non sans des oppositions de la part du comte de Flandre, comme nous allons le voir plus loin, surtout lorsqu'il sera question de la tutelle de ces enfants.

---

(1) Ce qui explique pourquoi Iolande, fille de Jeanne de Bretagne eut la jouissance héréditaire de ce demaine seigneurial et ce titre de Dame de Cassel dès sa majorité, par anticipation, à partir de son mariage avec Henri IV, comte de Bar.

(2) Inventaire des chapitres des Archives du Nord. Tome VII, ce registre qui commence en l'an 1323, contient beaucoup de documents relatifs à Cassel et ses environs : La dame de Cassel y tient une place remarquable.

— 4 —

Nous savons que Robert de Cassel mari de Jeanne mourut
en 1331, à Warneton (1). Après le décès de ce seigneur, Baron
de Montmirail etc., elle s'occupa d'exécuter consciencieusement
ses dernières volontés ainsi que nous l'avons vu longuement
à la fin de l'historique de *Robert de Cassel*, et cette digne
veuve douairière chargée de la tutelle de ses deux enfants
fut reçue à foi et hommage, pour son fils *Jean* et *Iolande*,
tous deux mineurs, des terres situées en Flandre, à Louis de
Nevers, son neveu, comte de Flandre, à Ypres en sa cour,
comme porte, d'après le Père Anselme (2), l'acte passé dans
cette ville le jeudi 10 mars 1331 (1332, N. S). La nouvelle
année, selon l'ancien style, commençant le jour de Pâques, au
19 avril (3).

Jean de Flandre fils de Robert, devait donc succéder à celui-ci,
à sa majorité, comme seigneur de Cassel et des localités
voisines, mais il ne tarda pas à succomber : il mourut, âgé
de près de 9 ans.

(1) « Aucuns, par erreur, estiment (disent les Frères de Ste-Marthe)
que Jeanne de Bretagne se remaria avec Robert de Bar, seigneur
de Pierrefort, fils d'Edouard premier de ce nom, comte de Bar », mais
Tillat et d'autres des meilleurs auteurs (en histoire) ne font mention
de cette alliance.

(2) Anselme, Hist. général, T. 11, p. 738.
A. Duchesne dit la même chose à la page 97.

(3) Il est dit dans certains ouvrages tels que l'*Art de vérifier
les dates*, et dans celui précité, particulièrement, que Robert de
Flandres mourut le 26 mai 1331. Selon des écrivains, l'année
commençait alors après Pâques (v. S.), dans le cas contraire
on ne comprendrait pas l'offre d'hommage fait par Jeanne de Bretagne le 10 mars 1331 (v. S) (Voir aux pièces justificatives)
et on pourrait supposer que cette formalité eut lieu du vivant de
son mari, ou bien qu'elle lui succéda quelques semaines plus tôt.
Mais ce *mars* est de huit mois postérieur à mai 1331.

Quant à Yolande devenue l'héritière de tous les biens de Robert, elle fut plus tard dame de Cassel et des autres grands domaines seigneuriaux qui tous passèrent dans la maison de Bar par son union matrimoniale avec le comte de Bar et de Puysaye, Henri IV, ainsi que nous l'avons dit, lorsqu'il s'est agi de cette comtesse et de sa descendance (1).

Examinons avant tout ce qui se passa pendant le veuvage de Jeanne de Bretagne à partir de 1331 et surtout pendant l'importante tutelle de cette dame. Les recherches que nous avons faites dans l'inventaire de la chambre des comptes de Lille (série, cours et juridictions), nous ont mis sur la trace de nombreux documents (2).

Ces documents relatifs à Jeanne pour 1331 étant des plus importants, nous avons pensé qu'il serait bon de n'en rien omettre dans nos citations. Des sommaires sont placés en tête des pièces justificatives qui vont suivre. On pourra se faire par eux une idée exacte des grands embarras de cette veuve, et des tracasseries incessantes du comte de Flandre, Louis de Nevers, auxquelles elle fut longtemps en butte. Heureusement que cette dame de Cassel fut toujours protégée par Philippe de Valois. On verra que ce Roi de France sauvegarda, en tout temps, ses intérêts et ceux de ses enfants.

(1) Voir notre historique de cette comtesse de Bar, publié à Lille en 1877.

(2) La lettre B qui sera placée devant chaque numéro de carton indiquera, comme par le passé, que ces pièces justificatives ou sommaires, appartiennent à cette série des archives départementales du Nord; c'est là que ces documents officiels seront à consulter.

Malgré ces démêlés un projet de mariage eut lieu en 1334 entre Louis de Male le jeune fils du comte de Flandre et Iolande fille de Jeanne qui alors n'avait encore que 8 ans. Nous mentionnerons ce fait plus loin à l'article où il s'agira des enfants de Jeanne de Bretagne.

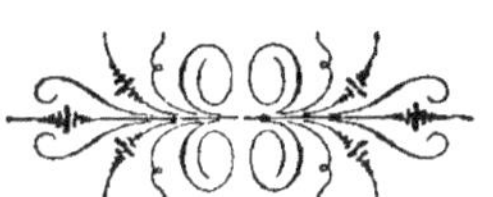

Contestations et procès de Jeanne de Bretagne avec le comte de Flandre et autres personnages.

———

Voici ce qui se passa pendant le temps du veuvage de Jeanne et pendant sa tutelle.

En mai 1331, elle fut admise par arrêt du Parlement à faire hommage pour elle et ses enfants au comte de Flandre, sans préjudicier à son privilège de juridiction déjà acquis du temps de Robert son mari (1).

En juin suivant, le bailli de Cassel eut commission de mettre Jeanne veuve de Robert de Flandre et ses enfants sous la protection du roi et de les maintenir en la possession des biens délaissés par ledit Robert nonobstant les ordres du comte de Flandre de les saisir et de les mettre en sa main.

Le comte Louis avec ses officiers commirent le mois d'ensuite certaines violences contre la dame de Cassel. Il fut ajourné au Parlement pour ce fait.

Le gouvernement et la tutelle des enfants de Robert de Cassel n'étaient pas encore arrêtés, et comme le comte de Flandre

(1) Voir aux Archives du Nord, à l'inventaire St.-Genois et au premier cartulaire de la dame de Cassel pour *actes relatifs* à l'hommage dû par Jeanne de Bretagne au comte Louis pour son partage de Flandre et la tutelle de ses enfants — de l'année 1331.

n'avait pas, en ce emps, reçu ladite dame en son hommage, le roi de France manda au bailli d'Amiens d'établir lois et justice dans les terres de Jeanne et de son fils.

Beaucoup de notabilités de la Flandre occidentale se constituèrent en ce temps et plus tard, cautions de Jeanne envers le comte à cause de la garde et tutelle de Jean de Flandre fils de Robert; nous les mentionnons aux preuves. La dame de Cassel fut sommée, en août de la même année, par le comte de Flandre, à Ypres, de recevoir ses sûretés et cautions pour la tutelle de son fils. Louis continua de la troubler dans la possession de ses villes de la West-Flandre.

A la même époque, Philippe VI ordonne que la dame de Cassel fera par un sergent sommer le comte de Flandre de la recevoir en foi et hommage et il l'ajourne en son parlement pour y répondre sur les excès commis par lui contre ladite dame touchant la tutelle de ses enfants.

Le comte de Flandre avait refusé de recevoir l'hommage que Jeanne de Bretagne lui offrit à Ypres, d'après la relation du sergent au bailliage d'Amiens, mais en novembre 1331, il y eut sentence du bailli d'Amiens qui ordonna que les lois et échevins établis ès-terres de la dame de Cassel et de Jean de Flandre demeureront.

Le comte appela de cette sentence quelques mois plus tard.

En février 1331 (V. S.) Jeanne de Bretagne reprend, comme tutrice de ses enfants, la cause d'appel interjeté, par feu Robert son mari contre le comte de Flandre, et Philippe VI mande au comte de recevoir de la dame de Cassel l'hommage qu'elle lui doit pour la tutelle de Jean et d'Iolande de Flandre ses enfants. Alors Louis comte de Flandre requiert le roi de France

·de prendre bonne sûreté de Jeanne qu'elle ne mariera point sa
fille Iolande sans le consentement des amis de son père et
qu'il soit établi des gouverneurs dans les terres de ladite
dame de Cassel.

Enfin, en 1332, avril, l'acte de foi et hommage fut rendu
par Jeanne à Louis comte de Flandre. Ce fut le sous-bailli
de Lille qui en fit la relation au roi. Un sergent royal
proclama dans le courant du même mois dans les terres de
la dame de Cassel la cessation de pouvoir des baillis et
échevins y établis par le comte de Flandre.

Dans le courant de l'année 1332 mourut Jean de Flandre
le jeune fils de feu Robert de Cassel.

En 1333, février (V. S.) Louis, comte de Flandre mande
à la dame de Cassel, de venir le servir en la guerre qu'il
soutient contre Jean, duc de Brabant (1).

En décembre 1334, le roi de France Philippe VI permet à
Jeanne, dame de Cassel de faire hommage au comte de Flandre
à cause de la tutelle d'Iolande sa fille sans préjudicier à
l'exemption de la juridiction du comte, déjà spécifiée; à partir
de ce moment tous les actes sont au nom d'Iolande et de Jeanne
comme sa tutrice.

A ce même mois de décembre 1334, il y eut contrat de
mariage entre Louis (de Mâle) âgé de quatre ans, fils de Louis
de Nevers comte de Flandre et Iolande fille de Robert et

____

(1) B. 705. — En 1331 un conflit grave s'était élevé entre le
comte Louis et Jean duc de Brabant, à cause surtout de la ville
de Malines disputée par eux. Le 1er avril 1336 un traité d'alliance
mit fin à la guerre et aux contestations.

de Jeanne (1). Dispense fut accordée à cet effet par le pape Benoit XII en 1335, Iolande était âgée alors de huit années, étant née à Alluie en septembre 1326.

Mais ce mariage n'eut pas lieu (2) et bientôt de nouveaux conflits surgirent.

En juillet 1337, Jeanne dame de Cassel, donne procuration pour elle et sa fille à effet de gérer et de défendre leurs affaires pardevant tous juges.

En 1337, août, Philippe VI mande à la dame de Cassel d'obéir aux députés du comte de Flandre, envoyés sur les frontières de son pays pour s'opposer aux ennemis du royaume (3).

Au même mois 1337, Philippe VI déclare que le mandement adressé par lui à la dame de Cassel, d'obéir aux députés du comte de Flandre, envoyés en son pays pour résister aux ennemis du royaume, ne portera aucun préjudice à ladite dame (4).

En septembre suivant, le roi de France ordonne d'assigner devant lui à Paris le comte de Flandre sur la requête de Jeanne dame de Cassel et d'Iolande sa fille touchant leur émancipation et décharge de tutelle.

(1) Le contrat de mariage entre ce Louis et la fille de feu Robert de Cassel, du mois de décembre 1334 est conservé au carton B. 721 des Archives départementales de Lille.

(2) On sait que lors du traité de paix de 1336 entre le duc de Brabant et le comte de Flandre, il fut stipulé que Marguerite fille de ce duc serait fiancée au fils aîné du comte de Flandre le jeune Louis susdit, âgé alors de 6 ans et non de trois, comme le dit M. E Leglay puisqu'il naquit le 25 novembre 1330, 3 ans après que Louis s'était remis avec Marguerite de France.

(3) B. 753. — C'est à dire lors de la guerre contre les Anglais dont nous parlerons à l'article concernant Henri comte de Bar, fiancé alors à Iolande de Flandre.

(4) B. 753.

En novembre 1337, Jeanne de Bretagne et Iolande sa fille ayant demandé leur émancipation et décharge de tutelle, le roi de France mande que les gens des requêtes de son hôtel ont rejeté cette demande. Les postulants protestèrent contre cette mesure.

En 1338, janvier (V. S). Philippe VI ordonne en parlement qu'Iolande de Flandre quoique majeure ne pourra procéder contre Louis comte de Flandre, avant d'avoir été mise en possession de ses biens par ledit comte suivant la coutume de Flandre. — Pour toutes ces questions nous renvoyons à la fin des pièces justificatives.

Avant d'arriver aux questions concernant le mariage d'Iolande dont les fiançailles eurent lieu en ce temps avec Henri IV, comte de Bar, revenons à Jeanne de Bretagne pour des affaires à elles propres, en litige, et d'autres comme dame douairière; nous la verrons après jointe à sa fille pour diverses causes de justice comme chargée de sa tutelle. Enfin après le mariage de celle-ci effectué en 1340, le nom de Jeanne de Bretagne reste attaché pendant quelque temps à ceux des époux pour certains actes auxquels elle participa et dont elle partageait la responsabilité.

Citons d'abord la reprise du procès commencé du temps de la comtesse d'Artois, Mahaut ou Mathilde (1) et contre

(1) Voir pour ces différends aux pièces justificatives regardant Robert de Cassel.

Notons que *Mahaut* était fille de Robert II comte d'Artois. femme d'Othon IV, comte de Bourgogne, palatine et dame de Salins, Elle succéda dans le comté à son père, en 1302. Elle mourut le 17 octobre 1329 à Paris.

Jeanne veuve du roi Philippe le-Long, la fille de Mahaut, lui succéda, mais elle mourut par homicide (a) un an après le 21 janvier 1330.

(a) Jeanne veuve du roi Philippe-le-Long mourut étant en route pour venir prendre possession du comté d'Artois. Elle fut dit-on empoisonnée à Péronne par son maître d'hôtel.

elle par Robert de Flandre et continué par sa veuve Jeanne contre les successeurs de Madame Mahaut qui mourut le 17 octobre 1329. Ces successeurs étaient Eudes IV duc de Bourgogne et Jeanne de France sa femme (1). Ce procès concernait la justice de Clairmarais et sur la rivière de l'Aa près de St-Omer. Il se termina en partie en mars 1332 à la suite d'un arrêt du parlement qui avait remis quelques mois avant ces causes pendantes : le comte de Flandre prit part à ces contestations (2).

Jeanne de Bretagne dame de Cassel avait agi dans cette circonstance comme dans les affaires qui vont suivre à titre de tutrice de ses enfants (3).

Il y eut bientôt de nouveaux démêlés entre le comte de Bourgogne Eudes et Jeanne de Bretagne pour d'autres motifs, tel que celui touchant un exploit de justice de 1331 fait en la ville de Gravelines par les officiers du comte d'Artois au préjudice de la sauvegarde royale accordée à la dame de Cassel (4).

En 1333, M. Jean de Salins chanoine d'Arras et Jean de Calevre ou Calepres clerc furent nommés par le roi comme arbitres pour terminer les procès entre Jeanne et Eudes qui furent ajournés par devant eux (5).

(1) Jeanne fille aînée de Philippe-le-Long et mariée à Eudes IV duc de Bourgogne dès 1318, fut donc à son tour comtesse d'Artois, c'est d'elle et de son mari qu'il s'agit dans les contestations qui nous occupent; cette Jeanne mourut en 1347 (Art de vérifier les dates).

(2) Il y eut en 1331 des mémoires du comte Louis contre Mahaut comtesse d'Artois touchant les susdites justices : B. 681.

(3) B. 672.

(4) B. 681.

(5) B. 700.

Ansel Dulo, procureur de la dame de Cassel, fut refusé comme autre arbitre de cette affaire par le bailli d'Hesdin.

Nous renvoyons à la fin des pièces justificatives regardant Jeanne de Bretagne, qui vont suivre, pour d'autres questions en litige entre les susdits partis, telles que celles qui concernent l'abbaye de Bornhem et l'hôpital de Gravelines, puis l'affaire de lagans (jets de mer), dans le havre de Gravelines qui ne se terminèrent que quelques années après le mariage d'Iolande fille de Jeanne avec le comte de Bar, c'est-à-dire après 1340.

Un autre procès de Jeanne mérite d'être mentionné particulièrement. Il commença peu de temps après la mort de Robert mari de Jeanne de Bretagne. Nous voulons parler du procès entre Hue de Lorraine et la dame de Cassel.

On sait que Mathilde ou Mahaut de Flandres, fille cadette du comte Robert de Béthune épousa en 1313 Mathieu de Lorraine fils du duc Thibaut (1). Après son décès Hue de Lorraine seigneur de Bèvre et de Martigny eut à rendre compte à la succession de Robert de Cassel de la dot de la susdite Mahaut sœur de ce Robert de Flandres. Sa veuve Jeanne réclama, comme tutrice de Jean et d'Iolande, la restitution de cette dot (2) et Philippe VI roi de France manda en juin 1333 au bailli d'Amiens d'ajourner le sus-nommé Hue chevalier, touchant cette requête (3).

---

(1) Ce Mathieu de Lorraine était fils cadet de Thibaut II qui avait succédé à Ferry III son père en 1314. Le frère de Mathieu était Ferry IV, duc de Lorraine Ils eurent pour frère Hugues II et pour sœur Marie, femme de Guy de Châtillon.

Nous ne pouvons affirmer que ce Hugues est le prince de Lorraine cité ici sous le nom d'*Hue* qui est synonyme.

(2) La mémoire des demandes de la dame de Cassel contre Hue de Lorraine est conservé dans le carton B. 707 des archives du Nord.

(3) B. 695.

Nous renvoyons aussi aux pièces justificatives pour des détails concernant la suite de cette affaire.

Nous ne ferons que citer ici certaines autres causes de procédure concernant Jeanne de Bretagne, pour ne pas trop étendre ce chapitre.

— 1332, juin août. — Le roi Philippe VI rétablit ladite Jeanne en certains biens situés à Warneton et confisqués à son profit sur Bauduin Dubus pour cause de meurtre (1).

Des erreurs étant contenues dans un arrêt rendu par les présidents hors parlement au profit du comte de Flandre contre la dame de Cassel, Philippe VI admet Jeanne en août 1334, à se prononcer sur ces erreurs (2).

— En octobre suivant Jean Ducange lieutenant du bailli d'Amiens eut commission pour ajourner à cet effet le comte en parlement (3).

— En septembre 1334, il y eut commission du bailli de Vermandois pour signifier au comte de Flandre de restituer à la dame de Cassel, la somme perçue par lui sur les revenus des terres de Bapaume et de Fampoux (4).

— En décembre suivant, il y a commission du bailli d'Amiens d'ajourner au Parlement le comte de Flandre, sur les plaintes de la dame de Cassel contre un arrêt rendu hors Parlement au profit dudit comte, touchant l'appel du bailli d'Ypres interjeté par défunt Robert de Flandre, sire de Cassel (5).

(1) B. 684.
(2) B. 716.
(3) B. 718.
(4) B. 717.
(5) B. 721.

— En 1336, mars (v. S). On estima de nouveau des terres de Cassel, Bergues, Dunkerque, Bourbourg et autres, données en partage à Robert de Flandre (1).

— En la même année 1337. Le roi fait un mandement concernant les droits de la dame de Cassel à l'encontre du comte de Flandre (2).

— 1336, novembre. Galeran de Vaux, bailli d'Amiens, commet Huart de Mailli, sergent du roi, pour ajourner au Parlement Jeanne, dame de Cassel, au nom et comme tutrice d'Iolande de Flandre, sa fille, contre Bertrand des Baux, comte de Monteains, et Marguerite sa femme (3).

En 1338. Philippe VI, roi, remet au prochain Parlement la cause d'entre Bertrand des Baux, comte de Monteains et Marguerite Dannai, sa femme, d'une part; Jeanne, dame de Cassel, et Iolande, sa fille, d'autre part (4).

Cette cause étant continuée en 1342 et 1344 et même en 1346 du temps du comte de Bar, mari d'Iolande. Nous renvoyons à ces dates aux pièces justificatives concernant Henri IV de Bar et sa femme pour des détails qui regardent cette affaire de procédure.

1341, mai-août. — Philippe VI, roi de France, déclare que le procureur de Jeanne de Bretagne, dame de Cassel, a protesté en parlement contre les offres d'hommage faites pour le duché de Bretagne et le vicomté de Limoges par le comte de Montfort et Charles de Blois, se disant les plus prochains successeurs de feu Jean, duc de Bretagne (5).

(1) B. 748.
(2) B. 758.
(3) B. 734.
(4) B. 766.
(5) B. 780.

1341-1342. Désistement par l'évêque de Térouane et le procureur du roi du procès intenté contre la dame de Cassel et
son châtelain de Nieppe, pour mauvais traitements et injures
commis par ledit châtelain sur Jean de Le Daef, bailli de
Cassel (1).

1345, novembre-décembre. — Commission du garde de la
prévôté de Paris, à effet de saisir les biens du comte de
Flandre, pour avoir paiement d'une somme par lui due à la dame
de Cassel au sujet de la renonciation de feu Robert de Flandre,
son mari au comté de Flandre (2).

Contributions et amendes pour rébellions.

Nous avons dit dans la partie historique sur Robert de Cassel,
qui précède, qu'après la bataille de Cassel de 1328, le roi de France
fit confisquer les biens de ceux des Flamands révoltés qui furent
tués à cette bataille et que le tiers de ces biens fut donné à
Robert de Cassel pour en jouir dans les lieux à lui appartenant
et dépendant de sa justice. Cette donation fut encore confirmée
par les lettres de Philippe de Valois du 10 décembre suivant.

Les villes flamandes et les bourgs des insurgés de la Flandre
occidentale furent frappés d'amendes considérables. Les biens
de ceux qui avaient combattu contre le roi au Val de Cassel,
furent aussi confisqués en attendant le paiement des sommes
fixées par des commissaires à cet effet.

Beaucoup de rebelles se soumirent à ces exigences en se
livrant à la discrétion de Robert de Flandre et du comte Louis,
qui avaient droit chacun au tiers de ces amendes.

(1) B. 783.
(2) B. 801.

Nous avons mentionné au même chapitre concernant Robert de Cassel, les sommes à payer par les localités à la suite de ces arrangements et après les enquêtes, jugements et ordonnances de 1329 et 1330, mais plusieurs de ces localités mirent du retard à s'exécuter, d'autres se défendirent prétendant ne devoir pas être compris dans ces annales de punition.

Sur ces entrefaites, Robert de Cassel mourut en 1331, en mai, et Jeanne de Bretagne sa veuve dut poursuivre, au nom de ses enfants, le paiement des sommes qui restaient dues par les vaincus.

Nous allons citer les sommaires des pièces officielles qui concernent ces affaires en y ajoutant par ordre chronologique ceux qui ont rapport à la même rébellion et à ses suites, quoique n'étant pas directement propres à Jeanne de Bretagne.

1332 (V. S. 1331). Mémoire présenté au comte de Flandre par les habitants des pays d'Alost, Quatre-Métiers et autres terres de Flandre tenues de l'Empire, cherchant à prouver qu'ils ne doivent point participer à la somme due par les villes tenues du royaume, en suite de leurs rébellions (1).

1332, octobre — décembre. — Philippe VI, roi, commet Jean du Prez, Gautier de Quenaucamp et Vaast de Villers, ses clercs et conseillers, pour saisir et vendre les biens de ceux qui ont combattu contre lui à Cassel (2).

1333, mai. — Regnans de Fieffes, Gautier de Quevaucamp et Vaast de Villers, commissaires aux confiscations de Flandre, reconnaissent avoir reçu des lettres de Philippe VI, roi de France, qui donnent à Robert, le tiers des biens situés dans les lieux où ledit Robert a la haute justice, et confisqués sur ceux qui ont combattu contre le roi à la bataille de Cassel (3).

(1) Carton B. 675.
(2) B. 686.
(3) B. 693.

1333, juin - juillet. — Philippe VI, roi de France, mande au bailli d'Amiens, d'ajourner au parlement plusieurs seigneurs et vassaux de la châtellenie de Cassel qui s'opposent au paiement des sommes dues par leurs sujets à Jeanne, dame de Cassel (1).

1333, octobre. — Le bailli d'Amiens renvoie au Parlement de Paris, Jeanne dame de Cassel, d'une part, le seigneur de Thiennes; Cordouan de La Bourre, Jean de Watten, écuyer, et la dame de Beauval et de Haverskerque, d'autre part; qui s'opposaient à l'ordonnance rendue par feu Robert de Flandre, contre eux et leurs sujets (2).

1333. — Etat des sommes que les villes de Flandre doivent au roi de France, en vertu des traités faits depuis 1305 jusqu'en septembre 1333 (3).

1334. — *Faitte et donnée le IIIe jour de lassise de Monstroel, qui commencha le diemenche prochain après le Chandeleur (9 février) lan MCCCXXXIV.* Sentence rendu par Galeran de Vaus, bailli d'Amiens, ès-assises de Montreuil, au profit de la dame de Cassel, contre les habitants de Haverskerque, Neuf-Berquin et Estaires, opposant à l'exécution d'une ordonnance faite par ladite dame, contre les habitants de la Châtellenie de Cassel.

Orig. en parch. scellé.

1334, avril. — Accord fait en Parlement entre Jeanne, dame de Cassel d'une part; la dame de Haverskerque et Jean de Heuchin, seigneur de Thiennes, d'autre part, par lequel ces

(1) B. 695.
(2) B. 699.
(3) B. 707.

derniers consentent à l'exécution commencée sur leurs sujets en la châtellenie de Cassel par suite d'une ordonnance rendue par feu Robert de Flandre, à cause des dernières émeutes et rébellions (1).

1334, mai-juin. — Le bailli d'Amiens ajourne par-devant lui Jeanne, dame de Cassel; Jean, sire de Reli (2); Jean, châtelain de Bergues; Wautier de Hondscoote, sire de Houlkerque; Jean, sire de Morbecque; Bauduin de Houchin et l'abbé de Ham, qui prétendaient que ni leurs sujets, ni eux, n'ont pu être compris dans l'ordonnance de feu Robert de Flandre, puisqu'ils avaient suivi le parti du roi lors des troubles de Flandre (3).

1334, mai-juin. — Sentence du bailli d'Amiens, qui renvoie les mêmes personnages en l'assise de Montreuil (4).

1334, juin. — Commission du bailli d'Amiens, pour ajourner par-devant lui la dame de Cassel et les habitants d'Haverskerque, Neuf-Berquin et Estaires, qui s'opposent aux poursuites faites contre eux en vertu d'une ordonnance de Robert de Flandre, sire de Cassel (5).

1334, juillet. — Philippe VI, roi de France, promet aux habitants d'Haverskerque, Neuf-Berquin et Estaires, de plaider procureurs contre la dame de Cassel (6).

1334, juillet. — Sentence du bailli d'Amiens qui renvoie en l'assise de Montreuil la cause entre la dame de Cassel et les habitants d'Haverskerque, Neuf-Berquin et Estaires (7).

(1) B. 695
(2) Jean de Mortagne fut l'héritier de Jean, seigneur de Beli. C'est pourquoi il y eut en 1342 continuation de sa cause contre Jeanne de Bretagne et le comte de Bar (époux de sa fille Iolande.
(3) B. 712, etc.
(4) B. 712.
(5) B. 713.
(6) B. 714.
(7) B. 714.

1334, juillet. — Philippe VI, roi de France, mande aux gens de ses comptes à Paris de terminer les débats de la dame de Cassel avec Louis, comte de Flandre, touchant la contribution que les sujets de la dame de Cassel doivent payer audit comte par la paix d'Arques (1).

1334, octobre-novembre. — Sentence du bailli d'Amiens, qui admet la procuration des habitants de Haverskerque, Vieux-Berquin et Estaires pour plaider contre la dame de Cassel, touchant une ordonnance rendue par feu Robert de Flandre pour cause de troubles (2).

1334, novembre. — Philippe VI, roi de France, ratifie l'accord fait entre les trésoriers et les procureurs des ville et châtellenie de Bergues, touchant la somme due audit roi, à cause de la bataille de Cassel et des émeutes de Flandre (3).

1335, 20 janvier à Paris en Parlement (en latin).

Arrêt qui ordonne une enquête sur la contestation que Jean seigneur de Reli, Jean de Berquin, chevaliers, et Jean de Morbeques écuyer avaient avec la dame de Cassel, à cause de la contribution exigée par ladite dame des sujets desdites seigneuries ès-tailles imposées par feu Robert de Flandre sur les habitants de la châtellenie de Cassel.

Lille, inventaire de la Chambre des comptes T. VIII. Orig : en Parch.

1335, janvier. — Philippe VI, roi de France, déclare que les débats entre Jeanne, dame de Cassel et Jean de Reli, Jean de Brequin et Jean de Morbecque, écuyers, au sujet de la

(1) B. 714.
(2) B. 719.
(3) B. 720.

contribution exigée des habitants des terres de Thil, du Brequin et de Morbecque, seront continués jusqu'au prochain Parlement (1).

1335, janvier-mars (V. S.) — Des commissaires du roi de France pour les confiscations échues en Flandre donnent pouvoir pour saisir en la châtellenie de Bailleul, les biens de ceux qui ont combattu contre ledit roi à la bataille de Cassel (2).

1335, mars (V. S.) — Etat des maisons sises à Dunkerque, confisqués sur ceux qui ont été tués à la bataille de Cassel (3).

1335, mars (V. S) — Requéte de la dame de Cassel, touchant la saisie des biens de ceux qui ont été tués en combattant contre le roi à ladite bataille (4).

1338, juin-juillet. — Philippe VI, roi de France, pardonne aux habitants de Flandre les excès par eux commis et leur permet de commercer avec les Anglais. (5).

———

(1) B. 736.
(2) B. 737.
(3) B. 738.
(4) B. 738.
(5) B 763.

Justice de Jeanne de Bretagne et procès religieux.

Jeanne avait aussi la haute justice dans ses contrées seigneuriales, elle avait droit d'incarcération dans certaines circonstances. Mais les condamnés pouvaient appeler de la Cour de la dame de Cassel. C'est ainsi que nous voyons Pierre Ruphi (Leroux) ex-bailli de Warneton, prisonnier au château de Nieppe, faire appel d'une sentence de cette Cour (1). Le roi de France mande en janvier 1332 (v. S.) au bailli d'Amiens, de retirer cet accusé de la prison de Jeanne de Bretagne et de l'emmener à Paris sous bonne garde (1 bis). Commission est aussi donnée à cet effet à Renard de Choiseul, gouverneur de Lille (2).

Des pièces concernant le procès de Pierre Leroux, puis de sa veuve et de ses héritiers contre la dame de Cassel, continué en 1333 et 1334, se trouvent aussi aux Archives du Nord (3), et dans un carton de l'année 1334 (mai et juin) (4) existe un arrêt du Parlement qui donne acte à Jeanne de n'avoir pu procéder contre ledit Pierre Leroux à cause du décès dudit Pierre.

Jeanne de Bretagne dame de Cassel et des grandes seigneuries voisines, pouvait réclamer ceux qui étaient justiciables d'elle quoique arrêtés à la requête d'autres pouvoirs. En vertu de cette prérogative elle s'adresse à Philippe VI pour la restitution de Guillaume Dupont que Jean seigneur de Fieules (Fiennes) avait fait arrêter en la châtellenie de Bourbourg par le bailli d'Amiens.

(1) Voir aux pièces justificatives.
(1 bis) B 687.
(2) B. 685.
(3) B. 708-723.
(4) B. 712.

Le Roi de France mande en 1332 de restituer à ladite dame le susdit G. Dupont prisonnier à Amiens par ordre du Procureur du Roi (1) pour mauvais traitements (2) envers le châtelain.

Mais en mai 1333, il y a sentence du bailli d'Amiens qui ordonne que Guillaume Dupont, justiciable de la dame de Cassel, pris sur la plainte du seigneur de Fieules, pour excès commis contre Philippe De Lagrange son châtelain de Bourbourg, ne sera pas renvoyé en la Cour de la dite dame, de laquelle sentence, le procureur de Jeanne de Bretagne a interjeté appel au Parlement (3).

Cette affaire continua encore aux mois suivants (4). Nous n'avons pas besoin de nous étendre sur ses détails.

Parfois des individus soumettaient leurs différends au jugement de la dame de Cassel, ainsi le fit Henri Riclin demandant la réparation du meurtre commis sur Simon Riclin d'une part, et Roen Le Dyale et autres accusés, d'autre part (5).

On trouve aux Archives départementales du Nord pour mars 1336 (V. S) une requête présentée à la dame de Cassel par Henri Riclin, contre les meurtriers de son frère, tué à Cassel, par ceux de Bergues et de Bourbourg, lors des troubles (6).

(1) B. 689.
(2) B. 684 et 687.
(3) B. 692.
(4) B. 699.
(5) B. 685.
(6) B. 748.

A cause de sa justice, Jeanne de Bretagne eut des contestations avec des seigneurs secondaires des localités voisines à celles où cette dame avait la haute justice et des pouvoirs spéciaux, et peut-être avait-elle tendance à en abuser, du moins les pièces suivantes semblent le faire croire.

1333, avril-mai. — Commission du bailli d'Amiens pour ajourner au Parlement Jeanne de Bretagne, à la requête de la dame de Haverskerque, du seigneur de Pernes et autres, au sujet de l'emprisonnement des baillis et échevins desdits impétrants, au mépris de la sauvegarde du Roi (1).

1333, avril-mai. — Sentences du bailli d'Amiens rendues en l'assise de Montreuil, entre ladite Jeanne, d'une part, et Jean de Heuchin, Cordouan de La Bourre, chevaliers; Guilbert de Piennes, Jean de Watten, écuyers; le Seigneur de Montiguë, la dame de Haverskerque et Jean de Brequin, d'autre part, concernant l'emprisonnement de leurs baillis et échevins (2).

1334, avril. — Arrêt par défaut pour la dame de Cassel, contre Cordouan de La Bourre, chevalier, et Jean de Watten, écuyer (3).

1334, juin. — Philippe VI, roi de France, mande au bailli d'Amiens, d'ajourner au Parlement, Cordouan de La Bourre, chevalier, et Jean de Watten, écuyer, à l'encontre de ladite dame (4).

1334, juin. — Mandement de Philippe VI roi de France, au bailli d'Amiens, touchant l'exécution d'un accord entre la dame de Cassel d'une part; la dame de Haverskerque et Jean de Heuchin, seigneur de Thiennes, d'autre part (5).

(1) B. 691.
(2) B 691.
(3) B. 709.
(4) B. 713.
(5) B. 713.

1338, janvier-février (V. S.). — Philippe VI, roi de France, continue au prochain Parlement la cause de Jeanne, dame de Cassel, d'une part; Jean de Reli, Jean de Brequin, chevalier, et Jean de Morbecque, écuyer, d'autre part, touchant les échevins et sujets des villes de Thil, Brequin et Morbecque (1).

Notons en terminant ces sommaires de justice que le bailli de Lille particulièrement, ainsi que les prévôts et sergents de ce bailliage se portaient souvent, à cette époque à plusieurs actes d'abus d'autorité en Flandre, surtout dans les villes et châtellenies du West-Quartier de Flandre en empêchant le droit de justice du comte de Flandres, de la dame de Cassel et d'autres seigneurs.

Le roi Philippe de Valois pour remédier à ces abus défend aux baillis prévôts et sergents du bailliage de Lille, comme de ceux d'Amiens et de Vermandois d'exercer tout exploit de justice dans le pays susdit sauf dans certains cas exceptionnels qu'il désigne.

Ces lettres sont données au bois de Vincennes au mois de janvier 1338 (v. S.) (2).

———

(1) B. 767.
(2) Inventaire d'Ypres de M. Diegerick, T. 2, p. 105.

Procès religieux.

Jeanne de Bretagne eut aussi des procédures à soutenir contre certains pouvoirs ecclésiastiques soit en continuation de celles restées en litige par la mort de Robert son mari, soit nées du temps de son veuvage et de sa tutelle.

Ainsi pour 1332, février-mars (v. s.) — Nous voyons une sentence de Galeran de Vauls, bailli d'Amiens, qui renvoie devant le Parlement l'évêque de Térouane d'une part, Jeanne de Bretagne, son châtelain de Nieppe, et Alard de Lille d'autre part à l'occasion de l'emprisonnement d'un clerc (1).

1333, avril-mai. — Arrêt qui remet au prochain Parlement la cause d'entre Jean de Vienne, évêque de Térouane, et Jeanne, dame de Cassel (2).

1333, mars (v. s.) — Arrêt qui remet au prochain Parlement la cause entre l'évêque de Térouane et Jeanne, dame de Cassel (3).

1335, mai, juin et juillet 1336. — Arrêts qui remettent aux prochains Parlements la cause d'entre Raimond Saquet, évêque de Térouane, et Jeanne, dame de Cassel (4).

1336, septembre-octobre. — Le bailli de Chartres mande au Parlement que, le comte d'Alençon s'étant opposé à la maintenue de ce que l'abbaye de St Martin-au-Val possède à St-Victor de Buton, il a renvoyé les parties dudit Parlement (5).

(1) B. 688.
(2) B. 691.
(3) B. 706.
(4) B. 728 et 740.
(5) B. 743.

1337, juillet. — Philippe VI, roi de France, à la requête de l'abbaye St-Martin-au-Val, ajourne au Parlement le comte d'Alençon et la dame de Cassel (1).

1337, juillet. — Le roi de France donne procuration à son procureur Chartres, pour occuper en la cause pendante au Parlement, entre le procureur général et le couvent de St-Martin-au-Val, d'une part, et le comte d'Alençon et la dame de Cassel d'autre part (2).

1337, juillet-août. — Commission de Philippe VI pour ajourner au Parlement le comte d'Alençon et la dame de Cassel (3).

1337, septembre. — Procès - verbal de Robert Champeau et de Guillaume Le Bescot, commissaire du roi, touchant l'affaire des religieux de St-Martin-au-Val de Chartres, contre le comte d'Alençon et la dame de Cassel, auquel sont joints les titres dudit procès (4).

1341, mars (v. s.) — Procès-verbal dressé par Jean de Champeaux, clerc, et Jean de Maintenon, prieur d'Espernon, commissaires nommés par le roi de France pour connaître des débats mus entre la dame de Cassel et les prieurs et religieux de Saint-Martin-au-Val lez-Chartres, touchant la voirie de St-Victor, la justice de Chassent et les appartenances de la ville de la Croix du Perche, et envoyer leur avis au Parlement (5).

(1) B. 751.
(2) B. 751.
(3) B. 752.
(4) B. 755.
(5) B. 784.

Merville. — Justice.

Nota : Le procès du chapitre de St-Amé justice de Merville a son commencement aux pièces justificatives regardant Robert de Cassel.

1331, mars (v. S.) — Arrêt par défaut rendu contre le chapitre de St-Amé de Douai, au profit de la dame de Cassel (1).

1331. — Narré des procédures entre Robert, sire de Cassel, et le chapitre St.-Amé de Douai, touchant les droits, hauteur et juridiction en la ville de Merville (2).

1334, mai-juin. — Arrêt du Parlement qui continue la cause de ladite dame contre le chapitre de St-Amé de Douai, touchant la tutelle de ses enfants (3).

1334, février-mars (v. S) — Arrêt du Parlement rendu par défaut, au profit de la dame de Cassel contre le chapitre St-Amé de Douai (4).

Nous verrons que Jeanne de Bretagne eut encore d'autres procès après ceux-ci, et surtout pour soutenir les droits de Jean son fils, dont elle eut la tutelle jusqu'en 1334, époque de sa mort, puis pour les droits d'Iolande pendant toute sa minorité. Ces procès et diverses affaires administratives concernant Jeanne, dame de Cassel, et d'autres localités seigneuriales

(1) B. 678.
(2) B. 681.
(3) B. 712.
(4) B. 723.

à elle dévolues, comme douaire après la mort de Robert, son mari, seront aussi relatés lorsqu'il s'agira de sa fille Iolande avant son mariage avec le comte de Bar.

Ajoutons que Jeanne de Bretagne se joignit à ces époux pour certaines procédures ayant rapport à leurs domaines de Flandre, même quelques années après l'union de ce comte Henri IV avec Iolande, qui devint dame de Cassel en titre, après son émancipation.

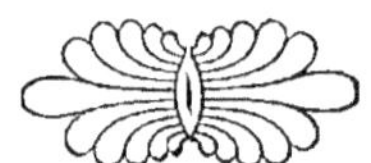

SOMMAIRES

de Pièces officielles d'Archives

Concernant la plupart des localités de la West-Flandre à l'époque où Jeanne de Bretagne recevait l'administration seigneuriale (1).

CASSEL.

1334, juillet. — Pierre Bone cède à Bauduin le Masch, l'octroi appelé *Martghelt*, situé au territoire de Cassel (2).

1337, mars-avril (v. S) — Guillaume Morel, garde des sceaux de la châtellenie de Cassel, déclare que Symonnet de La Douville a reconnu, en sa présence, avoir reçu 14 muids d'avoine pour les chevaux de la dame de Cassel (3).

MERVILLE.

La justice de Merville a déjà été mentionnée à l'article Procédures de Jeanne (procès religieux) et aux pièces justificatives du chapitre précédent concernant Robert de Flandre le mari de Jeanne, à propos du *chapitre de St-Amé*.

(1) Localités qui dépendaient des domaines et des justices de Jeanne de Bretagne comme douairière et tutrice.
(2) B. 714.
(3) B. 761.

NIEPPE.

Jeanne, dame de Cassel, confirme la commission de châtelain du bois de Nieppe (1) donnée par feu Robert de Flandre, son mari, à Gautier de Metkerke et augmente ses gages (1 bis).

1338, octobre. — La dame de Cassel reconnait avoir reçu différentes sommes de Jean Le Blonde, receveur des rentes des tailles du bois de Nieppe (2).

1338, janvier-février (v. S.) — Sentence des bailli et homme de fief de la cour de Nieppe, entre Michel Le Neddres, pour les enfants de Jacques Leman et Gilles Lescot, au sujet d'une pièce de terre à Renescure (3).

BERGUES.

Notons que du temps de Jeanne de Bretagne, veuve et tutrice, et même avant, la cour des seigneurs de Cassel était à Bergues (4) le n° 2912 de l'inventaire VIII, page 353 des archives du Nord, le prouve aussi positivement pour 1332. Dans un chirographe original en parchemin de cette époque il est fait mention d'une assemblée tenue dans l'église de Notre-Dame de cette ville, en présence de Madame Jeanne de Bretagne, dame de Cassel (sic), et des habitants des châtellenies de Bergues et de Cassel, à propos d'un meurtre commis, etc. — Voir aussi aux pièces justificatives.

---

(1) Château de la Motte-au Bois, au *Walle* ou Val, dont les armoiries, selon P. Palliot (a), étaient *d'argent au chevron de gueules accompagné de 3 merlettes de sable.*
(a) Le même auteur héraldiste dit, page 670 de son livre, que Hazebrouck en Flandre, portait de *gueules, à une fasce fuselée de cinq pièces d'argent* ce qui est loin du blason au *lion avec petit écusson portant un lièvre (haze)*, adopté en un autre temps.
(1 bis) B. 665.
(2) B. 756
(3) B. 767.
(4) Perron de Bergues (*steen*).

1333, décembre. — Les échevins de Bergues reconnaissent devoir à Jeanne, dame de Cassel, une somme pour l'octroi des accises du vin et de la cervoise par elle accordé à ladite ville (1).

1335, octobre-novembre. — Procès-verbal de la mise en possession au profit de Bertrand des Baux, comte de Monteains, et Marguerite Dannais, sa femme, veuve de Louis de Flandre, chevalier, par Jeanne de Bretagne, veuve de Robert de Cassel, d'une rente sur l'Espier de Bergues, assignée à ladite Marguerite pour son douaire (2).

1338, septembre-décembre. — Les échevins de Bergues déclarent qu'en leur présence, des bourgeois de ladite ville ont certifié avoir pris à ferme de Jeanne, dame de Cassel, la pêcherie de l'écluse de Dunkerque (3).

Lettres de Jeanne de Bretagne, de Jacques, abbé de St-Winoc, de Jean Surlin, curé de St-Martin de Bergues, des bourgmestres et échevins dudit Bergues, au sujet de la fondation par Eustachie de Walveringhem, recluse demeurant en l'âtre de Saint-Omer, d'une chapelle en l'honneur de l'Assomption de la Sainte-Vierge, à bâtir hors des murs et dans les faubourgs de Bergues (4).

1339, décembre. — Devis pour la charpente d'une chapelle au faubourg de Bergues, fondée par Jeanne, dame de Cassel, en l'honneur de Notre-Dame (5).

---

(1) B. 703.

Nous nous permettons d'ajouter ici pour mémoire, selon M. De Backer, que les fiançailles d'Isabelle fille d'Edouard roi d'Angleterre, et de Louis de Flandre, furent célébrées à Bergues le 13 mars 1345, Louis de Mâle avait alors 15 ans

(2) B 703

(3) B 733.

(4) B. 766.

(5) B. 773.

CHATELLENIES DE BERGUES ET BOURBOURG

Extrait du 1ᵉʳ cartulaire de la Dame de Cassel, pièce 69.

*Nomination d'un gardien général des dunes Dunherdar,
par Jeanne de Bretagne, veuve de Robert de
Cassel, en 1333, (la devxième année après
sa mort) et étant tutrice de Jean et
d'Iolande de Flandre, héritiers de
l'apanage de leur père Robert.*

1333. — Nous *Jehanne de Bretaingne, dame de Cassel,*
foisons savoir à tous que nous, tant en no nom, comme au
nom de nos enfans, et bail d'iceuls, avons mis et estably,
mettons et establissons nostre ami Henry de Lenselles, frère
de nostre amé Baillieu de Dunherque, Jean de Lenselle,
présenteur de ces lettres, no dunherdre souverain de nos dunes
que pous avons en no chastellenie de Berghes (1) et Bourbourch et ès appartenances a ce les droictures et wages que
on a accoustumé en ce cas enciennement jusques à nostre
volonté et rappel, rappelons que ces présentes lettres tous
nos aultres dunherdres desdictes dunes faire ou establir avant
la dabte de ces lettres.

(1) La seigneurie de *Dunkerque* dépendait de la châtellenie de
Bergues, comme *Gravelines* de celle de Bourbourg.

Mandons et commandons à tous à qui touche ou peut toucher que il ès choses dessus dictes et elles touchons entendent et obéissent diligeamment audit Henry.

En tesmoins de ce nous avons mis no sael à ces présentes lettres, données l'an de grâce mil CCC.XXXIII le mescredi jour de la purification Nostre-Dame-Vierge.

———

Renonciation par Jean de Genues, jadis barbier de feu Robert de Cassel, à une rente viagère de 200 livres que ledit Robert lui avait assignée dans son testament, sur la ville de Bergues, à condition que ladite ville lui payera annuellement 36 livres sa vie durant. (2e cartulaire de la dame de Cassel.)

———

BAILLEUL.

1333. — Philippe VI, roi de France, donne commission pour présenter à Louis, comte de Flandre, sur la requête de la dame de Cassel, les lettres d'ajournement devant le Parlement pour voir lever les défenses faites par lui à Robert de Flandre de procéder contre Jean, comte de Namur, qui n'avait pas rendu hommage audit Robert pour sa seigneurie de Bailleul (1).

1334, juillet. — Mandement du bailli d'Amiens pour l'exécution d'une commission de complainte, obtenue par Louis, comte de Flandre, contre Jean, comte de Namur, au sujet de la mouvance de Bailleul (2).

(1) B. 696.
(2) B. 714.

1334, août. — Philippe VI, roi de France, commet le bailli d'Amiens, pour ajourner au Parlement, à la requête de la dame de Cassel, le comte de Flandre et Jean, comte de Namur, au sujet de la mouvance de la seigneurie de Bailleul. (1)

1334, octobre-novembre. — Relation de l'ajournement devant le bailli d'Amiens, donné à Louis, comte de Flandre, pour voir adjuger à Jeanne, dame de Cassel, la mouvance de la terre de Bailleul qu'elle prétend relever de sa châtellenie de Cassel (2).

1349, octobre-novembre. — Guillaume, comte de Namur, déclare que Louis, son frère, à qui il a donné pour partage les terres de Péteghem, de Renaix et de Bailleul, à la charge de payer à Robert, son autre frère, une certaine quantité de terres par an, sera tenu de bailler audit Robert, au lieu de cette rente, la terre de Bailleul ou celle de Renaix, au choix dudit Louis (3)

En novembre 1332 Jeanne de Bretagne, prononce, comme tutrice, la suspension de G^mo Rochevin bailli de Dunkerque.

DUNKERQUE.

1337, janvier-février (v. S.). — Les échevins de Dunkerque déclarent que Daniel Beye, receveur de la dame de Cassel, a reconnu devant eux, avoir donné à cense la pêcherie du mour (marais) (4).

1340, juin-août. — Jeanne de Bretagne, dame de Cassel, mande à Daniel Beye, son receveur en Flandre, de recevoir en sa maison de Dunkerque, Jean de St-Aumer et Venant de Tétinghem (5).

(1) B. 716.
(2) B 819.
(3) B. 818.
(4) B 759.
(5) B. 775.

GRAVELINES.

1336, janvier-février (v. S.). — Commission du prévôt de Montreuil pour faire exécuter le mandement du Roi, touchant l'exercice de la haute justice à Gravelines (1).

ZUYDCOOTE.

1331, décembre-janvier (v. S.). — Arrêt qui continue au prochain Parlement la cause reprise par la dame de Cassel entre feu Robert de Flandre, son mari, et les habitants de Zuydcoote (2).

1332, février-mars (v. S.). — Philippe VI, roi de France, commet le bailli d'Amiens pour lever la main royale, mise sur la haute justice de Zuydcoote, et en laisser la jouissance à Jeanne, dame de Cassel (3).

1332, mars (v. S.). — Commission du bailli à cet effet (4).

1336, septembre-octobre. — Autre relation de l'ajournement donné à la dame de Cassel au sujet de Zuydcoote (5).

1336, septembre-octobre. — Le bailli d'Amiens donne acte au substitut du procureur du Roi et au procureur de la dame de Cassel, de leur consentement de procéder devant lui, touchant Zuydcoote. (6).

1336, décembre-janvier (v. S.). — Philippe VI, roi de France, commet Jean Ducange, receveur d'Amiens pour faire enquête sur le procès mu entre le procureur du Roi et la dame de Cassel, touchant la ville de Zuydcoote (7).

(1) B 747.
(2) B. 672.
(3) B. 688.
(4) B. 689.
(5) B. 742.
(6) B. 743.
(7) B. 746.

1341, décembre-janvier (v. S). — Arrêt qui remet au prochain Parlement la cause entre le procureur du Roi et les habitants de Zuydcoote, d'une part, et la dame de Cassel, d'autre, touchant ladite ville de Zuydcoote (1).

1342, avril-juillet. — B. 785. — Commission de Jacques Piket, lieutenant du gouverneur d'anciens pour séjourner au Parlement les habitants de Zuydcoote, à l'effet de reprendre leur procès contre feu Robert de Flandre seigneur de Cassel.

1342, décembre-janvier (v. S.). — Arrêt qui commet le gouverneur du bailliage d'Amiens ou son lieutenant, pour ajourner au Parlement les habitants de Zuydcoote, afin de reprendre la cause intentée par eux contre feu Robert de Flandre, seigneur de Cassel, Jeanne, dame dudit Cassel, et le comte de Bar, Henri IV (2).

FURNES.

1333, octobre. — Obligation des échevins de Furnes au profit de Jeanne de Bretagne, dame de Cassel, pour les arrérages de la rente due par cette ville à cause du transport de Lille, Douai et Béthune (3).

1335, juillet-août. — Commission du prévôt de Montreuil pour ajourner devant lui le bailli de Furnes, touchant ses exploits en la châtellenie de Cassel (4).

1335, octobre-novembre. — Sentence du prévôt de Montreuil qui renvoie au Parlement la cause entre la dame de Cassel et Louis, comte de Flandre, pour entreprises faites sur ladite dame par le bailli de Furnes, en ses châtellenies de Cassel et de Warneton (5).

(1) B. 782.
(2) B. 788.
(3) B. 699.
(4) B. 729.
(5) B. 733.

NIEUPORT-LOMBARZYDE.

1334, octobre. — Plaintes des habitants de Nieuport contre ceux de Lombarzyde (1).

PÉTEGHEM ET SPYCKER.

1335, novembre. — Pierre le Bibre cède à Jeanne de Bretagne, dame de Cassel pour décharger la mémoire de son père qui avait pris briques, merriens (bois de charpente) et pierres ès-forteresses de Péteghem et de Spycker, tout ce qui lui appartient ès-dites forteresses (2).

WARNETON.

1335, juin-juillet. — Commission de Colin Li Sauvage, lieutenant du prévôt de Montreuil, pour ajourner audit lieu le bailli de Furnes sur les exploits de police par lui faits en la châtellenie de Warneton, appartenant à la dame de Cassel (3).

BORNHEM-RODES.

1332, décembre-janvier (v. S.) — Autre rapport d'Adrien de Louvencourt concernant la restitution à Jeanne, dame de Cassel, du château de Bornhem avec toute l'artillerie et la terre de Rodes (4).

(1) B. 718.
(2) B. 734.
(3) B 728.
(4) B. 687.

1333, août. — Commission du châtelain et garde des château et châtellenie de Bornhem, donnée à Henri de Metkerke par Gilles· Nazars, gouverneur de la dame de Cassel en Flandre et dans le comté d'Alost (1).

ALOST.

1333, juin. —. Philippe VI, roi de France ordonne à Jeanne de Bretagne, dame de Cassel, d'empêcher dans ses terres le cours des monnaies d'or et d'argent fabriquées dans le comté d'Alost (2).

1333, juin. — Même ordonnance sous le vidimus de Jean, seigneur de Folleville, chevalier, garde de la prévôté de Paris (3).

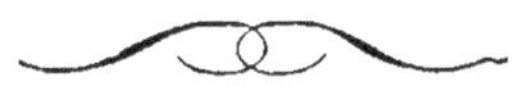

(1) B. 697.
(2) B. 694.
(3) B. 694.

Employés de Jeanne de Bretagne, fournitures pour cette dame et son hôtel, etc.

Receveurs de Jeanne de Bretagne.

1331. — Le samedi jour de St. Mathieu (septembre). Commission de receveur de Cassel, Bourbourg et Berghes donnée à Mikiel Bart.

1332, juin-août. — Arrêt du Parlement qui renvoie en la cause de Jeanne, dame de Cassel, Jean de Ziesselles, receveur de feu Robert de Flandre, pour y rendre ses comptes (1).

1332, octobre-décembre. — Philippe VI, roi de France, mande aux baillis de Vermandois et d'Amiens de contraindre par corps Jean de Ziesselles, receveur de Robert de Flandre, à rendre ses comptes (2).

1332, décembre-janvier (v. S. — Rapport d'Adrien de Louvencourt au bailli de Vermandois, au sujet de l'affaire de Jean de Ziesselles, ex-receveur de Robert de Flandre (3).

1337, mars-avril (v. S.) — Jeanne, dame de Cassel, reconnaît avoir reçu différentes sommes de Jean Le Blonde, son receveur du bois de Nieppe (4).

(1) B. 684.
(2) B. 686.
(3) B. 687.
(4) B. 761.

1337, avril-mai. — Robert de Le Haie, receveur de Robert de Fieules, châtelain de Bourbourg, déclare avoir reçu une somme de Daniel Beye, receveur de la dame de Cassel, pour arrérages d'une rente (1).

1338, juillet. — Récépissé par Jeanne de Bretagne, dame de Cassel, d'une somme payée par Daniel Beye, son receveur en Flandre (2).

1339. — Cette année comme en 1331, Jeanne de Bretagne nomme des baillis et receveurs à Bergues et à Nieuport comme représentant Iolande de Flandre.

Cartulaire de la dame de Cassel, archives départementales de Lille.

1345, janvier-février (v. S.) — Quittance par Robin Bersil, garde du château de Nogent-le-Rotrou pour la dame de Cassel (3), d'une somme reçue du receveur de ladite terre de Nogent, pour ses gages (4).

(1) B. 749.

(2) B. 750.

(3) Jeanne nomma aussi aux fonctions de receveur Jean Goupil prêtre et ultérieurement Gilles Le Fournier aussi prêtre pour Nogent-le-Rotrou, Ruère, Nouvilliers, Montlandon et la Ferrière. Elle appela au poste de receveurs et baillis pour les châtellenies de Brou, d'Alluye, de Montmirail, d'Anton et de la Basoche. Elle nomma des Buisoel successivement sénéchaux de la ville et châtellenie de Nogent le-Rotrou, puis son sergent dudit Nogent, etc.

Mais toutes les nominations très nombreuses à des emplois pour des localités fort éloignées des nôtres ne sont pas à mentionner. — Pour ce qui regarde la nomination par Jeanne de Bretagne aux fonctions de receveurs dans diverses localités de la West-Flandre la plus occidentale, nous renvoyons à la fin des pièces justificatives où la plupart sont mentionnées avec celles des baillis, etc., etc.

(4) B. 802.

Médecins. — Physiciens.

1335, mai. — Quittance par Richard de Vérone, lombard, physicien de la dame de Cassel, d'une année de sa pension (1).

— Jean de Poligny clerc physicien succéda la même année comme médecin à Richard de Vérone. Sa quittance pour médecin année de sa pension datée du 5 septembre commence ainsi :

Donné l'an de grâce MCCCXXXV, le mardi devant la Nativité de N. D. quittance, etc.

1338, 15 janvier (v. S.) — Jean de Poligni ou Polengny, maître en médecine, physicien (fisicien) de la dame de Cassel, quitte ladite dame d'une somme reçue pour une année de sa pension (2) — montant à cent livres tournois (3).

(Copie de l'original en parchemin, scellé d'un agneau pascal).

1342, avril-juillet. — Quittance par Jean de Poligny, physicien de la dame de Cassel, d'une somme à lui donnée par ladite dame (4).

— Voir pour *collation* par Jeanne de Bretagne à Jean de Poligny, son physicien, en 1338, d'une chapellenie dans le château de Nieppe à la page 131.

— *Jean de Poligny* était chanoine à Verdun, et physicien (médecin) du duc de Bar. Iolande de Flandre l'attacha, en cette qualité, en 1346, au service de sa maison, elle lui donna ce

(1) B. 726.
(2) B. 737.
(3) Voir l'inventaire de la chambre des comptes de Lille, page 115.
(4) B. 785.

témoignage de confiance, en considération des services qu'il lui avait rendus ainsi qu'à ses enfants. Il était en 1388, prévôt de la Madeleine; on le trouve qualifié de *physicien du duc de Bar*, dans des actes de 1399, 1403, 1405, et ailleurs, *maistre ès-arts et en médecine, fusicien des Signours et Dames de Bar*, il fournit une longue carrière, car il vivait encore au commencement de 1420; il demeuroit alors à Bar. — (V. Servais, ann. du Barrois T. 1. p. 165).

— Voir à la page 59 et 60 d'*Iolande,* pour mes remarques à cet égard.

Nominations par Jeanne aux fonctions de Châtelains. — Baillis. — Prévôts. — Gardes principaux, etc.

— Jean de Dorpré est nommé au poste de châtelain et garde du château de Nieppe.

— Idem. Guillaume de Briart à ce poste.

— Nomination de Perrot Du Pont Saint-Marc et ultérieurement de Jean Henri dit de Chartres, au poste de prévôt de Manicamp.

— Nomination dudit Henri de Chartres au poste de receveur de la ville et terre de Manicamp.

— Haut bailli de la ville et châtellenie de Cassel, poste donné à Guillaume de Briart.

— Poste de bailli et receveur de la terre de Rodes donné à Thierry d'Idegem.

— Châtelain, bailli et receveur. Nomination de Henri de Meetkerke et ultérieurement de Tartarin, de Runescure.

A ce poste du château, ville et terre de Bornehem.

— Nomination au poste de *Dunherdre Souverans,* (garde principal des Dunes) dans les châtellenies de Bergues et de Bourbourg, de Jean Volekin, et ultérieurement de Henri de Leusele.

Quant aux nominations par Jeanne de Bretagne aux emplois de baillis et à d'autres fonctions, nous en avons aussi placé la mention aux pièces justificatives suivantes pour ne pas trop étendre le présent texte.

Chapelains, clercs, veneurs, etc., de la Maison de Jeanne de Bretagne.

1332, avril-juin. — Accord entre Jeanne, dame de Cassel, et Gilon Roussel, touchant ses gages de veneur (1).

1337, août-septembre. — Hue de Mailli, sergent du roi, reçoit une somme pour services rendus à la dame de Cassel (2).

1336, avril-mai. — Quittance par Guillaume Lestendart, chevalier, de sommes reçues de la dame de Cassel pour une année de sa pension (3).

1337. — Denis Alliot, chapelain, reconnait avoir reçu une somme pour différentes commissions faites en faveur de la comtesse de Bar (4). (On nommait ainsi Iolande de Flandre dès après ses fiançailles).

Nous voyons le nom d'un autre chapelain de Jeanne dans la pièce suivante : — Commission donnée par Jeanne de Bretagne

(1) B.
(2) B. 753.
(3) B. 740.
(4) B. 750.

à Jean Cholet, son chapelain, à l'effet de demander et recevoir la somme de 1500 écus que la dite dame a portée à la reine de France (pour le fait des guerres) laquelle somme a été assignée sur la recette des décimes du roi au diocèse de Sens.

1338, avril-juin. — Quittance par Jean Danisy-le-Jeune, clerc, d'une somme reçue de la dame de Cassel, pour une année de pension (1).

1398, juin-juillet. — Nicolas Barreau, garde de la prévôté de Brou, déclare qu'Etienne de Créveu a reçu 18 muids de méteil, d'Etienne Boileau, clerc de la dame de Cassel (2).

Maîtres d'hôtel.

1332, mars (v. S.) — Simon de Crécy, chevalier, s'engage à servir Jeanne, dame de Cassel, en qualité de maître d'hôtel, moyennant une pension annuelle (3).

1333-1336. — Quittance de Robine de Florence, valet de Simon de Crécy, d'une somme reçue de Jeanne, dame de Cassel, pour ledit Simon (4).

1336, mars (v. S.) — Quittance par Simon de Crécy sire de Moronval, chevalier, d'une somme reçue de Jeanne de Bretagne, dame de Cassel, pour une année de sa pension (5).

1340, septembre-janvier (v. S) — Baudet, queux (maître d'hôtel) de la dame de Cassel, se reconnaît bien payé des services par lui rendus pendant huit ans, par le don d'une provende assise en Flandre, et par une robe et un cheval.

(1) B. 762.
(2) B. 763.
(3) B. 689.
(4) B. 696.
(5) B. 748 et 745.

Fournitures pour Jeanne de Bretagne.

1334, mai. — Etat des fournitures pour l'hôtel de Jeanne, dame de Cassel, qui ont été remises par Samson, receveur d'Alluye et de Montmirail, à Simon de Crécy, maître d'hôtel de ladite dame (1).

1338, janvier-février (v. S.) — Simon de Badouville reconnaît avoir reçu de Robin Belot quatre douzaines de volailles pour l'office de la dame de Cassel (2).

1340, janvier-mars (v. S) — Guillaume Le François certifie avoir reçu de Jean de Champeaux différents objets pour le service de l'hôtel de la dame de Cassel (3).

1342, avril-juillet. — Pierre de Lapalu, sire de Warembon, gouverneur du bailliage d'Amiens, capitaine des frontières de Flandre, mande à tous prévôts, sergents et autres justiciers du roi, de laisser passer vins, denrées et marchandises pour la provision de la garnison du château de Nieppe (4).

1342, novembre-décembre. — Pierre de Lapalu, sire de Warem·bon, mande aux commis et députés sur les frontières de Flandre, de laisser passer vins et denrées pour la provision de la garnison du château de Nieppe (5).

1342, novembre-décembre. — Mahiet Despernon, épicier, pro·met de faire auprès de la dame de Cassel et des gens de son hôtel, le service nécessaire pour les épices et l'apothicairerie,

(1) B. 711.
(2) B. 767.
(3) B. 777.
(4) B. 786.
(5) B. 787.

moyennant une somme une fois payée et deux robes d'écuyer à chaque pleine livrée (1).

1333, août. — Quittance de Simon de Lisle, orfèvre à Paris, d'une somme reçue de Jeanne, dame de Cassel, pour un fermail (2).

1333, octobre. — Quittance par Simon de Lisle, orfèvre à Paris, d'une somme à valoir sur le prix d'un fermail par lui vendu à ladite dame (3).

On trouve même des comptes de dépenses de Jeanne de l'année de sa mort. Nous citerons de même des exemples selon les sommaires de la chambre des comptes de Lille.

1354, février-avril (v. S.) — Compte de l'office de la dame de Cassel (4).

1355, avril-mai. — Marchandises livrées par Richer de St.-Michel, chapelain de la dame de Cassel pour le service de son hôtel (5).

Décharges accordées par Jeanne de Bretagne à Geffroy de l'Eschicerie de 517 livres qu'il a reçues d'elle pour des vins, blés et autres provisions qu'il a livrées à l'hôtel de ladite dame. (Cartulaire de Lille de la dame de Cassel).

— Pour plus amples détails sur l'hôtel de Jeanne de Bretagne à Paris, voir plus loin au texte *hôtels* etc.

(1) B 787.
(2) B. 697.
(3) B. 700.
(4) B. 842.
(5) B. 844.

Autres extraits du cartulaire de Jeanne de Bretagne (1)

Receveurs et Reneurs nommés par elle.

Actes (?). — Nomination par Jeanne de Bretagne, dame de Cassel, de Guillaume Henri au poste de receveur des dettes et arrérages des revenus de son douaire du Perche (3).

Nomination de Cordouan de Le Bourre aux fonctions de reward et de gouverneur souverain de toutes les terres et villes de ladite dame, tant dans le comté de Flandre que dans celui d'Alost.

— Nomination d'Henri de Meetkerke au poste de receveur souverain des mêmes terres.

(1) Cartulaire de la dame de Cassel, Registre B. 1573, des archives du Nord.

(2) Nota. Les dates de ces actes ne s'y trouvent pas.

(3) Comme nous ne devons nous occuper en ce moment que des localités du pays de Flandre occidentale pour ce qui regarde l'administration de la Dame, veuve de Robert de Cassel, nous ne mentionnerons pas ici les nominations faites au Perche par Jeanne de Bretagne de receveurs généraux et particuliers, de baillis, de sergents de bannerie *(a)* et autres sergents, de châtelains, gouverneurs des écoles etc, puis de présentations et nominations à des cures, chanoinies, chapellenies, prébendes et prébendeles, chanteries, trésoreries d'église, etc, soit à *Montmirail, Alluye, Brou, Melleray, Montigny, La Basoche,* soit à *Nogent-le-Rotrou, Ruére, Nouvilliers, Mont Landon* et la *Ferrière.* — Les pièces concernant ces affaires sont aussi consignées dans le premier cartulaire de la Dame de Cassel conservé à la Chambres des comptes de Lille.

(a) *Bannerie,* office de sergent bannier.

1339. — *Donné lan de grace MCCCXXXIX, le III° jour du mois doctembre.* Lettres par lesquelles Jeanne de Bretagne, dame de Cassel, tant pour elle que pour Iolende, sa fille, dont elle a le gouvernement, établit Henri de Meetkerke, comme receveur souverain de sa terre en Flandre et au comté d'Alost.

Orig. de parch. scel perdu.

Nomination de Jean Palstre, et successivement de Daniel Beye, d'Etienne de La Bourdinière, dit Boileau, et de Jean Laws, au poste de receveur-général de toutes les possessions de la dame de Cassel en Flandre.

— De Jaquemin de Le Court, et successivement d'Hannekin de Meetkerke, de Jean Le Blont, de Jean de Le Beke, de Jean Bec et de Laurent de Le Beke, aux fonctions de receveur des ventes de taillis du bois de Nieppe.

— Dudit Jean Le Blont, au poste de receveur des Watteringues du bailliage de Nieppe et des revenus du château de Nieppe.

— De Michel ou Missiel Bart, au poste de receveur des rentes d'Aire et ultérieurement des villes de Cassel, de Bergues et de Bourbourg (1).

— De Laurent de Le Beke, et successivement d'Ernoul de Meetkerke, de Jean Le Louc, et de Jean Le Blont, au poste de receveur de la dime d'Hazebrouck et des rentes de Coudescure.

— De Jean Le Louc, et successivement de Guillaume de Clenkes et de Jean Le Blont, au poste de reneur et receveur de l'espier de Saint-Omer.

(1) Voir la pièce justificative in-extenso de cette nomination datée de Nieppe du jour de St. Mathieu 1331, à la page 32 de notre notice sur l'*Apanage de Robert de Cassel.*

— De Daniel Beye, au poste de reneur et receveur du voedermond de Bergues.

— De Gilles Wazelin, au poste de receveur du Pont d'Estaires et de Steenwerck.

— De Perrot Dupont Saint-Marc, et ultérieurement de Jean
Henri, dit de Chartres, au poste de prévôt de Maincamp.

— Dudit Henri de Chartres, au poste de receveur de la ville
et terre de Manicamp.

— D'Henri de Meetkerke, et ultérieurement de Tartarin de
Runescure, au poste de châtelain, bailli et receveur du château,
ville et terre de Bornehem.

Postes de baillis donnés par Jeanne (1).

En 1339, avril. — Jeanne nomme Vanckaert Beye, bailli de
Bergues et de Dunkerque et gardien des dunes; *Duynen-Heerder.*

Nomination de Daniel Beye, au poste de bailli de Warneton,
du Pont d'Estaires, de Steenwerck et Robermetz.

— De Mickel de Castre, et ultérieurement d'Abel Le Clerc,
au poste de Bourbourg et de Gravelines.

— De Jean de Linselles, au poste de bailli de Dunkerque, en
remplacement de Guillaume Zothenin.

— De Michel Striboud, et ultérieurement de Jean Le Haghenc,
au poste de bailli de Nieuport.

— De Gautier de Meetkerke, châtelain de Nieppe, et successivement d'Henri Wich, de Michel Bart, de Jean de Meetkerke,
de Jean de Coudescure et de Jean de Wallon-Cappel, au poste
de bailli dudit Nieppe.

— D'Henri Wich, au poste de bailli des dites villes et châtellenie, en remplacement de P. et de Jean Deldif.

(1) Même observation : *sommaires sans dates,* au susdit cartulaire inventorié.

Collation (1) de chapellenie et de prébendelles (2).

Collation, par Jeanne de Bretagne, à Jean de Pouligny, son physicien, d'une chapellenie, ou chapeleine, dans le château de Nieppe (16 mai 1338) (3).

— A Gelekin Loncpiet, valet de la dame de Cassel, d'une prébendelle sur l'espier, lardier et voedermond de Bergues, vacante par le décès de Jean, maréchal de ladite dame.

— A Baudet des Foussez et à Hannekin Le Tantmètre, d'autres prébendelles sur les revenus du domaine de Bergues, vacantes par le décès de Kerstelot de Verlenisghien, chanoine de Messines, et de Jean de Ghisnes, doyen de Helebeke.

Délégations par la dame de Cassel.

Délégation de commissaires, par Jeanne de Bretagne, pour informer sur le débat qui existait entre elle et le comte d'Alençon.

— Pour percevoir, en son absence, le revenu de ses terres de Flandre.

— Pour arrêter et emprisonner tous les malfaiteurs qui seront trouvés en la terre, justice et châtellenie de Nieppe.

— Pour tenir chambre en ladite terre et seigneurie de Nieppe.

— Pour établir des wateringhes en la châtellenie et seigneurie de Nieppe.

(1) Collation, action de conférer.
(2) Prébendelle, petite prébende. — *Prébende,* revenu de chanoine.
(3) Ce Jean de Poligny fut depuis chanoine à Verdun, et médecin ou *fusicien des signours et dames de Bar,* c'est-à-dire d'Iolande de Flandre, comtesse de Bar, et de son fils le duc Robert.

— Pour vendre les tailles du bois de Nieppe.

— Pour recevoir les arrérages de la recette des dites tailles.

— Pour ouïr le compte de Jean de Long-Jumel, receveur de Nieppe, de la dîme d'Hazebrouck et des rentes de Coudescure.

— Pour recevoir les armes, l'artillerie, les lettres et autres instruments déposés dans le château de Bornehem, que le comte de Flandre restitue à la dame de Cassel.

— Pour lever les amendes imposées aux rebelles de Cassel, et vendre les biens sur eux confisqués.

— Pour abattre le colombier qu'Etienne Ygnart, chevalier, a fait construire dans son manoir de Boisjoli, sans congé ni licence de la dame de Cassel.

— Pour recevoir de Philippe de Sohier-Cappelle, le prix d'un héritage que celui-ci a acheté de la dame de Cassel à Berkin.

— Pour toucher 1,000 florins prêtés par divers particuliers à ladite dame.

— Pour renouveler les officiers de justice et autres dans les terres que la dame de Cassel possède en Flandre.

— Pour mettre en jugement demoiselle Nicole, veuve d'A-lianne Mulart, écuyer, soupçonnée d'avoir assassiné sondit mari.

ENFANTS DE JEANNE DE BRETAGNE

SA TUTELLE, Etc.

Robert de Flandres lors de sa mort, survenue en 1331, avait laissé deux enfants fort jeunes, l'un l'aîné, avait nom *Jean*, il était âgé d'environ huit ans et l'autre, *Iolande*, âgé de cinq ans, étant née au château d'Alluye en Perche en 1326 selon des attestations authentiques que nous avons déjà reproduites ailleurs, et que nous citerons encore lorsqu'il s'agira du comte de Bar Henri IV.

Nous devons parler à présent de ces descendants de Robert de Cassel, à cause de leur minorité et de leur tutelle qui fut confiée à Jeanne de Bretagne, quoiqu'il en ait été question au commencement de ce chapitre, et quoique des pièces justificatives qui vont suivre en fassent aussi mention, c'est-à-dire pour les années 1331 et 1332, époque où des conflits s'élevèrent à ce sujet entre Jeanne de Bretagne et le comte de Flandre Louis de Nevers. Celui-ci prétendit à la tutelle des enfants de son oncle, et à tel point qu'il y eut même, en juillet 1331, une commission du comte Louis pour mettre en ses mains les enfants et les biens de Robert seigneur de Cassel, en attendant qu'il fût décidé à qui le gouvernement et la tutelle en appartiendraient (1).

(1) B. 663 (Carton).

En octobre ou décembre de la même année, les conseillers du roi donnent commission pour ajourner devant eux les témoins que la dame de Cassel voudrait produire en sa cause d'appel contre ce comte de Flandre (1).

On voit aussi qu'en 1332, Dreux de St-Venant, Eléonore de Gavre, dame de Pitgam, Alix de Mouchy, dame de Pontrohart, Jean de Morbecque, écuyer; Bouchard Volekin, écuyer; Corpouan, sire de La Bourre, chevalier; Tartarin de Renescure, écuyer (2), Philippe de Haverskerque, chevalier, se constituent cautions de Jeanne, dame de Cassel, pour la tutelle de ses enfants (3).

Beaucoup d'autres garanties furent constituées en faveur de cette tutelle de Jeanne, elles se trouvent relatées aux pièces justificatives. Des villes même se cautionnèrent à cet effet, telle Dunkerque, etc.

Dans le 1er cartulaire de la dame de Cassel on trouve entre autres exemples de cautionnement de ce genre la garantie fournie par Jeanne de Bretagne aux échevins de Gravelines, en retour de ce qu'ils s'étaient portés caution pour elle envers le roi et autres seigneurs au sujet de la tutelle de ses enfants.

(1) B. 686.
(2) B. 690.
(3) Dans *la liste des seigneurs de Renescure* publiée par M Imbert de la Phalecque, on voit qu'en 1332, *Tartarin*, seigneur de Renescure, se rendit, par lettres, caution envers le roi, du bail des enfants de la *Dame de Cassel,* Jeanne de Bretagne, veuve, dès l'année précédente, de Robert de Casse'.

(4e livraison du Bulletin historique de la société des antiquaires de la Morinie 1853.)

Plus tard, en décembre 1334, Philippe IV, roi de France, permet à Jeanne, dame de Cassel, de faire l'hommage au comte de Flandre, à cause de la tutelle d'Iolande, sa fille, sans préjudicier à l'exemption de la juridiction du comte, à laquelle ladite dame prétend (1).

Avant de parler d'Iolande de Flandre il est bon de dire encore quelques mots concernant les actes qui regardent Jeanne de Bretagne comme tutrice surtout de sa fille, car celle-ci resta bientôt seule héritière des biens de son père. La mort de son frère étant survenue avant sa dixième année, c'est-à-dire le 10 mars 1332 (2) selon le P. Anselme, c'est lui qui naturellement devait succéder à Robert de Cassel comme seigneur de ce lieu et d'autres vastes localités seigneuriales de la Flandre occidentale. C'est pour ce Jean, son fils, que Jeanne de Bretagne devait d'abord prêter serment, à cause de l'apanage de feu Robert son mari, entre les mains du comte de Flandre Louis, son suzerain et son cousin germain. Mais Jean mourut

(1) B. 721 (carton).

(2) La date positive du décès de Jean de Flandre, fils de Robert, ne se trouve mentionnée ni par les historiens de ce temps, ni dans les ouvrages généalogiques consultés par nous. M. J. Carlier dit qu'il mourut le 19 mars 1332; quoiqu'il en soit Jeanne ne fut reçue à faire foi et hommage au comte *pour ses enfants* à cause de leurs biens situés en Flandre, que le 10 mars de cette année, selon des documents mentionnés plus loin; c'est-à-dire le mois de mars postérieur à l'époque du décès de Robert de Cassel.

peu après cette formalité remplie en partie (1) et avant les contestations qui s'élevèrent au sujet de la tutelle d'Iolande en particulier.

Il y a certains documents qui permettent de présumer que Jean de Flandre, fils de Robert, ne mourut qu'en 1333. Ainsi, par exemple, il y a aux archives de Lille un acte de cette année par lequel Marie de Pontrouhart du consentement de Guillaume, sire de Heuchin, se rend caution de la tutelle *des enfants* de Jeanne de Bretagne (2). Nous pourrions en citer encore d'autres semblables de cette époque postérieure à 1332, ainsi au 29 novembre 1333 Philippe de Haveskerke, chevalier, s'engage à tenir compagnie à Jean, fils de Jeanne de Bretagne, à l'enseigner et à le retenir de tout mal, etc., (3).

En ce qui regarde la susdite tutelle, nous voyons pour 1332 un mémoire touchant les débats entre la dame de Cassel et le comte de Flandre au sujet de la tutelle des enfants de Robert (4).

---

(1) Lequel Jean de Flandre après le trespas dudit Robert de Flandre, seigneur de Cassel, son père, fut reçu en foy et hommage de ses terres et seigneuries, a luy eschues par ledit trespas du susdit père, et ce par le commandement et en vertu des lettres du roy de France données l'an 1331, lequel Jean de Flandre mourut jeune et sans hoirs de son corps, et tous les biens succédèrent à dame Iolente de Flandre, sa sœur, et ladite Iolante avec la dame vefve sa mère furent sommées par lettres de Philippe, roy de France, pour venir faire hommage des biens à elles succédés de son dit frère, données au mois de décembre 1334. (de Lespinoy.)

(2) B. 776.

(3) Lettres de promesses de fidélité à Jeanne par P. de Haveskerke, citées aux pièces justificatives No 5.

(4) B. 776.

Le comte Louis voulut même qu'aucun engagement matrimonial ne fut contracté concernant Iolande, sans son consentement. Chose assez singulière, c'est vers ce moment, en décembre 1334, que fut dressé un contrat de mariage entre Louis, fils de Louis, comte de Flandre, et Iolande, fille de feu Robert de Cassel (1). — Et en 1335 (janvier-mars (V. S.), il y eut dispense accordée par le pape Benoît XII pour le mariage de ce fils du comte (2) et d'Iolande, fille de la dame de Cassel, l'un, Louis, âgé de quatre ans, l'autre de huit (3).

Ce mariage ne s'accomplit pas, on le sait, car le jeune Louis fut fiancé deux années plus tard avec Marguerite, fille de Jean de Brabant, après le traité de paix qui fut conclu entre lui et le comte de Flandre le 1er avril 1336, et dans lequel cette clause était stipulée.

Bientôt de nouveaux conflits surgirent entre le comte Louis et Jeanne de Bretagne, ainsi qu'on le verra plus loin.

En 1337, Jeanne, dame de Cassel, donne procuration pour elle et sa fille Iolande à l'effet de gérer et défendre leurs affaires pardevant tous juges (4).

(1) B. 724.
(2) Qui fut plus tard le comte de Flandre, Louis dit de Male. — Le projet de ce contrat de mariage en parchemin est indiqué pour décembre 1334 dans le 7e vol. de l'inv. de la chambre des comptes de Lille, page 484.
(3) B. 737. — C'était l'usage en ce temps d'unir les enfants de grands personnages, longtemps avant qu'ils fussent nubiles. On trouve plus tard encore un exemple dans la cérémonie qui eut lieu à propos des projets d'union entre Marguerite de Flandre, fille de Louis de Male, et Philippe de Rouvre. Tous deux étant enfants furent placés sur l'autel lors de leurs fiançailles en 1357, à Arras, mais ce Philippe de Bourgogne mourut quatre ans plus tard avant l'acte définitif, et un autre Philippe, le duc de Bourgogne dit le Hardi, l'épousa ensuite.
(4) B. 751.

Le 16 septembre de la même année, le roi mande au bailli d'Amiens d'assigner devant lui, à Paris, Louis, comte de Flandre, sur la requête de Jeanne, dame de Cassel, et d'Iolande de Flandre, sa fille, touchant leur émancipation et décharge de tutelle (1).

Jeanne avait demandé d'être déchargée de *Bail de sa fille.* (Inv. des Chartes, Lille, T. VIII).

Au même mois de septembre de 1337, il y a lettres du roi datées de Monbuisson-lez-Pontoise par lesquelles il ordonne que la dame de Cassel aura le gouvernement des personnes et biens de Iolande de Flandre, sa fille, comme elle l'avait avant que ladite Iolande ait son âge et jusqu'à ce qu'il en soit autrement ordonné (2). Orig. en parch.

En novembre de cette année le roi Philippe de Valois déclare que les gens des requêtes de son hôtel ayant rejeté la demande de Jeanne, dame de Cassel, et d'Iolande sa fille, tendant à leur émancipation et décharge de tutelle, lesdites Jeanne et Iolande ont protesté (3).

---

(1) B. 755.

(2) B. 755 et inv. des chartes de la chambre des comptes de Lille, T. VIII.

(3) B. 758.

Ici commence une nouvelle série d'événements. Le comte de Bar Henri IV fut accepté comme futur époux d'Iolande auquel elle fut fiancée. Un contrat fut dressé à cet effet. On trouve aux archives départementales de Lille pour 1337, janvier-février (V. S.) un acte notarié par lequel Henri, comte de Bar, et Iolande de Flandre, sa future épouse, promettent garantir Jeanne, dame de Cassel, de toutes les demandes que le roi de France ou le comte de Flandre pourraient lui faire, si elle consent à leur mariage (1).

A la même époque, Henri, comte de Bar, et Iolande de Flandre, s'engagent à entretenir les articles de leur contrat de mariage, à maintenir le douaire de Jeanne de Bretagne, et renoncent aux 40.000 francs que Robert de Cassel avait légués à ladite Iolande (2).

Dans l'intervalle entre l'époque des fiançailles de Iolande et de Henri de Bar et leur mariage en 1340, il y a à noter, d'après les archives départementales de Lille, ce qui suit :

1338, janvier-février (v. S.). — Philippe roi de France, ordonne en Parlement qu'Iolande de Flandre, quoique majeure, ne pourra procéder contre Louis, comte de Flandre, avant d'avoir été mise en possession de ses biens, par ledit comte, suivant la coutume de Flandre (3).

1338, février-mars (v. S.). — Arrêt interlocutoire du Parlement de Paris entre la dame de Cassel et le comte de Flandre, sur l'appel du bailli d'Ypres (4).

(1) B. 759.
(2) B. 759.
(3) B. 767.
(4) B. 768.

1338, février-mars (v. S). — Philippe VI roi de France, proroge à l'Ascension les causes de la dame de Cassel et d'Iolande, sa fille, touchant leurs terres en Flandre (1).

1338, février-mars (v. S.). — Philippe VI, roi de France, mande au Parlement de surseoir les susdites causes jusqu'à ce terme (2).

1338, février-mars (v. S.). — Commission de Pierre Belagent, garde de la prévôté de Paris, pour ajourner au Parlement Iolande de Flandre, fille de feu Robert, seigneur de Cassel, à effet d'y reprendre les procès que ledit Robert, y avait soutenus contre le comte de Flandre (3).

1339, avril-juillet. — Philippe VI, roi de France, mande de tenir en état jusqu'au prochain Parlement, les causes de Jeanne, dame de Cassel, et d'Iolande sa fille (4).

Le mariage de Henri de Bar et d'Iolande de Flandre eut lieu vers la fin de décembre de cette année 1339, ou bien et probablement au commencement de 1340 (v. S.).

C'est à tort qu'il a été indiqué comme ayant eu lieu avant 1339 ou en 1337, par exemple. Ce fut en cette dernière année qu'eut lieu la cérémonie des fiançailles, le mariage religieux n'ayant pu s'accomplir qu'après l'arrivée des dispenses du pape.

Il est vrai que Benoit XII accorda en juillet 1339 par bulle papale (lettres avec sceau ou bulle en plomb) (5), ces dispenses

____

(1) B. 768.
(2) B. 768.
(3) B. 768.
(4) B. 770.
(5) 1339, 8 des Calendes de juillet à Rome, dispensation du mariage de Monseigneur le comte Henri de Bar et de Madame la comtesse. — Carton 9, supplément. — Lille.

nécessaires pour contracter mariage, nonobstant le degré de con-
sanguinité qui les unit. Mais ce ne fut que le 1er décembre
suivant que furent délivrées les lettres, regardant cette dispensation d'Etienne, évêque de Noyon. (Noviomensis) (1).

Vers la même époque c'est-à-dire en décembre 1339, Henri
comte de Bar et Iolande, *sa femme,* ratifient la promesse faite
par eux à Jeanne de Bretagne de la garantir du trouble que
pourraient lui causer le roi de France et le comte de Flandre
au sujet du mariage de sa fille avant l'âge de 12 ans (2). Iolande
avait treize années d'âge lorsqu'elle fut émancipée par son
mariage.

En 1341, le 3 décembre, Henri, comte de Bar, et Iolande
de Flandre, dame de Cassel, sa femme, promettent par lettres (3)
de rendre à madame Jeanne de Bretagne, dame de Cassel, mère
de ladite Iolande, deux couronnes d'or que ladite Jeanne de
Bretagne avait prêtées à sa fille pour la cérémonie de leur
mariage et lesdits comte et comtesse de Bar donnent à la dame
leur mère, pour sa vie seulement, une maison, grange, jardin,
vergers et pièce de terre joignante, situés à Paris-lez-le-Pont-
Perrin (orig. en parchemin) (4).

A partir de ce mariage, Jeanne de Bretagne continua pendant
quelque temps à gérer certaines affaires concernant les terres
de Flandre, en son nom et en celui de sa fille; d'autres furent
traitées par elle seule comme douairière. Il y en eut beaucoup,
aussi, où, naturellement, à des actes, le nom du comte de Bar
figure.

(1) Orig. scellé du sceau de cet évêque, même carton
(2) Carton B 773.
(3) Voir aussi de Lespinoy page 53, pour autres lettres.
(4) Inv. des chartes, chambre des comptes de Lille, T. VIII.

Nous allons en citer quelques exemples par ordre chronologique.

En 1340, septembre-janvier (V. S.) — Philippe VI, roi de France, mande de tenir en état jusqu'au prochain Parlement toutes les causes de la dame de Cassel et d'Iolande, sa fille, sauf celle qui concerne l'exécution de feu Philippe de Sohier-Capelle (Zegers-Cappel) (1).

Au même temps il y eut arrêt du Parlement qui accorde à Hue de Lorraine, chevalier, un délai pour répondre aux demandes de Jeanne de Bretagne, dame de Cassel et du comte de Bar, à cause d'Iolande, sa femme fille de feu Robert, seigneur de Cassel (2).

Ce procès est relaté en sommaires aux pièces justificatives.

En 1340, janvier-mars (V. S.) — Frère Thébier, chapelain du sire de Launay, reconnaît avoir reçu de Jeanne, dame de Cassel, 10 setiers de blé à lui dus annuellement (3).

Voici des sommaires d'arrêts et de procès de Jeanne de Bretagne encore nommée dame de Cassel, après 1340, puis d'autres où la comtesse de Bar, vers la même époque à peu près est désignée sous ce titre, conjointement avec Henri son mari.

1342, décembre-janvier (V. S.) — Arrêt qui continue au prochain Parlement le procès de la dame de Cassel contre Jean, seigneur de Morbecque et Gui, seigneur de Réli (4).

(1) B. 776.
(2) B. 776.
(3) B. 777.
(4) B. 788.

1342, décembre-janvier (v. S.). — Arrêt qui donne acte au comte et à la comtesse de Bar, dame de Cassel, de leur présentation en la cause qu'ils avaient contre feu Jean de Brequin, chevalier (1).

1341-1342. — Arrêt qui continue au prochain Parlement la cause de Bertrand des Baux, comte de Montcains, et Marguerite Dannay, sa femme, contre Jeanne, dame de Cassel, le comte de Bar et Iolande, sa femme, (2).

Obs : Cette cause commença en 1335, elle fut reprise par décision de Philippe VI en 1338. — Voir plus haut.

1342, novembre-décembre. — Arrêt qui continue jusqu'au prochain Parlement la cause de Bertrand des Baux, comte de Montcains et Marguerite Dannay, sa femme, contre Jeanne de Bretagne, le comte de Bar et Iolande, sa femme (3).

1344, décembre-janvier (v. S.). — Arrêt qui continue jusqu'au prochain Parlement la cause de Bertrand Des Baux, comte de Montcains, contre Jeanne de Bretagne, le comte de Bar et Iolande de Flandre, sa femme (4).

1346, avril-juillet. — Arrêt qui continue au prochain Parlement la cause de Jeanne, dame de Bretagne, et d'Iolande, veuve du comte de Bar, contre Bertrand Des Baux, comte de Montcains (5).

1345, février-mars (v. S). — Arrêt qui continue au prochain

(1) B. 788.
(2) B. 783.
(3) B. 787.
(4) B. 797.
(5) B. 804.

Parlement la cause de la dame de Cassel contre Jean, seigneur de Morbecque, et Gui, seigneur de Reli (1).

Nous ne savons pas si dans ce dernier sommaire il s'agit d'Iolande ou de Jeanne sa mère, (car dans l'inventaire des archives du Nord ces deux dames sont souvent confondues). Toutefois le comte de Bar n'y est pas mentionné, par une raison toute simple puisqu'il mourut en 1344, quatre ans après son mariage avec Iolande.

Du reste, des écrits semblent prouver, que Jeanne mère de la comtesse de Bar, s'occupa encore des seigneuries de la West-Flandre, mais ce ne fut en dernier lieu qu'officieusement ou par procuration, puisque Iolande en était devenue la vraie titulaire à partir de sa majorité que son mariage devança et décida officiellement (2).

____

(1) B. 803. — Jean, seigneur de Reli, sans doute le prédécesseur de Guy ci-contre mentionné, est cité pour ce même procès aux articles précédents : *Justice de Jeanne et Contributions pour rébellions.*

(2) Voir à l'article Jean de Bretagne autres actes et lettres concernant Henri, Iolande et Jeanne ensemble.

DÉPART DE FLANDRE

DE LA DAME DE CASSEL

Hôtels de Jeanne de Bretagne,
— ses armes, etc.

Jeanne de Bretagne habita souvent de 1340 à 1349 le château de la Motte-aux-Bois de Nieppe : en l'absence de sa fille
la comtesse de Bar, elle s'occupa beaucoup de cette localité
forteresse, comme son mari Robert de Cassel, ainsi que le prouvent aussi les documents qui vont suivre, tirés du premier
cartulaire de la dame de Cassel.

Le 16 juin 1349 fut faite une convention entre madame
Jeanne de Bretagne et maître Jehan de Heudin que ladite
dame de Cassel a retenu pour faire des canons ou autres engins
à l'usage de la garnison du château de Nieppe.

— A la même année et au mois de septembre il y eut convention entre la dame de Cassel et Tassard le charpenteur
pour construire ou refaire les gros engins (machines de guerre)
espingolles, etc, pour la défense du chastel de Nieppe.

Peu de temps après Jeanne de Bretagne quitta la Flandre pour aller habiter son hôtel à Paris.

— On trouve dans le même cartulaire de la dame de Cassel, la teneur du serment « que les soudoiers du chastel » de Nyeppe firent à madame de Cassel, le mercredi après » la Saint Mathieu en septembre (621) de l'an 1349, que madame » se party de Flandre et s'en vint en France. » (Archives de Lille).

Ce départ n'empêcha point Jeanne de Bretagne d'être comprise encore ultérieurement, dans certaines affaires propres à Iolande et à son mari le comte de Bar, Henri IV.

Nous remarquerons aux extraits du *cartulaire de cette dame de Cassel* ci joints que c'était du château et du bois de Nieppe que la veuve de Robert de Flandres s'occupa particulièrement lorsque Iolande était déjà comtesse de Bar, cela s'explique par les droits de douaire qu'elle gardait surtout sur ces riches propriétés.

Hôtels de Jeanne de Bretagne.

Jeanne de Bretagne avait plusieurs hôtels, tel celui d'Ypres, son hôtel aux dunes à Dunkerque, celui de Warneton etc. Quant à l'hôtel de Paris, il était situé sur l'emplacement où se trouvent aujourd'hui les rues du *Vieux-Colombier* et la rue *Cassette* qui portait autrefois le nom de rue de Cassel à cause des seigneurs de Cassel qui y avaient leur demeure. (Certains auteurs tels que Valesius (de Valois) nommèrent Cassel *Cassette*.

Cet hôtel était une propriété de Robert de Flandre, sire de

Cassel, sa femme l'occupait parfois; dès 1324 elle y fit travailler (1).

On lit dans le *Moniteur universel* du 17 novembre 1867, ce qui suit : « La rue du Vieux-Colombier qui va subir une » transformation des plus profitables aux besoins de la circulation » doit son nom au colombier que les religieux de St-Germain- » des-Prés y avaient fait bâtir au XVᵉ siècle. On la nommait » quelquefois *rue de Cassel* parce qu'elle conduisait à l'hôtel » de ce nom. — En 1453, on disait *rue de Cassel* dite du » *Colombier.* »

Pour être plus exact, nous dirons que ce *colombier* et l'*hôtel* dont il s'agit, portant son nom existaient bien avant ce temps et déjà dès le commencement du XIVᵉ siècle. En effet, nous voyons Jeanne de Bretagne dame douairière, après Robert de Flandres son mari, dater aussi ses lettres de l'*hôtel du Colombier à Paris*. Nous allons en donner des exemples ainsi que d'autres pièces concernant ce sujet. On trouve dans le cartulaire de cette dame de Cassel (2) mention :

1º Que *le Dimanche après la Nativité Saint-Jean, bailla Monseigneur l'archidiacre à madame* (de Cassel) *en sa chambre du Colombier à Paris, la lettre du prest que madite fist au Roy de Navarre.*

2º Que le sire de Loigny paya (donna gage) à Madame de Cassel, en son hôtel du Colombier à Paris pour l'amende qu'il avait encourüe pour avoir chassé à la grosse bête, sans la permission de ladite dame dans la garenne des Bois des Clariez (Clairmarais) qui appartient à ladite dame (19 février 1350).

(1) Consulter Montfaucon. — Voir aux cartons de la chambre des comptes de Lille, ceux B. 596, 612.

(2) Cartulaire 1ᵉʳ des Dames de Cassel, registre B, Nº 1573.

3° Notification par Jeanne de Bretagne que Guillaume Amy, prévôt des marchands de Paris, l'a autorisé à transporter sur la Seine, jusqu'aux barrières dudit Paris, les foins qu'elle fait venir de Manicamp pour la provision de son hôtel en la capitale.

On y trouve aussi des lettres de non préjudice accordées par elle en cette occasion à la ville de Paris.

— Il y a à la chambre des comptes de Lille des notes de dépenses de 1325 et 1326, de l'hôtel de Robert de Flandre, seigneur de Cassel et de Jeanne de Bretagne, l'une est pour le terme d'un mois. B. 612-603, etc

Enfin des décharges accordées à Jean le Vigneron, prêtre, de tout ce qu'il a reçu lorsqu'il portait les briefs et faisait les dépenses de l'hôtel de la dame de Cassel.

Outre l'hôtel dit du Colombier que Jeanne de Bretagne habitait à Paris lors des séjours qu'elle y fit à diverses époques, soit étant veuve et tutrice soit avant avec Robert son mari, elle posséda plus tard une grande ferme située Lez-Pont-Perrin (1) vers le faubourg Saint-Antoine.

Iolande sa fille et le comte de Bar Henri IV la lui donnèrent le 3 décembre 1341, mais pour sa vie seulement, avec *grange, jardin, vergers et pièces de terre.*

Cette donation est mentionnée dans un article de notre histoire d'Iolande de Flandre, comtesse de Bar, son texte original est conservé au Tome VII de l'inventaire des chartes de Lille.

---

(1) Le Pont-Perrin, selon *Sauval* (histoire et antiquités de Paris, T. 1, L. III, p. 230-31), était une espèce de canal souterrain couvert et maçonné, le plus ancien des égoûts de Paris. Il fut appelé plus tard le grand égoût, il était d'une longueur de 620 toises de la culture Ste Catherine jusqu'à la porte St. Antoine. Son cours fut changé en 1412, car ses eaux infestaient l'hôtel Royal de St. Pol et celui de Louis de France, fils aîné du roi, qu'on nommait *Hôtel du Pont-Perrin.*

Armes de Jeanne de Bretagne.

Avant de nous occuper d'autres détails, parlons un instant des armes propres à Jeanne de Bretagne. Elles étaient blasonnées d'*hermines* de Bretagne, (fond blanc semé de mouchetures noires, imitant la fourrure de l'animal de ce nom) et écartelées de *l'échiquier de Dreux* (or et azur, bordé de gueules) à cause de sa mère. Assez souvent l'écusson de Jeanne ou de sa mère, est représenté parti de Dreux et de Bretagne, ou bien *entièrement échiqueté* sauf le 1 qui doit représenter de rigueur le franc quartier de l'hermine de Bretagne (1) : — C'est ainsi qu'étaient ses armes avant son mariage (2). Jeanne y ajouta ensuite un écartélé, c'est-à-dire aux 1 et 4, celles de son mari, ou bien l'écusson de Robert (Flandre Cassel) (3), se trouve placé parti à côté du sien. — Sur son contre-scel ces blasons sont aussi distincts mais accollés (parti) tandis que sur son scel ils sont séparés ou isolés. (Voir à la planche 2 où Jeanne tient de la main droite les armes de Robert et de l'autre Dreux et Bretagne.

Les frères de Sainte Marthe décrivent ainsi le blasonné des

(1) Voir la planche du blasonné des écus de Jeanne et de ses sceaux, en tête de la partie 2 de ce travail.

(2) Les ducs de Bretagne ou Bretaigne portaient pour armoiries un escu d'hermines. Les ducs Pierre et Jean son fils portaient de Dreux au quartier dextre de Bretagne et quelques-uns de leurs descendants portèrent un quartier de Dreux et les autres simplement d'hermines (de Ste-Marthe).

(3) Les frères de Sainte Marthe T. 2 p. 466, le disent ainsi, ce qui fait supposer que les mots *Flandre-Cassel* étaient synonymes de *Branche Cadette*, et définissaient le territoire attribué à Robert de Flandres par l'effet du partage officiel de 1320.

armes de Jeanne de Bretagne. Olivier de Vrée (1) représente ces armes au sceau de Jeanne avec un fond carrelé en échiquier oblique, où sont gravés tour à tour le lion de Flandre, les hermines de Bretagne, des croix doubles (2) (du Jack : pavillon national anglais) (3), et trois léopards d'or l'un sur l'autre, sur champ de gueules (anciennes armes d'Angleterre) (4). Ces figures d'animaux emblématiques proviennent du blason de son aïeule paternelle Béatrix d'Angleterre. C'est ainsi qu'on trouve, par le même usage, sur le fond de l'un des sceaux d'Iolande, dame de Cassel, après Jeanne, des têtes du lion de Flandre et des croix recroisetées du blason de Bar.

———

(1) O Vredius Vol. 1. Plan 102.

(2) Croix de St-André : de gueules, bordé de blanc, et croix ordinaire pardessus avec mêmes couleurs coupant la première à angle droit. Le tout sur fond d'azur.

(3) Formant ce 1er carton du pavillon anglais, le grand drapeau national des armes réunies : *The union Jack.*

(4) Ces emblèmes héraldiques d'Angleterre datent du temps de Guillaume de Normandie, dit le conquérant, ils étaient les siens propres, et il les y fit arborer; ils furent conservés depuis, comme armes nationales, pendant un certain temps.

Nous ajoutons ici un cachet de Jeanne (figure dernière de la planche concernant *Jeanne de Bretagne*) (1)

Ce petit sceau est en cire rouge pendu à un acte-quittance de *Jeanne de Bretagne*, dame de Cassel, du 7 avril 1337. — Parchemin numéroté 7241 aux Archives départementales du Nord.

———

Le centre de ce scel a été copié sur un camée antique beau et précieux (c'était assez l'habitude alors) représentant un *sacrificateur* etc., il y a autour trois lions et trois blasons de Bretagne-Dreux. (Echiquier au franc-quartier d'hermine) (2).

(1) Voir à la planche placée en tête du chapitre 2, de ce travail historique.

(2) Dreux, échiqueté d'or et d'azur d'après Olivar Vredius.

Décès de Jeanne de Bretagne.

Jeanne de Bretagne, dame de Cassel, (ainsi qu'elle s'intitulait dans ses actes et sur son sceau conservé) dame de Dunkerque, Bergues, Bailleul, Bourbourg, Warneton, etc., etc., baronne d'Alluye et de Montmirail, etc., vécut selon le Père Anselme (T. 11, p. 736) jusqu'au 24 mars 1364 (le premier jour de l'an renef). Elle était par conséquent âgée selon cette narration, de 70 ans, quand elle mourut à Ypres, mais ceci est inexact, comme nous allons le démontrer. D'autres auteurs donnent aussi à tort des dates de beaucoup antérieures pour la mort de cette princesse. Ainsi le fait la *nécrologie de Port Royal*. Nous ferons remarquer que ces dates ne sont pas admissibles. Ainsi il y a des documents officiels concernant Jeanne postérieurs à 1350.

D'ailleurs nous pouvons être fixés complètement sur l'époque de son décès par les pièces conservées aux Archives départementales de Lille. Là nous voyons que cette *dame douairière mourut dans les premiers mois de l'année 1355. Selon le nouveau style* elle avait alors 60 années d'âge. — Voici des preuves de ce fait. D'après des documents de la chambre des comptes du Nord. — 1354, février. — Avril (A. S.) — B. 842. — 1355 (N. S.)

1354. 2 avril (A S.) (a). — Jean, roi de France, mande au prévôt de Paris de faire mettre en ses mains et faire faire inventaire des biens meubles délaissés par le décès de la dame de Cassel (1).

(1) B. (carton) 842.
(a) Cette année le jour de Pâques 13 avril et a fini le 4 avril 1355.

Copie en parchemin avec sceaux d'examinateurs au Chatelet de Paris. — Ces lettres en latin sont datées de Hesdin.

1355, avril. — Jean II, roi de France, accorde aux exécuteurs testamentaires de Jeanne de Bretagne, dame de Cassel, main levée de la saisie faite par le prévôt de Paris, des biens meubles délaissés par ladite dame (1).

1355, avril. — Jean II, roi de France, prend sous sa sauvegarde les exécuteurs testamentaires de Jeanne de Bretagne, avec ordre de les faire payer de toutes dettes (2).

1355, avril. — Quittances de plusieurs sommes, données par Hurlius de Revigny, jadis receveur de la dame de Cassel (3).

1355, avril-mai. — Relation du sergent du roi commis par le bailli de Chartres, qui déclare s'être transporté à Orléans, avec les exécuteurs de la dame de Cassel, pour faire enlever quelques coffres déposés par elle chez les Jacobins de cette ville, lesquels en avaient empêché l'enlèvement (4).

1355, avril-mai. — Ajournement donné par le sergent du roi à Jean de Lori, de l'ordre des Frères-Prêcheurs d'Orléans, au Parlement pour y répondre sur sa rébellion au sujet des coffres de la dame de Cassel (5).

1355, 30 avril. — Le frère Jean de Lori de l'ordre des frères prêcheurs d'Orléans refuse de rendre aux exécuteurs testamentaires de la dame de Cassel (Jeanne) certains coffres qu'elle avait laissés en dépôt dans le couvent.

(1) B. 843.
(2) B. 843.
(3) B. 843.
(4) B. 844.
(5) B. 844.

Le parlement de Paris condamne les frères à l'amende et à la reddition desdits coffres.

Orig. en parch.

Vol. 7, p. 311 de l'inv. de Lille.

1355, mai-juin. — Arrêt du Parlement, rendu du consentement des parties, qui condamne Jean de Lori et Hervé de La Palu, de la maison des Frères-Prêcheurs d'Orléans, aux dépens et en l'amende envers les exécuteurs testamentaires de Jeanne de Bretagne, dame de Cassel, pour s'être opposés à ce que l'on retirât de cette maison les coffres et meubles y déposés par ladite dame (1).

1355, mai-juin. — Jean II, roi de France, donne commission pour saisir et mettre sous sa main certains coffres déposés aux Frères-Prêcheurs d'Orléans, par Jeanne de Bretagne, dame de Cassel, avec défense auxdits religieux de s'y opposer (2).

1355, *L'an MCCCLV, le Ve jour de juing.* — Jean de Champeau, archidiacre de Melun en l'église de Sens; Etienne de Courtmargon et Jean Goupil, exécuteurs testamentaires de feu Jeanne de Bretagne, dame de Cassel, quittent les héritiers de feu maître Jean Delebeke, receveur des tailles du bois de Nieppe, d'une somme par eux due pour arrérages desdites tailles.

Orig. en parch. scel perdu.

1355, octobre. — Les exécuteurs testamentaires de Jeanne de Bretagne, dame de Cassel nomment des procureurs pour agir dans toutes leurs affaires (3).

1360. — Compte-rendu par les exécuteurs testamentaires de Jeanne de Bretagne dame de Cassel (4).

(1) B. 845.
(2) B. 845.
(3) B. 847.
(4) B. 869.

Piété et charité de Jeanne de Bretagne.

Jeanne était réputée religieuse et charitable. Nous allons donner ici des preuves des sentiments de cette dame de Cassel basées sur diverses pièces officielles encore conservées aux Archives départementales de Lille. Nous ne ferons qu'en citer les sommaires. Il s'agit surtout de quittances, bienfaits, aumônes et dons divers en faveur des églises et couvents.

1331. — Quittance de Jean Périer chapelain en l'église de St-Pol, d'une somme reçue de la dame de Cassel, pour célébration de messes (1).

1332, mars (V. S.). — Quittance donnée par le sacristain du monastère de St-Gilles en Provence, de sommes reçues des enfants de feu Robert, sire de Cassel et de Jean de Janua, son barbier, pour l'âme dudit Robert (2).

1333, avril-mai. — Commission de Jean Ducange (3) lieutenant du bailli d'Amiens, pour, en vertu du mandement de Philippe VI, roi de France, ajourner au Parlement l'abbesse et les religieuses de Marquette, sur l'appel de Jeanne de Bretagne, dame de Cassel, touchant la sentence rendue à Montreuil, au profit de cette abbaye (4).

1333. — *Datum Avinione (Avignon), Kal septembris (1ᵉʳ septembre). Pontificatus domini Johannis, papa XXII anno*

(1) B. 679.
(2) B. 689.
(3) Ce Ducange d'Amiens doit être un des ancêtres du célèbre Ducange.
(1) B. 725.

*XVII*e Lettres de Gaucelin, évêque d'Albani, par lesquelles il remet à la discrétion de l'évêque de Térouane, la demande faite au pape, par Jeanne de Bretagne, dame de Cassel, d'être dispensée de jeûner.

(Original en parch. scellé. — Archives de Lille).

1333, septembre. — Promesse du couvent de St-Nicaise de Reims de célébrer des messes pour Jeanne, dame de Cassel, et ses enfants (1)

— G..., abbé de Citeaux, confirma la fondation de messes en l'abbaye de Port-Royal, par Jeanne de Bretagne, dame de Cassel (2).

1333, octobre. — Quittance par Agnès, abbesse de Port-Royal, diocèse de Paris, d'une somme reçue de Jeanne, dame de Cassel, pour confraternité au mérite des reliques des Onze-mille-Vierges (3).

— Autre quittance de l'abbesse Agnès délivrée postérieurement à Jeanne pour le même sujet (4).

1333, décembre. — Quittance par Jean de Hudignio, clerc, du prix d'un bréviaire écrit par Jeanne, dame de Cassel (5).

1333, mars (v. S.). — Les frères et sœurs des hôpitaux de St-Jean et de St-Julien, à Dunkerque, et de l'abbaye de Bourbourg, promettent de célébrer tous les ans l'obit de Robert de Flandres (6).

(1) B. 698.
(2) B. 696.
(3) B. 700.
(4) B. 710.
(5) B. 703.
(6) B. 706.

1334, mars-avril. — N..., prévôt du monastère de Watten, promet de faire dire tous les ans un obit pour Robert de Flandre, sire de Cassel (1).

1334, avril. — Quittance par l'abbé de St-Vincent-du-Bois, d'une somme à lui due par la dame de Cassel (2).

1334, octobre-novembre. — Quittance par Jeanne, abbesse de N.-D. des Clarais, et Agnès de Tours, religieuse de cette abbaye, d'une somme due à ladite Agnès par le seigneur de Cassel (3).

1335, septembre-octobre. — Sanson du Vest, chanoine de St-Jean à Nogent-le-Rotrou, déclare avoir reçu de Jeanne, dame de Cassel, une somme pour tous les services par lui rendus à ladite dame et à feu Robert de Flandre son mari (4).

1335, novembre. — Quittance de Gilles, abbé de St-Vincent-au-Bois, d'une année de la rente due à cette maison par la dame de Cassel sur les revenus de Brai (5).

1335, novembre-décembre. — Quittance par Jeanne, abbesse de Notre-Dame de Clairais (Clairets), d'une rente due à cette maison par Jeanne de Bretagne, dame de Cassel, sur les terres de Montmirail, Alluye et Brou (6).

Le mercredy devant le jour de la Chaiere Saint-Pierre (11 janvier), l'an mil CCCXXXV. Quittance de sœur Agnès, abbesse de Port-Royal, de la somme de 40 tournois, pour

(1) B. 708.
(2) B. 709.
(3) B. 719.
(4) B. 730 et 737.
(5) B. 734.
(6) B. 735.

parfait paiement de la somme de 200 livres qui était due à cette abbaye par la dame de Cassel. (Orig. en parch. scellé).

1336, juin-juillet. — Quittance par Hugues, abbé de St-Laurent du Mans, d'une année de rente à lui due par Jeanne, dame de Cassel (1).

1336, novembre-décembre. — Collation par Samson de West, chapelain et procureur de Jeanne, dame de Cassel, de la chapelle du château d'Alluie à Gentil de Portillian, qui avait résigné son canonicat de l'église de Tous-les-Saints, à Mortagne, au profit de Philippe Du Fay, permutation faite avec lui de ladite chapelle (2).

1337, mars-avril (v. S). — Quittance d'une année de rente due au prieuré de St-Eloi à Paris, par Jeanne de Bretagne, dame de Cassel (3).

1339. — Nous avons vu le projet de Jeanne de Bretagne de faire construire une chapelle au faubourg de Bergues en l'honneur de Notre-Dame. Il y eut convention entre Jacques Surryen bailli du bois de Nieppe et Gilles de Villeirs, bourgeois de St-Omer pour la charpente de ladite chapelle (4).

1340, janvier (v. S.). — Frére Théhier chapelain du sire de Launay reconnaît avoir reçu de Jeanne, dame de Cassel, 10 setiers à lui dus annuellement. B 777 (Carton).

1340, mars-avril (v. S.). — Le chapitre St-Jacques de Compostelle (Espagne), reconnait avoir reçu de Jeanne de Bretagne, dame de Cassel, trois images argentées en l'honneur de Saint Jacques (5).

---

(1) B. 741.
(2) B. 745.
(3) B. 761.
(4) B. 773.
(5) B. 778.

1344, juin-octobre. — Quittance par frère Jean de La Ferté, du couvent du Mans, ordre des Frères-Prêcheurs, d'une année de l'aumône à lui donnée par la dame de Cassel (1).

1346, octobre-janvier (v. S.). — Lettres de participation aux prières de l'abbesse et du couvent de Clarès, données à Jeanne de Bretagne, dame de Cassel (2).

On trouve aussi dans le cartulaire de la dame de Cassel les trois pièces suivantes ayant trait au même sujet.

— Constitution par Jeanne de Bretagne, au profit de son confesseur, frère Jean de la Ferrière, Dominicain du Mons, d'une rente de 20 livres sur la terre de Nogent.

— Constitution au profit de frère Jean de Lory d'une rente de *12 livres,* idem au profit du curé de Margou.

— Constitution d'une rente de 20 sols à condition de chanter deux messes par an pour la dame de Cassel.

(1) B 796.

(2) B. 805. Obs. : les bois de Clareis, Clarès ou clairemarais (près St-Omer) appartenaient à la dame de Cassel, comme douairière.

I

Pièce concernant le testament de Robert de Flandres exécuté par Jeanne (1)

1333, novembre. — Les péticions et requestes touchans haut homme et puissant Monseigneur Robert de Flandres , jadis singneur de Cassel, à l'exécution et accomplissement de son testament ou darrenière volenté faictes à Warneston l'an mil trois cenz trente et trois le dimanche après la Touzsains et les jours ensuivanz par devant haute dame et puissant Madame Jehanne de Bretaingne, dame de Cassel, vuesve dudit Monseigneur Robert et par devant saiges et honorables hommes maistre P. de Rinc, Monsr Jehan de Champeaux, Monsr Michole de Bisincelli et Jehan de Ziesselles, exécuteurs dudit testament ou darrenière volenté sur lesquelles requestes et péticions rendu a esté fait et ordené par ladicte dame et lesdis exécuteurs du Conseil et assent (consentement) de ladicte dame.

(Extrait du cartulaire de la Dame de Cassel). — Archives du Nord. — Lille.

(1) Nota, les autres pièces officielles concernant le *testament de Robert de Cassel* sont à son dossier de preuves, aux N^{os} *XXII* et *XXII bis;* elles sont très importantes. La dernière est reproduite ci-contre en double emploi.

II

Testament de Robert de Cassel, exécuté par Jeanne sa femme.

1333, 8 octobre, à Dunkerque. — A honorables religieuses et honestes personnes, l'abbé et couvent de Warneston, le doyen et chapistre de Nostre-Dame de Terrewane, le doyen et chapistre de Saint-Pière de Cassel, le doyen et chapistre de Nostre-Dame de Cassel, le prevost et couvent de l'abbeye de Watenes, l'abesse et couvent de la Wastine, l'abbé et couvent de l'abbeye de Clairmarois, l'abbese et couvent de Bourbouch, le prieur et couvent des frères Prescheurs de Berghes, le prieur du prieuré de Bournehan, le curé de l'église de Dunkerke, le curé de l'église de Bournehan, le chapelain de la chapellenie de no maison de Nyeppe et as muistres et gouverneurs des hospitauls de Cassel, de Warneston, de Bourbouch et de Dunkerke, et à chascun deuls; Jehanne de Bretaingue, dame de Cassel, weve de homme de bonne mémoire Monsr Robert de Flandres, iadiz seigneur de Cassel, salut et dilection : comme no chier seigneur et mari des suzdit dont Diex ait lame, ordennast en sa darrenière volenté, certaines sommes d'argent à vos églises pour achater rente perpetuelle par lacord des gouverneurs de vos églises, de nous et de deux de ses exécuteurs pour faire son adversaire chascun an une foiz perpetuellement en vos églises, et nous et ses exécuteurs et ceuls exécuteurs de no conseil nous ordonné qu'il soit signefié par toutes les églises as quelles no dit seigneur lessa et ordenna en sa derrenière volenté aucune chose, pour la dite cause qu'il envoient à Warneston au chinquiesme jour après le jour de Touzsainz par devant nous et les exécuteurs, personne suffisant fondée pour euls et pour leur églises, pour recevoir ce que par no dit chier seigneur leur est ordenné, et pour quittance en faire et pour faire et accomplir deubment tout ce que mestier est a l'accomplissement des conditions et manières dessuz dites et autres qui y sont contenues et abjectes. Nous le vous signifions et a chascun de vous par des présentes lettres, et vous prions que vous, audit jour et lieu envoiez par devant nous et les diz exécuteurs personnes suffisamment fondées par vous et vos églises, pour les choses dessuz dites et chascunes et tout ce qui y appartient et en dépent faire et accomplir deubment, et en signe de tesmoignaige de le signification et présentation de ces lettres a vous faite, veuillez et chascun de vous, mettre le seal de vos églises a ces présentes lettres et les rendre saellées, a cil par qui il vous seront de par nous présentées. Donne à Dunkerke nostre ville, lan de grace mil trois cenz trente et trois VIIIe jour du mois doctembre.

Original en parchemin jadis scellé du sceau de Jehanne de Bretagne et de dix-sept petits sceaux, comme suit : L'abbé et couvent de Warneston. Le doyen et chapistre de Terewane. Le doyen et chapistre de Saint-Pierc de Cassel. Le doyen et chapitre de Notre-Dame de Cassel, le prevot de Watenes. L'abesse et couvent de la Wastine. L'abbé et couvent de Clairmarès. L'abbesse et couvent de Bourbouch. Le prieur et couvent des frères prêcheurs de Berghes. Le prieur et chapelain de Nyeppe. Le prieur de Bourn(^)ham. Le curé de Dunkerque. Le curé de Bourneham. Le mestre de l'hopital de Cassel. Le mestre de l'hôpital de Warneton. Le mestre de l'hospital de Bourbouch. Le mestre de l'hospital de Dunkerque (dont il reste encore quelques fragments du sceau en cire verte), et celui de l'hospital de Dunkerque en cire rouge : il représente une *plie ?*

III

Hommage des enfants de Robert de Cassel et de sa veuve.

1331, 5 juin à Paris (en latin). — Arrêt du Parlement qui admet Jeanne la dame de Cassel et ses enfants à faire hommage au comte de Flandre, sans préjudicier à l'exemption de la juridiction dudit comte, qui leur est acquise par un appel interjeté audit Parlement par feu Robert de Flandre.

Orig. en parch.

Inv. des Chartes, Chambre des comptes de Lille, t. VII.

IV

Jeanne, veuve de Robert de Cassel, sauvegardée par le roi.

1331, 9 juin. — Relation de Hue de Mailli, sergent du roi au bailliage d'Amiens, de l'exécution de la commission du bailli de Cassel, y insérée, pour mettre Jeanne de Bretagne, veuve de Robert de Flandre, seigneur de Cassel, Jean de Flandre et la demoiselle sa sœur, enfants de ladite Jeanne et de son défunt mari, en la protection et sauvegarde du roi, et les maintenir en la possession des biens, terres, villes, châtellenies et seigneuries dont ledit Robert de Flandre jouissait à son décès; de la notification des dites lettres et sauvegarde à Henri de Metkerke, avec défense d'exécuter certaine commission qui lui avait été donnée par le comte de Flandre.

Orig. en parch.

Inv. des Chartes, Chambre des comptes de Lille, t. VIII.

V

1332. — *Donné à Paris le XXIe jour de novembre, lan de grace MCCCXXXII.* — Lettres de Philippe VI, roi de France, qui mande au bailli d'Amiens de ne point troubler et de soutenir Jeanne de Bretagne, dame de Cassel et les exécuteurs du testament de feu Robert de Flandre, mari de ladite dame, dans la continuation de l'exécution dudit testament; malgré les empêchements qu'on veut y mettre.

Orig en parch. sceau perdu.

VI

Le samedi jour de St.-Mathieu (septembre) commission de receveur de Cassel, Bourbourg, Berghes, donnée par Jeanne de Bretagne.

1331, septembre. — Nous Jehanne de Bretaigne, dame de Cassel, de la baronnie d'Alluye et de Montmirail ou Perche, faisons savoir à touz que nous, tant pour nous et en nostre non, que pour nos enfans et en nom d'eulx, desquelz le bail nous appertient, avons mis et etabli, mettons et establissons en nostre lieu et pour nous, Mickel Bart, pour lever esploitier et recevoir tout ce que deu nous est et sera, pour nos terres qui appliquées nous sont par forfaitures ou de succession de *bastrarz* ès-villes et chastellenies de Berghes. Si mandons et commandons à tous ceulx qui aucune chose nous doy veut ou devront pour raison des choses dessus dictes, que eulx audit Mikiel le paiechent et délivrechent, et nous quanquez levé, esploitié, receu et fait ès dittes choses sera par ledit Mikiel, promettons tenir ferme et establе jusques à nostre rappel.

Donné à nostre maison de Nyeppe le samedy, jour de Saint Mathieu, l'an de grâce MCCCXXXI.

(Extrait du cartulaire de la dame de Cassel).

VII

Lettres de l'évêque d'Avignon à celui de Thérouane touchant la dispense de jeûne demandée par la dame de Cassel.

1333, septembre à Avignon. — Venerabili in Christo patri Dei gratia episcopo Morinensi vel ejus vicario in spiritualibus Gaucelinus miseratione divina episcopus attrebatensis salutem et sinceram in domino caritatem, ex parte nobilis mulieris Johenne Britania domine de Cassello vestre deocesis nobis oblata petitio continebat quod ipse adeo est fragilis complexionis quod jejunia per sanctam romanam ecclesiam instituta sine persone sue magno periculo observare non potest supplicari fecit humiliter sibi per Sedem apostolicam super hoc de oportuno remedio misericorditer provideri nos igitur attendentes quod necessitas legi non subjacet auctoritate domni pape cujus primarie curam gerimus circumspectioni vestre commitimus quatenus si est ita, ipsa jejunia commutetis eidem in alia pietatis opera prout secundum deum anime sue saluti videntur expedire. Datum Avinione Kal. Septembris, pontificatus domni Johannis pape XXII, anno decimo septimo.

Orig. en parch. scellé.

21

VIII

Philippe de Haverskerke, conseiller de Jeanne et gouverneur de Jean de Flandre son fils.

1333. — *Faites et données lan de grace MCCCXXXIII, le lundy devant la Saint Clément (29 novembre).* — Lettres par lesquelles Philippe de Haverskerke, chevalier, moyennant une rente de 120 livres, promet et jure fidélité à Jeanne de Bretagne, dame de Cassel, envers et contre tous; excepté contre le comte de Blois.

Il lui promet de la suivre et conseiller partout où elle voudra; excepté, lorsque le comte de Blois aura besoin de lui pour la guerre.

Il sera avec elle dans son hôtel, si elle le désire, pendant trois semaines ou un mois, chaque fois qu'elle le demandera.

Il tiendra compagnie à Jean de Flandre, son fils, le conduira l'enseignera selon son pouvoir et le retiendra de tout mal et déshonnêteté etc.

Lorsqu'elle quittera momentanément ses pays en Flandre, il les gouvernera, si elle désire.

Il l'informera et donnera son avis sur tout ce qui pourra lui être honorable et profitable, et gardera bien ses secrets.

Toutes ces choses seront observées par lui, à condition que ladite dame de Cassel lui paie les gages qu'elle a promis par ses lettres.

Orig. en parch. scel tombé.

IX

Accord entre Jeanne de Bretagne, veuve de Robert de Cassel, et le comte Louis de Nevers, approuvé par lettres du roi (1).

1332, février (v. S.). — A Paris, l'an de grâce mil trois cenz trente-et-un, le XIXᵉ jour de février (1332, nouveau style).

Lettres, par lesquelles Philippe, roi de France, fait connaître que l'accord suivant est intervenu entre Jeanne de Bretagne, dame de Cassel, et le comte de Flandre :

1º La dame de Cassel consent à reconnaître la juridiction du comte; à cet effet elle se rendra, le 19 mars prochain, par-devant ce dernier, en sa cour à Ypres, et y demandera d'être reçue à hommage, en qualité de tutrice de Jean et d'Iolente, ses deux enfants mineurs, qu'elle a eus de Robert de Flandre.

2º Elle y désignera pour garants de ses engagements le comte de Blois, Madame de Haveskerke, Jean de Bailleul, Jean de Morbeke S. de la Wastine ou Woestine, etc., etc.

3º Les villes de Dunkerque, de Gravelines et de Warneton donneront aussi des garants en son nom.

4º Le comte fera restituer à cette dame le château de Bornhem avec les armures, machines de guerre (artillieris) archives, etc.

. . . .

Original, sceau enlevé sur le pli.

(1) Extrait de l'inventaire analytique des chartes des comptes de Flandre, archives de la Flandre orientale par M. le comte J. de St. Génois, Nº 1658.
— Voir mémoires de la société Dunkerquoise T. II, p. 384-86.

X

1332, à Paris le XIXe jour de février (1332, v. S.).

Lettres par lesquelles le roi ordonne au comte de Flandre de recevoir à hommage dans les 3 quinzaines suivantes, Jeanne de Bretagne, dame de Cassel pour les terres de Bornhem et de Cassel (1).

Minute copie.

XI

1335 environ (sans date). — Requête de la dame de Cassel au sujet de saisies faites de nouveau en la châtellenie de Cassel, par les commissaires du roi, des biens de ceux qui avaient été tués en combattant contre le roi, à la bataille de Cassel, et des fugitifs et bannis, quoique le roi eut donné main levée de ces biens par la composition et accords faits avec la châtellenie de Cassel.

En parchemin.

Inv. de la Ch. des C. de Lille, T. VIII.

XII

1335 (v. S ?). — *Donné à Paris le XXVIe jour de février, lan de grace MCCCXXXV.* Lettres de Philippe VI, roi de France, par lesquelles il ordonne à Renaud de Jieffes et à Wautier de Quévaucamp, commissaires pour les confiscations en Flandre, de surseoir jusqu'à Pâques Fleuries, les poursuites pour les confiscations en la châtellenie de Cassel mentionnées en la requête de la dame de Cassel.

(1) Archives de la Flandre orientale N° 1660.

Sous le vidimus du garde de la prévôté de Paris, du 27 février 1335.

Orig. scel brisé.

Nota. — Il y a d'autres pièces concernant Jeanne de Bretagne dans le tome VII de l'inventaire chronologique détaillé des chartes de la Chambre des comptes de Lille de page 210 à 488. — Et dans le tome VIII qui va de l'année 1335 à 1359.

Pendant cette période de temps, Jeanne de Bretagne habitait souvent la Flandre où elle avait une partie de son douaire, et entre autres domaines le château de la Motte-aux-Bois. On continuait de l'appeler la dame de Cassel, et il est prouvé qu'elle gérait ces biens comme douairière, et d'autres en l'absence de sa fille Iolande alors comtesse de Bar.

On a confondu parfois ces dames l'une avec l'autre dans le cartulaire dit de la dame de Cassel dont des extraits vont suivre.

XIII

Extraits du cartulaire de la dame de Cassel déposé aux archives départementales de Lille.

Petit in folio, en parchemin de 116 feuilles contenant trois cent quatre-vingt-six titres, émanant presque tous de la dame de Cassel, Jeanne de Bretagne, veuve de Robert de Cassel et tutrice d'Iolent de Flandre sa fille, depuis comtesse de Bar; et comprenant un espace de 23 ans (de 1331 à 1354).

Nous y renvoyons faute d'espace pour l'énumération de certaines pièces de ce cartulaire de la dame de Cassel, Jeanne, ayant rapport à Cassel et au château et bois de Nieppe, partie de son douaire en Flandre etc.

Voici des sommaires de pièces de ce cartulaire.

1332. *Le lundi après la Notre-Dame de août, à Warneton.* Commission donnée à Jehan le Ioue pour prélever les forfaitures auxquelles Cassel avait été soumise par ses rébellions.

1332. *Environ la St-Martin d'hiver (11 novembre).* Suspension de Jehan Deldif de l'office de bailli de Cassel.

1332. *15 novembre.* Commission des baillis de Cassel donnée à Jean Henry Wich, bailli de Nieppe.

1332. *A Dunkerque.* Commission de recevoir de l'aide accordée par les villes de Cassel, Berghes, Dunkerque, Bourbourg et Nieuport donnée à Claizie.

1333. *10 octobre.* Lettres d'exécution d'un arrêt rendu au Parlement en faveur des hommes de la châtellenie de Cassel.

1333. *21 janvier.* Procuration pour recevoir tant au roi ainsi qu'à l'Empire les biens de la dame de Cassel pendant son absence.

1333. *6 septembre à Hazebrouck.* Procuration pour le bailli de Cassel de cent livres de rente.

1334. *Le lendemain de Quasimodo (4 avril).* Signification des trèves au sujet de la guerre contre le comte de Flandre et le duc de Brabant.

1336. *Le 12 avril.* Rémission d'une sentence portée contre une femme qui pour avoir rompu son ban devait être *enfouie et enterrée vive à Warneton.*

1342. *15 mars.* Donation à Hubert *le Caux* d'une chapeleine en l'église de St-Thomas du Louvre, près les murs de Paris.

1345. *28 octobre.* Procuration donnée à la cour de Nieppe pour juger comme cour souveraine une femme soupçonnée d'avoir assassiné son mari.

1349. *Mars.* Hommage rendu par la dame de Cassel au roi de France de cinq fiefs qu'elle tient du vicomté de Chartres.

1351. *24 novembre.* Mandement adressé à Jehan de Valacapelle (Waloncapel) et à Jehan de Blondes pour établir des Vatterminghes en la seigneurie de Cassel, etc., etc.

XV

— Autres sommaires des pièces mentionnées dans le cartulaire N° 1 de la dame de Cassel. Registre B. 1573.

— Déclaration, par Jeanne de Bretagne, que c'est de son consentement que Laurent de Le Beke, receveur des rentes du château de Nieppe, a saisi une terre appartenant à Jean Dore, pour cause des arrérages que ce dernier devait à ladite dame.

— Saisie au nom de la dame de Cassel, par Albert Leclerc, pour défaut d'hommage pendant quatorze ans, d'un fief sis à St-Pierre-Brouck que tenait la demoiselle de Suer.

— Lettres par lesquelles Jeanne de Bretagne fait connaître que l'exécution qu'elle a fait commencer et qu'elle a intention de parfaire, en vertu d'un arrêt du Parlement de Paris, sur les sujets de la châtellenie de Cassel, « qui lui doivent du temps passé, » ne préjudiciera en rien aux possessions du sire de Borre, du sire de Thiennes, de Jean de Watten et de Gillebert de Peene, quoiqu'il y ait de leurs hommes compris dans cette mesure.

— Résultat d'une enquête qu'avait demandée frère Bernard de Castres, gouverneur des maisons, rentes et terres que l'ordre de St-Jean de Jérusalem possédait en Flandre, et qui, à cause des grandes occupations de la dame de Cassel avait été longtemps différée, ladite enquête ayant trait au droit qu'avait eu ladite dame de s'adjuger les biens de feu Jean de Baudas, à Borre, « lequel se forfist. »

XVI

**Pièces justificatives et sommaires concernant la tutelle de
Jeanne de Bretagne, puis certaines contestations
et autres procès.**

Année 1331. — Mai. — Arrêt du Parlement de Paris qui
admet la dame de Cassel et ses enfants à faire hommage au
comte de Flandre, sans préjudicier à l'exemption de la juridiction
dudit comte qui leur est acquise, suivant appel interjeté au même
Parlement par feu Robert de Flandre, seigneur de Cassel (1).

« Juin. — Relation de la commission du bailli de Cassel pour
mettre Jeanne, veuve de Robert de Flandre, et ses enfants, sous
la protection du roi de France et les maintenir en la possession
des biens délaissés par ledit Robert; et de la notification de ladite
protection à Henri de Metkerke, avec défense d'exécuter la
commission à lui donnée par le comte de Flandre de saisir
et mettre en sa main les biens de Robert de Cassel (2).

« Juillet. — Philippe VI mande au bailli d'Amiens de
commettre un sergent pour ouïr les requêtes que Jeanne,
dame de Cassel, doit faire au comte de Flandre de la recevoir
en son hommage, et pour recueillir les réponses dudit comte (3).

« Idem. — Procès-verbaux touchant l'hommage fait à Ypres
par la dame de Cassel au comte de Flandre.

(1) Carton B. 661.
(2) B. 662.
(3) B. 663.

« Juillet. — Philippe VI ajourne au Parlement Louis, comte de Flandre, pour y répondre sur les violences commises par lui ou ses officiers contre la dame de Cassel et ses enfants, en s'emparant du château de Bornhem (1).

« Juillet. — Philippe VI, roi de France, mande au bailli d'Amiens d'établir lois et justice dans les terres de la dame de Cassel et de Jean de Flandre, son fils, jusqu'à ce que le comte de Flandre ait reçu ladite dame en son hommage (2).

« Juillet. — Philippe VI, roi de France, mande au bailli d'Amiens de commettre un sergent pour entendre les requêtes que la dame de Cassel fera au comte de Flandre, touchant l'hommage qu'elle lui doit à cause de son douaire et de la tutelle de son fils (3).

« Juillet. — Jean de Châtillon, comte de St-Pol, et Jean, comte de Dreux, se constituent caution de Jeanne, dame de Cassel, envers Louis, comte de Flandre, à cause de la tutelle des enfants de ladite Jeanne (4).

« Gui de Châtillon, comte de Blois, se rend caution de Jeanne, dame de Cassel, envers le comte de Flandre, à cause de la garde et tutelle de Jean de Flandre (5).

« Idem. — Philippe VI, roi de France, commet le bailli d'Amiens pour contraindre Louis, comte de Flandre, de rendre à la dame de Cassel et à ses enfants les terres et château de Bornhem (6).

(1) B. 663.
(2) B. 664.
(3) B 664.
(4) B. 664.
(5) B. 665.
(6) B. 665.

« Août. — Relation d'Allard de Lille, sergent du roi au bailliage d'Amiens, des sommations faites au comte de Flandre à Ypres par la dame de Cassel, de recevoir ses sûretés et cautions pour la tutelle de son fils (1).

« Août. — Autres relation, avis et commissions (2).

« Août. — Relation de Hue de Mailli et Allard de Lille, sergents royaux, des exploits par eux faits pour remettre la dame de Cassel en possession des villes de Bergues, Bourbourg, Gravelines, Dunkerque, Nieuport et autres, dans laquelle elle était troublée par le comte de Flandre (3).

« Août. — Acte notarié par lequel Jean de Mailli, au nom de Jeanne de Bretagne, dame de Cassel, demande à Louis, comte de Flandre, la tutelle de Jean de Flandre, fils de ladite dame; si mieux n'aime ledit comte avoir cette tutelle, laquelle n'a pu lui être accordée, vu son absence de sa cour (4).

« Août. — Commission du bailli d'Amiens à Eulard Deule, bourgeois de St-Omer, pour établir lois, justice et échevins dans les terres de la dame de Cassel et de Jean de Flandre, son fils (5).

« Août. — Philippe VI ordonne que la dame de Cassel fera, par un sergent, sommer le comte de Flandre de la recevoir en foi et hommage (6).

« Août-octobre. — Guillaume, sire de Couci, et Gui de Laval, sire de Pacy, se constituent cautions de la dame de Cassel, à cause de la tutelle de ses enfants (7).

(1) B. 666.
(2) B. 666.
(3) B. 666.
(4) B. 666.
(5) B. 666.
(6) B. 667.
(7) B. 667.

« Août-octobre. — Philippe VI ajourne en son Parlement le comte de Flandre pour y répondre sur les attentats ou excès commis par lui contre la dame de Cassel touchant la tutelle de ses enfants (1).

« Octobre. — Commission du bailli d'Amiens pour ajourner Jeanne de Bretagne, dame de Cassel, en l'assise de Montreuil, sur l'opposition formée par le comte de Flandre à l'établissement des lois, justice et échevins en la terre de ladite dame (2).

« Octobre. — Jean, sire de Walincourt; Alix, dame de Haverskerque et de Beauval; Alix de Mouchy, dame de Pontrohart; Marie, sa fille; Jean, Mathieu, Drieus et Robert de Saint-Venant; Jean, châtelain de Bourbourg; Isabelle de Flandre, sa femme; Sohier de Courtrai; Lejeune; Jean de Morbecque et Jean Palstre se constituent cautions de la dame de Cassel envers le comte de Flandre, pour la tutelle de ses enfants (3).

« Octobre. — Galeran de Vauls, bailli d'Amiens, commet le premier sergent royal pour ajourner au Parlement la dame de Cassel, ses enfants et leurs tuteurs, à l'effet de reprendre les causes pendantes entre Louis, comte de Flandre et feu Robert, seigneur de Cassel (4).

« Octobre. — Sentence rendue à Montreuil, entre Louis comte de Flandre, et Jeanne, dame de Cassel, au sujet de l'hommage à rendre par ladite dame comme ayant la tutelle de ses enfants (5).

« Octobre. — Bouchard Volekin se constitue caution de la tutelle des enfants de la dame de Cassel (6).

(1) B. 667.
(2) B. 668.
(3) B. 668.
(4) B. 668.
(5) B. 669.
(6) B. 669.

« Octobre. — Procuration de Jean de Haverskerque, seigneur de Watten, pour le même sujet (1).

« Octobre. — Procès-verbal des sommations, réquisitions et protestations faites par la dame de Cassel aux baillis et officiers du comte de Flandre, à Ipres, Bruges, Male, Le Dam, Ardembourg et Gand, de la recevoir à l'hommage par elle dû audit comte à cause de la tutelle de son fils (2).

« Novembre. — Cordouan de Le Bourre, chevalier, et Jean de Haverskerque, sire de Watten, se constituent caution de la tutelle des enfants de la dame de Cassel (3).

« Novembre. — Relation du sergent au bailliage d'Amiens du refus fait par le comte de Flandre de recevoir l'hommage que la dame de Cassel lui a offert à Ipres (4).

« Novembre. — Nouvelle commission dudit bailli d'Amiens audit sergent (5).

« Novembre. — Sentence du bailli d'Amiens qui ordonne que les lois et échevins établis ès-terres de la dame de Cassel et de Jean de Flandre, son fils, demeureront, de laquelle sentence le procureur du comte de Flandre se porta appellant (6).

« Novembre. — Louis, comte de Flandre, nomme Jean de Ziesselles receveur de toute la terre qui appartenait à Robert de Flandre, sire de Cassel, son oncle (7).

« Novembre. — Commission du bailli d'Amiens pour initier

(1) B. 669.
(2) B. 669.
(3) B. 670.
(4) B. 670.
(5) B. 670.
(6) B. 670.
(7) B. 671.

au Parlement la dame de Cassel, sur l'appel interjeté par le comte de Flandre d'une sentence rendue contre lui par ledit bailli au profit de ladite dame (1).

« 1331, janvier (v. S.). — Arrêt du Parlement de Paris donnant acte à la dame de Cassel de ses protestations que le débat mu entre le sire de Fieules, d'une part; le comte de Flandre et Josse de Hemsrode, d'autre part, au sujet de certains héritages vendus audit Josse par Marie d'Aubigny, veuve du châtelain d'Ipres, ne lui portera aucun préjudice ni à Jean de Flandre, son fils, de qui ces héritages relèvent (2).

« Février (v. S.). — Philippe VI confirme l'accord entre lesdits comte de Flandre et la dame de Cassel, au sujet du même hommage, moyennant lequel le comte devrait faire remise à ladite dame des terres de Bornhem et de Rodes (3).

« Février (v. S). — Jeanne de Bretagne, dame de Cassel, reprend comme tutrice de ses enfants, la cause d'appel interjeté par feu Robert, son mari, contre le comte de Flandre (4).

« Février (v. S.). — Arrêt du Parlement de Paris qui reçoit cette reprise (5).

« Février (v. S.). — Philippe VI mande au comte de Flandre de recevoir de la dame de Cassel l'hommage qu'elle lui doit pour la tutelle de Jean et d'Iolande de Flandre, ses enfants (6).

« Février (v. S.). — Philippe VI déclare que Jeanne, dame de Cassel, comme tutrice de ses enfants, a promis que lorsqu'elle

(1) B. 671.
(2) B. 673.
(3) B. 674.
(4) B. 674.
(5) B. 674.
(6) B. 674.

sera mise par le comte de Flandre en possession du château de Bornhem et de la terre de Rodes, ledit comte demeurera quitte de la somme due pour le partage de feu Robert de Flandre, son oncle (1).

« Février (v. S.). — Louis comte de Flandre, agrée que toutes personnes se rendent caution envers lui pour Jeanne, dame de Cassel, au sujet de la tutelle de ses enfants (2).

« Février (v. S.). — Jean de Milon, garde de la prévôté de Paris, mande à Horret, sergent du roi en la vicomté de Paris, d'ajourner au Parlement la dame de Cassel, sur une requête que le sire d'Enghien prétend faire touchant la tutelle des enfants de ladite dame (3).

« Février (v. S.). — Jeanne de Bretagne, dame de Cassel, promet d'indemniser Godefroi de Sombreffe, Sohier Le Courtrisien et son fils, chevaliers; Jean de Formezelles, écuyer; Jean de Watten, écuyer; Eléonore de Gavre, dame de Pitgam; Jean de Bailleul, chevalier; Alix, dame de Haverskerque et de Beauval, qui se sont rendus caution pour elle envers le comte de Flandre (4).

« Février (v. S). — Pareille promesse à l'égard de Philippe de Haverskerque, chevalier, s'engageant de plus ladite dame, de déterminer le duc de Bretagne et le comte de Montfort à ce que ses enfants ne contractent mariage avant l'âge requis, sans le consentement du comte de Flandre (5).

(1) B. 676.
(2) B. 676.
(3) B. 676.
(4) B. 677.
(5) B. 677.

« 1331. Mars (v. S.) — Philippe VI, roi de France, commet Jean de Moulins, son clerc, et Jean Deleau, lieutenant du bailli de Lille, pour aller vers le comte de Flandre ouïr les requêtes de la dame de Cassel et les réponses dudit comte (1).

« Mars (v. S). — Procuration des mayeur et échevins de Gravelines, Dunkerque et Warneton, pour se porter cautions envers le comte de Flandre, touchant la tutelle des enfants de la dame de Cassel (2).

« 1331. — Louis, comte de Flandre, requiert Philippe VI, roi de France, de prendre bonne sûreté de Jeanne, dame de Cassel, qu'elle ne mariera point sa fille Iolande, sans le consentement des amis de son père; et qu'il soit rétabli des gouverneurs dans les terres de ladite dame (3).

« — Mémoire pour Jeanne, dame de Cassel, contre le comte de Flandre, touchant la tutelle de ses enfants (4).

1332. — Mars (v. s.) — Arrêt du Parlement de Paris ordonnant à surseoir à la demande faite par Louis, comte de Flandre, du rachat des terres de Bergues, Nieuport et Donze jusqu'à la majorité de l'héritier de Robert de Flandre, seigneur de Cassel (5).

— Pendant les années suivantes il y eut d'autres débats et affaires entre ces partis.

Ainsi en avril-juin 1332, on voit une relation faite au roi de France par Jean de Leau, sous-bailli de Lille, de l'acte de foi

(1) B. 678.
(2) B. 678.
(3) B. 682.
(4) B. 682 et 690.
(5) B. 689.

et hommage rendu par Jeanne, dame de Cassel, à Louis, comte de Flandre, et de la revendication par ladite dame du château de Bornhem et de la terre de Rodes (1).

En avril-juin de cette année 1332, Adam de Dours, sergent royal au bailliage d'Amiens, déclare avoir proclamé dans les terres de la dame de Cassel la cessation de pouvoir des baillis et échevins y établis, par le comte de Flandre (2).

Août. — Philippe VI, roi de France, rend exécutoire un arrêt du Parlement entre Jeanne, dame de Cassel, et Louis, comte de Flandre (3).

(1) B. 683.
(2) B. 683.
(3) B. 684.

XVII

Procès entre le comte et la comtesse d'Artois et Jeanne de Bretagne, dame de Cassel, Gravelines, etc.

En 1335, au mois de mai, de nouvelles causes d'une autre nature, entre Jeanne comtesse d'Artois et Jeanne de Bretagne, que celles mentionnées plus haut sont soumises à la cour, nous voulons parler de celles regardant l'abbaye de Bornhem et l'hôpital de Gravelines, puis des jets de mer aux côtes de Gravelines. Le roi Philippe V, déclare que toutes ces causes pendantes entre les personnages susdits seraient continuées jusqu'au prochain Parlement (1).

En juin de la même année 1335, le roi de France accorde à Jeanne dame de Cassel une sauvegarde touchant le rétablissement de certains lagans (jets de mer) et fagots (menus bois liés en faisceaux) dans le havre de Gravelines. Ce fut Huart de Mailli sergent royal au bailliage d'Amiens qui en fit la signification aux baillis de Calais et d'Arras (2). Malgré cette protection le bailli d'Arras s'empara et fit emporter les fagots établis au havre de Gravelines dont Jeanne de Bretagne avait aussi la haute justice. — Aussi Philippe VI fit-il ajourner par le bailli d'Amiens le comte et la comtesse d'Artois sur ce préjudice (3); ce roi fit de même réparer par le même bailli les excès commis à Gravelines par celui d'Arras et lui enjoignit en cas d'opposition d'ajourner

(1) B. 726.
(2) B 727.
(3) B. 633.

les partis au Parlement (3), ce qui eut lieu en effet un peu plus tard (1) : Cette cause y fut renvoyée par sentence du bailli d'Amiens (2).

1335, septembre. — Commission du bailli d'Amiens pour ajourner Jeanne de Bretagne, dame de Cassel, tutrice d'Iolende, sa fille, afin de reprendre en cette qualité, ses procès contre le comte et la comtesse d'Artois (3).

Une espèce d'accord survint vers décembre 1335, entre le comte d'Artois et sa femme d'une part, et Louis comte de Flandre et Jeanne dame de Cassel d'autre part.

Après nomination de commissaires par le roi de France (4) et un arrêt entérine cet arrangement concernant la justice de Gravelines (5).

Cependant il paraît qu'il y eut après cet accord de nouveaux conflits, puisqu'on voit en 1336, décembre-janvier (v. S.) Philippe de Valois mander au bailli d'Amiens d'informer du trouble fait à Jeanne de Bretagne par les officiers d'Eudes comte d'Artois, contre sa justice en la ville et le havre de Gravelines (6).

En janvier-février, même année, le bailli d'Amiens commet le prévôt de Montreuil, pour l'exécution du mandement du roi touchant l'empêchement fait à la dame de Cassel par ces officiers, dans l'exercice de la haute justice à Gravelines (7).

(1) B. 735.
(2) B. 737.
(3) B. 741.
(4) B. 732.
(5) B. 738.
(6) B. 735.
(7) B. 746.

Au même temps de 1335 eut lieu la continuation des débats entre la comtesse d'Artois et Jeanne, en son nom et comme tutrice d'Iolande sa fille, concernant l'abbaye de Bornehem et l'hôpital de Gravelines (1) où le comte d'Artois avait mis empêchement à Jeanne de Bretagne et audit Gravelines dans la jouissance d'un bac.

1335, décembre-janvier (v. S). — Les commissaires du roi, députés pour terminer les procès mus entre le comte et la comtesse d'Artois et la dame de Cassel, déclarent qu'empêchés par d'autres affaires, ils n'ont pu juger lesdits procès, mais que les parties ont fait toute diligence pour obtenir jugement (2).

Enfin le comte Eudes et la comtesse d'Artois sa femme d'une part et la dame de Cassel d'autre part nommèrent des arbitres pour tous les procès pendant entre eux au parlement, et un arrêt de cette cour entérine cet accord (3) etc.

Ajoutons à toutes ces citations de procédure les trois sommaires suivants des archives de Lille concernant le même sujet.

1337, mai-juillet. — Galeran de Vaux, bailli d'Amiens, fait intimer Jeanne de Bretagne, dame de Cassel, sur un appel interjeté par Eudes, duc de Bourgogne, comte d'Artois, d'une sentence rendue par le même bailli au profit de ladite dame (4).

1337, mai-juillet. — Mandement du roi Philippe VI au bailli d'Amiens, pour maintenir le rétablissement par le comte et la

---

(1) B. 736.
(2) B. 736.
(3) B. 711. *Obs :* Il y a aussi à voir aux cartons des archives départementales du Nord les N⁰ˢ 732, 742, 789 de la série B, etc.
(4) B. 759.

comtesse d'Artois, des fagots qu'ils avaient fait retirer du havre de Gravelines, au préjudice de la dame de Cassel (1).

1337, juillet. — Le roi de France mande au bailli d'Amiens de faire remettre les fagots que les officiers du comte et de la comtesse d'Artois ont fait enlever du havre de Gravelines (2).

1343, mai-juin. — Arrêt qui ajourne la cause d'Eudes, duc de Bourgogne, comte d'Artois, contre la dame de Cassel, le comte de Bar et Iolende, sa femme (3).

XVIII

Procès de Jeanne contre Hue de Lorraine.

Nous avons parlé dans le texte précédent de contestations et réclamations entre Jeanne de Bretagne regardant la restitution de la dot de Mahaut de Flandre femme de Mathieu de Lorraine, qui fut la sœur de Robert de Cassel et nous avons vu que Hue de Lorraine seigneur de Martigny, eut à rendre compte à la succession de Robert des sommes de la dotation de Mahaut décédée sans hoirs, suivant son contrat de mariage. Le roi Philippe de Valois fit ajourner le susdit Hue afin qu'il fut fait droit à la requête de Jeanne dame de Cassel. Ce fut le bailli d'Amiens qui fut chargé de cette mission, Ce bailli, Galeran de Vauls donna commission pour faire cet ajournement au parlement (4).

(1) B. 750.
(2) B. 751.
(3) B. 789.
(4) B. 696.

Le parlement de Paris arrêta en mai 1334 les causes entre ces partis à sa session prochaine (1) d'autres arrêts concernant ce sujet le suivirent tel celui de 1335 (2). Nous indiquons ci-dessous les cartons de leurs dépots.

. A cette époque Hue de Lorraine qui avait vendu au comte de Flandre *de Beveren,* reconnaît avoir reçu de lui en exécution de la meme vente le traité de mariage de Mathieu suivant lequel le comte doit acquitter ce qui est dû aux enfants de Robert de Cassel, à cause du mariage de Mahaut de Flandre (3).

Cependant le roi de France Philippe VI continue encore en 1338 au prochain parlement la cause de Jeanne de Bretagne et d'Iolande sa fille contre Hue de Lorraine (4) et même en 1343 novembre, puis en 1344 au mois de décembre cette cause est continuée par ordre du roi entre Hue d'une part et Jeanne, le comte de Bar Henri VI et sa femme Iolande fille de Robert de Cassel (5). Nous reviendrons sur cette affaire lorsqu'il s'agira de l'historique de ces deux derniers personnages qui furent à leur tour seigneur et dame de Cassel et des localités de première importance, voisines de ce chef-lieu de la Flandre la plus occidentale.

(1) B. 711.

(2) B. 728, 735, 740 et 745 pour l'année 1336.

(3) B. 730.

(4) B. 767.

(5) B. 791 et 797. = Puis en avril 1346 il y eut arrêt qui continue au prochain parlement la cause de Jeanne, dame de Bretagne, et d'Iolande, veuve du comte de Bar, contre Hue de Lorraine. B. 804 (carton).

XIX

Procès concernant Pierre Leroux ex-bailli de Warneton.

———

1332, décembre-janvier (v. S.). — Philippe VI, roi de France, mande au bailli d'Amiens de retirer de la prison de Jeanne, dame de Cassel, Pierre Ruphi (Leroux) ex-bailli de Warneton, appelant d'une sentence de la cour de ladite dame, et de l'amener à Paris sous bonne garde (1).

1332, décembre-janvier (v. S.). — Relation de Wales de Hautecloke, sergent du roi, commis par le bailli d'Amiens pour faire relâcher Pierre Leroux, prisonnier au château de Nieppe (2).

1333, septembre. — Commission de Jacques Rousselet, clerc du roi, et Pierre Danceurre, conseiller, pour ajourner par devant eux, à St-Omer, à la requête de la dame de Cassel, le procureur du roi et Pierre Leroux, ci-devant bailli de Warneton, pour entendre les témoins de ladite dame (3).

1334, février-mars (v. S.). — Philippe VI, roi de France, mande au bailli d'Amiens d'ajourner au parlement la veuve et les héritiers de Pierre Leroux, jadis bailli de Warneton, pour y reprendre le procès dudit Pierre contre la dame de Cassel (4).

(1) B. 687.
(2) B. 687.
(3) B. 698.
(4) B. 723.

1334, mars-avril. — Commission de Jean Ducange, lieutenant du bailli d'Amiens, pour ajourner au Parlement la veuve de Pierre Leroux, à l'effet d'y reprendre le procès dudit Pierre, contre la dame de Cassel (2).

1334, mai-juin. — Arrêt du Parlement, qui donne acte à la dame de Cassel de n'avoir pu procéder contre Pierre Leroux, à cause du décès dudit Pierre (3).

Nous terminerons ces trop longues pages de pièces justificatives par quelques autres extraits du *Cartulaire de la dame de Cassel,* Jeanne de Bretagne, qui ne seront pas sans importance pour certains amateurs d'histoire ancienne, — nous faisons observer toutefois que ces derniers actes concernant la veuve de Robert de Cassel sont *sans dates* dans ce cartulaire.

Hommages concernant Jeanne de Bretagne, déclarations saisies, enquêtes, etc.

Dénombrement des fiefs que tient Jeanne de Bretagne de Jean de Montmorency, seigneur de Breteuil.

— De Louis de Châtillon, comte de Blois et de Soissons.

Hommage prêté par la dame de Cassel au roi de France lui-même pour cinq fiefs qu'elle tient de la couronne dans le vicomté de Chartres.

— A l'évêque de Chartres, pour raison de la terre et baronnie d'Alluye.

Déclaration, par Jeanne de Bretagne, que c'est de son consentement que Laurent de Le Beke, receveur des rentes du château de Nieppe, a saisi une terre appartenant à Jean Dore, pour cause des arrérages que ce dernier devait à ladite dame.

Saisie au nom de la dame de Cassel, par Albert Leclerc, pour défaut d'hommage pendant quatorze ans, d'un fief sis à Saint-Pierre-Brouck que tenait la demoiselle de Suer.

Lettres par lesquelles Jeanne de Bretagne fait connaître que l'exécution qu'elle a fait commencer et qu'elle a intention de parfaire, en vertu d'un arrêt du Parlement de Paris, sur les sujets de la châtellenie de Cassel, « qui lui doivent du temps passé, » ne préjudiciera en rien aux possessions du sire de Borre, du sire de Thiennes, de Jean de Watten et de Gillebert de Peene, quoiqu'il y ait de leurs hommes compris dans cette mesure.

Résultat d'une enquête qu'avait demandée frère Bernard de Castres, gouverneur des maisons, rentes et terres que l'ordre de Saint-Jean de Jérusalem possédait en Flandre, et qui, à cause des grandes occupations de la dame de Cassel avait été longtemps différée, ladite enquête ayant trait au droit qu'avait eu ladite dame de s'adjuger les biens de feu Jean de Baudas, à Borre, « lequel se forfist ».

Provocation, par Jeanne de Bretagne, d'une enquête au sujet des droits qu'avait l'abbaye de Marquette dans la justice du bois de Nieppe.

Pétitions et requêtes touchant l'exécution et accomplissement du testament de Robert de Flandre, jadis seigneur de Cassel.

Acquittement par sa veuve de quelques-uns de ces legs.

Don par Jeanne de Bretagne, à Clay-Martel bourgeois de Bergues, de l'office des tables ou greffe de ladite ville et châtellenie de Bergues, précédemment occupé par Jean Le Louc.

— A Macé Olivier, chapelain de Jeanne de Bretagne, des héri-tages que cette dernière a acquis et pris en paiement de Pierre Du Gar, jadis son receveur de Manicamp.

— A Thiéphaine La Guillerée, de biens sis à Manicamp.

Garanties, confirmations de lettres, annulations de jugements et rappels, remises de peines, quittances et décharges.

Confirmation, par Jeanne de Bretagne, des lettres de rappel que feu Robert de Cassel, son mari, a jadis délivrées à Jean Le Mach, dit Bauchaut, lequel avait été banni de Flandre du temps des émeutes.

Rappel de ban accordé par ladite dame à Clay et à Jean de Le Douve ainsi qu'à Olivier Haghelin, exilés pour homicide.

Annulation par Jeanne de Bretagne, de la sentence rendue par la loi de Warneton contre une femme qui avait rompu son ban et qui avait été condamnée, pour ce, à être enterrée vive.

Remise par Jeanne de Bretagne, à Jean de Staples, de la peine qu'il pourrait encourir pour avoir résisté à Jean De Le Diff et autres gens de ladite dame, qui le menaient en prison à Nieppe.

— A Colin Barreau, d'une somme de 20 livres que celui-ci avait levée, lorsqu'il était procureur de ladite dame, sur les biens de feu Robert de Cassel, et dont il n'avait jamais rendu compte.

— A l'abbaye de Notre-Dame-Des-Clareiz, des arrérages d'une rente que la dame de Cassel avait le droit de prendre sur les biens de cette maison.

— A Henri Rikelin, d'une amende que celui-ci avait encouru pour avoir négligé de donner suite à une plainte portée par lui devant la cour de Cassel, contre diverses personnes, au sujet de la mort de Simon, son frère.

— A Eloi Surien, d'une amende que de 30 livres par lui encourue « pour cause du deffaute de la recepte des loges du bois de Nieppe ».

Quittances délivrées par Jeanne de Bretagne, de 1556 livres qu'elle a reçues de la ville de Furnes, « à cause du transport hérital de Lille, de Douai, et de Béthune ».

Règlement du compte de plusieurs receveurs des domaines de la dame de Cassel, et de quelques anciens débiteurs de feu Robert de Flandre, mari de ladite dame.

Délai d'un an accordé par Jeanne de Bretagne, à Renaud De Grecs, pour le paiement de la somme de 300 livres dont il est redevable envers ladite dame, à cause de l'achat par lui fait de deux arpents du bois de Nieppe.

Assignation, par Jeanne de Bretagne, sur ses revenus de Nieppe, d'une somme de 560 livres, 6 sous, 6 deniers, pour le paiement de travaux exécutés au château de Nieppe.

Mandements de Jeanne, permission et arrentements.

Mandements de Jeanne de Bretagne, pour faire publier, dans ses domaines de Flandre, la trève conclue entre le comte de Flandre et le duc de Brabant.

Permission accordée par Jeanne de Bretagne à Jean de Morbecque, d'éclisser d'un fief sis à Nieuwerleet, 40 livrées de terre qu'il veut donner à Gillon son fils.

Arrentement par Jeanne de Bretagne à Wautier de Meetkerke, châtelain de Nieppe, du lieu de La Haie avec les appartenances.

— A Hannequin du Dau, sergent de Nieppe, de maison et de courtils sis à Hazebrouck.

ADDITION.

———

Ce travail sommaire sur *Robert de Flandre,* sire de Cassel, et Jehanne de Bretagne, sa femme, se trouve édité le dernier de nos trois livres qui embrassent le même sujet, c'est-à-dire l'*Historique des Seigneurs et Dames de Cassel des XIV*e *et XV*e *siècles,* tandis qu'il doit en être le premier dans l'ordre chronologique.

L'histoire d'Iolande, comtesse de Bar, la fille de Robert et son héritière, publiée par nous en 1877 et notre dernier ouvrage, récemment imprimé (Juin 1884) intitulé *les Ducs de Bar,* comme seigneurs de Cassel, doivent suivre naturellement le travail historique sur leur ancêtre Robert et être les tomes 2 et 3 de cette série.

C'est par ces travaux successifs que nous avons pu compléter tout ce qui a rapport au *Cassel foncier* d'alors, au *Partage de Flandre* de 1320, édité par nous en 1864, et à l'*Apanage de Robert ,* comme fils puiné du comte Robert de Béthune, situé dans la partie occidentale extrême de ce vaste comté. Cet apanage est resté dans sa famille, avec ou sans modifications secondaires successives, pendant plus d'un siècle et demi; nous avons eu soin d'en noter toutes les péripéties.

Dr D. S.

TABLE

DE LA DEUXIÈME PARTIE.

———

HAZEBROUCK. — IMP. A. DAVID, RUE DU RIVAGE, 10-12

LISTE DES PRINCIPAUX OUVRAGES
DE L'AUTEUR.

1º Ouvrages de Médecine et d'Histoire naturelle.

PHYTOLOGIE PHARMACEUTIQUE ET MÉDICALE, avec les figures caractéristiques des familles végétales. 1829, 1 vol. gr. in-8º

TABLES SYNOPTIQUES DE L'HISTOIRE NATURELLE MÉDICALE DES ANIMAUX ET DES PLANTES, avec près de 600 figures gravées. 1829, 7 feuilles grand aigle. — Typographie de Moïssart à Paris.

BOTANIQUE ET PHARMACOLOGIE ÉLÉMENTAIRES. Ouvrage demandé et adopté, pour l'enseignement, à l'Ecole d'accouchement de Paris, par le Conseil général de la Seine et l'administration supérieure des hôpitaux de Paris. 1837.

NOTICE STATISTIQUE, HISTORIQUE ET MÉDICALE de l'Asile public d'Aliénées de Lille. — Rédigée sur la demande de M. le Préfet et du Conseil général du département du Nord. 1847.

DISCOURS D'OUVERTURE DU COURS PUBLIC ET COMMUNAL D'HISTOIRE NATURELLE, fondé à Lille en 1840, et professé aussi à Auxerre en 1858, par le même auteur, ancien professeur de l'Ecole de médecine d'Amiens.

CONSIDÉRATIONS SUR LES ALIÉNÉS ET LEUR TRAITEMENT, 1862 — Cette brochure fut réimprimée à Hazebrouck, chez M. L. Guermonprez, peu de temps avant le transfèrement de l'Asile de Lille à Bailleul; M. le Dr De Smyttere en était de nouveau, alors, le médecin en chef. Il en avait été révoqué en 1848, par le citoyen Delecluze, mais réinstallé plus tard par le Ministre.

2º Ouvrages historiques.

TOPOGRAPHIE HISTORIQUE, PHYSIQUE, STATISTIQUE ET MÉDICALE de la ville et des environs de Cassel (Nord), 1828 et 1833, avec cartes et planches. — Médaille d'or décernée *ad hoc* par la Société d'agriculture de l'arrondissement d'Hazebrouck.

OBS. — Les listes méthodiques des nombreuses productions zooloogiques et surtout botaniques de ce pays, d'après les recherches de l'auteur, comprennent les 80 dernières pages de ce livre, auxquelles sont jointes des observations géologiques sur le *tertiaire éocène* du Mont-Cassel.

DISCOURS HISTORIQUE SUR CASSEL, lu au Congrès archéologique de France, session de Dunkerque de 1860, séance de Cassel. — Imprimé à Caen, dans les *Annales du Congrès.* — Médaille d'honneur.

FRAGMENTS HISTORIQUES SUR LES PÈRES RÉCOLLETS DE CASSEL, édités dans le volume VIII des *Mémoires de la Société scientifique de Dunkerque.* 1862.

Notice historique sur les armoiries, scels et bannières d
la ville de Cassel, de sa châtellenie et de ses seigneurs et
dames, 1862, avec 12 planches héraldiques. — Imprimée dans
les *Annales du Comité flamand de France*, tome VI.

Statistique archéologique du canton de Cassel. Travail
qui a servi pour la *Statistique archéologique du Nord*, publiée
par la Commission historique de ce département. — Lille,
imprimerie de M. Danel. — Année 1863.

Notes sur d'anciens registres et des archives de la cour
et de la ville de Cassel, 1864. — Imprimées dans le *Bulletin du Comité flamand de France*, tome II, N° 9.

Mémoire sur l'Apanage de Robert de Cassel de 1320, avec
planches héraldiques et sceaux. — Imprimé en 1864 dans
les *Annales du même Comité*. Tome VII.

La Bataille du Val de Cassel de 1677, ses préludes et ses
suites, avec nombreuses planches, cartes, etc. 1865. — Imprimée à Hazebrouck chez M. Guermonprez.

Obs. — Cet ouvrage de 200 pages précéda de peu l'inauguration officielle du monument commémoratif près Cassel, en
souvenir de ce fait d'armes glorieux pour la France; cet
obélisque, élevé par souscription, eut M. le Dr De Smyttere
pour promoteur. — Voir son *discours* prononcé lors de la
cérémonie officielle d'inauguration du monument, cette année 1865
imprimé dans le journal l'*Indicateur* d'Hazebrouck, avec celui
de M. Fleury, recteur de l'Académie de Douai, et de M. le
sous-préfet d'Hazebrouck, présents officiellement à cette solennité patriotique. (1)

Recherches historiques sur les seigneurs, chatelains et
gouverneurs de Cassel des XIe, XIIe et XIIIe siècles, 1866.
Travail édité dans le *Bulletin de la Commission historique
du Nord*. Tome IX.

Brochure intitulée : Cassel, son antique chateau-fort et sa
terrasse, sa collégiale de Saint-Pierre, leurs ruines, etc.
1867. — Imprimé à Hazebrouck chez M. Guermonprez.

Discours à l'occasion des distributions de prix du collége de
Cassel, en août 1867 et 1871. — Imprimés dans l'*Indicateur*
d'Hazebrouck.

Discours historique prononcé lors de l'inauguration et de la
bénédiction solennelle du monument pyramidal érigé au square
de l'ancien castel de Cassel, le 21 septembre 1873.

Obs. — Cette grande pyramide, en pierres de calcaire carbonifère
de Soignies, fut offerte pieusement par M. le Dr De Smyttere,
à sa ville natale, en souvenir des faits principaux qui survin-

(1) C'est à la suite de la fête d'inauguration de ce monument que
M. le Dr De Smyttere fut promu au grade d'*Officier de l'Instruction publique,* sous le ministère de M. Duruy.

rent successivement à cette localité à partir du commencement
de l'époque gallo-romaine jusqu'au XVIIIe siècle. L'auteur,
promoteur de cette œuvre, a eu soin de faire graver la mention
sommaire de ces divers évènements au-dessous des figures héraldiques (sculptées en creux sur les faces de la pyramide) sur
le socle massif de ce monument pesant, dans son ensemble,
35,000 kilogrammes. — Ce fut l'Administration communale de
Cassel, aussi jalouse de la gloire de cette cité, qui fit les frais
du transport de ces pierres et de leur pose, s'élevant jusqu'à
5 mètres depuis la base. — Ce *discours historique* fut imprimé,
avec relation abrégée de cette fête de famille, chez **M. A. David**,
à Hazebrouck. — 4 planches-plans y représentent les faces or-
nées de cette pyramide et ses légendes.

3º Publications concernant Auxerre et ses environs.

TRAITS-D'UNION ENTRE LA BOURGOGNE ET LA FLANDRE, du temps
des ducs-comtes de Flandre, surtout. Avec notes et extraits des
archives du Nord, Travail publié au *Bulletin des sciences
historiques et naturelles de l'Yonne*, 3ᵉ trimestre. 1865.

RECHERCHES HISTORIQUES SUR LES ÉCUSSONS AUX ARMOIRIES DES
VILLES D'AUXERRE ET DE NEVERS. — Imprimées dans le même
Bulletin scientifique, 2ᵉ semestre de l'année 1866.

LA PUISAYE, SAINT-FARGEAU, TOUCY ET LEURS SEIGNEURS DE LA
MAISON DE BAR, XIIIᵉ, XIVᵉ et XVᵉ siècles, 1869. — Même
Bulletin.

SUPPLÉMENTS HISTORIQUES SUR LA PUISAYE en Auxerrois et
particulièrement sur la comtesse de Bar IOLANDE, dame douairière de cette contrée. — Année 1871. — Même Bulletin de la
Société des sciences de l'Yonne, 1ᵉʳ trimestre.

4º Ouvrages publiés en 1877 et plus tard.

ÉTUDES ET RECHERCHES HISTORIQUES ET ARCHÉOLOGIQUES SUR
LES ÉGLISES COLLÉGIALES DE SAINT-PIERRE ET DE NOTRE-
DAME DE CASSEL, ainsi que sur ses autres institutions religieuses
anciennes, avec planches nombreuses. — Imp. A. David,
éditeur de l'*Indicateur* à Hazebrouck. 1878.

IOLANDE DE FLANDRE, sa vie et ses principaux actes administratifs comme comtesse de Bar, et dame de Cassel, etc. — 1325
à 1395 avec 14 planches et cartes. — Imp. Lefebvre-Ducrocq,
à Lille. 1877.

RECHERCHES HISTORIQUES SUR L'ANCIENNE ÉGLISE DE SAINT-
NICOLAS DE CASSEL ET SUR SA CHAPELLE MODERNE, d'abord
profanée et dégradée, puis restaurée après acquisition, par **M. le
Dʳ De Smyttere** en 1876.

ROBERT LE FRISON, comte de Flandre, et la bataille de 1071,
au Val de Cassel. Préliminaires historiques sur ce comte. —
Préludes de la grande victoire de 1071. — Historique de cette
bataille. — Gouvernement du comte Robert, — son voyage à
Jérusalem, sa mort. — Son tombeau à Cassel (dont la moitié

de la pierre tumulaire, seul reste qui subsiste, se voit encore
dans l'ancienne crypte de Saint-Pierre, au sommet du Mont.)
— Sa généalogie et sa descendance directe. — Ses armes suppo-
sées. — Etude sur le Lion de Flandre. — Premiers Seigneurs
de Cassel, contemporains de Robert le Frison. — Ouvrage orné
de planches. — Hazebrouck, A. David, 1882.

5º Travaux achevés du même auteur devant paraître successivement dans l'ordre suivant.

ROBERT DE CASSEL. Ouvrage historique étendu, manuscrit
couronné en 1869 par la Société des Sciences et Arts de
Lille.

RECHERCHES HISTORIQUES SUR LES DUCS DE BAR, comme seigneurs de Cassel et lieux voisins, dès 1398 et première
moitié du XVe siècle.

GÉOLOGIE DU TERTIAIRE ÉOCÈNE DU MONT-CASSEL et des collines
environnantes, avec planches.

NOTICES SUR LES VESTIGES D'UN CIMETIÈRE GALLO-ROMAIN ET
D'UN CIMETIÈRE MÉROVINGIEN DÉCOUVERTS A CASSEL : l'un en
1826, l'autre en 1876, et lues en 1877, en séance de la Commission historique du Nord.

ETUDE HISTORIQUE ET ARCHÉOLOGIQUE CONCERNANT L'ÈRE GALLO-
ROMAINE POUR CASSEL (le Castellum des Romains) et ses environs, avec planches archéologiques. (1)

LA BATAILLE CÉLÈBRE DU VAL DE CASSEL de 1328, ses préludes
et ses suites. Ouvrage orné de planches. Son texte est accompagné d'une notices sur ROBERT DE CASSEL, (l'apanagiste de la
Flandre la plus occidentale, dès 1320), l'un des principaux acteurs à la bataille de 1328, où le roi de France, Philippe de
Valois fut vainqueur.

HYGIÈNE POPULAIRE, par dialogues, à l'usage des habitants du
Nord de la France.

QUÆRENDO :
PRO PATRIA....
ET AMICIS !

(1) Ces trois derniers ouvrages étaient d'abord pour être réunis
sous le titre de : *Le Mont-Cassel géologique et préhistorique;
son château-fort, Castellum; son archéologie et son histoire
de l'Ère gallo-ronaine,* etc.

Hazebrouck. — Imp. A. David.